国家社科基金一般项目（项目编号：15BFX143）苏州大学人文社会科学学术专著出版资助

融媒体时期
著作权法基本制度的解释与调整

基于所应契合的逻辑

RONGMEITI SHIQI
ZHUZUOQUANFA JIBENZHIDU DE JIESHI YU TIAOZHENG
JIYU SUOYING QIHE DE LUOJI

刘铁光◎著

法律出版社
LAW PRESS · CHINA
北京

图书在版编目(CIP)数据

融媒体时期著作权法基本制度的解释与调整:基于所应契合的逻辑 / 刘铁光著. -- 北京:法律出版社,2024

ISBN 978-7-5197-8767-7

Ⅰ.①融… Ⅱ.①刘… Ⅲ.①著作权法-研究-中国 Ⅳ.①D923.414

中国国家版本馆 CIP 数据核字(2024)第 026173 号

融媒体时期著作权法基本制度的解释与调整
——基于所应契合的逻辑
RONGMEITI SHIQI ZHUZUOQUANFA JIBEN ZHIDU DE JIESHI YU TIAOZHENG
—JIYU SUOYING QIHE DE LUOJI

刘铁光 著

策划编辑 田 浩
责任编辑 田 浩
装帧设计 鲍龙卉

出版发行 法律出版社
编辑统筹 法商出版分社
责任校对 晁明慧
责任印制 胡晓雅
经 销 新华书店

开本 710 毫米×1000 毫米 1/16
印张 16 字数 221 千
版本 2024 年 3 月第 1 版
印次 2024 年 3 月第 1 次印刷
印刷 唐山玺诚印务有限公司

地址:北京市丰台区莲花池西里 7 号(100073)
网址:www.lawpress.com.cn
投稿邮箱:info@lawpress.com.cn
举报盗版邮箱:jbwq@lawpress.com.cn

销售电话:010-83938349
客服电话:010-83938350
咨询电话:010-63939796

书号:ISBN 978-7-5197-8767-7
定价:68.00 元

目　录

CONTENTS

导言 用历史说话：著作权诞生与制度演进逻辑

一、著作权的诞生逻辑

由于著作权的诞生、制度演进与传播技术之间在时间上的密切关联，著作权被认为是“传播技术之子”,[①] 著作权制度的演进与传播技术之间的关系也是亦步亦趋的，所以学者认为“著作权法是被技术变革推着走的”[②]。尽管这些观点非常形象地阐述了著作权的诞生以及制度演变与传播技术之间的关联，但是这种观点忽略的问题是，印刷技术只是著作权得以诞生众多条件中的一种物质技术性条件，语言、文字与造纸亦是著作权诞生的必备前提条件。不过，即便是具备著作权得以诞生的全部前提条件，著作权亦不一定必然诞生。中国雕版印刷应用于印书是公元 636 年左右。[③] 然而，中国现代意义上的著作权法，即《大清著作权律》直到 1910 年才颁布，期间间隔了近 1300 年。尽管著作权诞生的历史轨迹表明，语言、文字、造纸与印刷是著作权诞生的物质条件，但具备这些物质条件之后，还必须有适当的产业环境驱动。实际上，考察著作权诞生与制度演进的西方历史可以发现，围绕著作权而生的产业环境，才是著作权诞生的直接动因。著作权天然就是产业驱动的结果，

---

① See Paul Goldstein, *Copyright's Highway: from Gutenberg to Celestial Jukebox*, Stanford University Press, Stanford, California, 2004, p. 21.

② Heather A. Sapp, *North American Anti – Circumvention: Implementation of the WIPO Internet Treaties in the United States, Mexico and Canada.* 10 Comp. L. Rev. & Tech. J. 1, (Fall. 2005), p. 1.

③ 参见李致忠：《古代版印通论》，紫禁城出版社 2000 年版，第 23 页。

其诞生与演进的历史表明顺应产业发展是著作权制度解释与调整必须遵循的逻辑。

（一）著作权诞生的物质条件

尽管印刷技术是完成著作权诞生的最后一击，但是不可否认的是，语言、文字与造纸亦是著作权诞生必不可少的物质条件。不过，语言、文字、造纸与印刷也只是著作权诞生的物质条件，具备这些物质条件，并不必然会诞生著作权。

口头语言是人类文化传播第一种媒介，经由语言的媒介，个人的知识与观念得以传播给别人。[①] 也正是因为口头语言，才形成了口头文化。这种口头文化在游唱诗人与音乐家即席创作的现场表演中得以逐渐形成与发展。[②] 当然，这种口头文化在那个既无文字也无现代录音技术的年代，也只能依靠创作者本人的记忆不断重复，或者在他人之间相互传唱得以重复的可能，是不可能存在文本意义上的复制。而且口头文化的创作者以独特的方式维护自己的利益，即创作者以保守他们专有技艺的方式维持他们的地位或接受富人的资助。[③] 在没有文字、造纸与印刷这种复制前提的年代，既不需要以思想控制为初始目的的出版特权，也不需要以财产权为中心的著作权。而文字成为改变这种状态的第一个前提条件。

文字是人类从初民进入文明时代的标志，文字使口头传播内容的固定成为可能，即口头语言所传播的内容以文字的方式进行重复与再现。读写文化在文字形成之后得以出现，学者考证认为，古希腊城邦在公元前 347 年之后完成了口头文化向读写文化的转变。[④] 文字产生后很长一段时间内，能够掌

---

① 参见林惠祥：《文化人类学》，商务印书馆 1991 年版，第 349 页。

② See Paul Edward Geller, *Copyright History and the Future*: *What's Culture Got to Do with It*? Journal of the Copyright Society of the USA, Vol. 47, 2000, p. 211.

③ See Judith Perani & Norma Hackleman Wolff, *Cloth*, *Dress*, *and Art Patronage in Africa*, Berg Publishers, 1997, p. 49. 该书较为详细地介绍了艺人如何获取资助并得以生存下去。

④ See Harold Adams Innis, Alexander John Watson & Andrew Calabrese, *Empire and Communications*, Alexander John Watson, 2007, p. 80. 该书论证柏拉图之后，希腊从口头指导转变为阅读习惯。

握文字的只能是少数权贵。比如中国，学者考证认为，“汉字与典籍[①]从一开始就是特权阶层的专利品，不但在它的形成期为特权阶层所垄断，就是在它的变异发展期，它的演变及内部质素的一点点变化，都要受特权阶层的监督”[②]。政府往往希望通过愚民政策以实现对文字的控制，中国秦始皇的“文字狱”就是著例。即便是到了汉代，文字依然是行政工具——“虽然汉代皇帝的宗教色彩显著减弱，但作为行政工具的文字却得以原封不动地保留下来，可以说文字完全服务于政治”[③]。在文字作为政治工具的年代，识字民众数量之少可想而知。因此，虽然著作权法意义上的作品在文字形成之后便已经出现，但是由于文字内容复制的天然昂贵[④]与统治者对文字的控制，使文本的复制与传播不但不可能，也没有意义。显然，在纸与印刷技术出现以前，读写文化只是少数权贵阶层的文化，而非大众文化。

“纸的消费量可以衡量文明的高下”[⑤]，造纸技术足够伟大到其可以在世界文明发展史中占据重要位置。早在公元前73年到公元前49年间，中国就有了古纸的使用。[⑥] 蔡伦对造纸技术的改进于公元105年得到官方的肯定，并得以推广使用。造纸技术的发明与改进为便宜的书面作品提供了可能，才有公元3世纪人们竞相传抄西晋人左思《三都赋》所出现的“洛阳纸贵”。史料记载，公元4世纪纸已经成为普遍的文字承载工具。[⑦] 这也说明文字作品已经开始在中国民间出现。由于人工抄写使文字作品的复制品几乎耗费与作品原件同样的时间与财力，现代意义上的盗版在那个年代无利可图。正如学者考察罗马帝国图书贸易后认为，罗马帝国在第一个千年伊始曾有过繁荣的图书贸易，亦不存在制定类似著作权规定来保护出版商投资的理论障碍，

① 典籍是用书写或契刻手段所表达的、从五帝时期传来的、具有神秘性或者权威性的竹帛文献。参见黄亚平：《典籍符号与权力话语》，中国社会科学出版社2004年版，第2页。

② 黄亚平：《典籍符号与权力话语》，中国社会科学出版社2004年版，第219页。

③ ［日］藤枝晃：《汉字的文化史》，李运博译，新星出版社2005年版，第69页。

④ 比如用来复制文字的布匹、羊皮等是那个年代昂贵的材料。

⑤ ［日］藤枝晃：《汉字的文化史》，李运博译，新星出版社2005年版，第91页。

⑥ 参见李致忠：《古代版印通论》，紫禁城出版社2000年版，第9页。

⑦ 参见钱存训：《印刷发明前的中国书和文字记录》，印刷工业出版社1988年版，第95页。

但未制定著作权法的实际原因是，任何盗版者都将支付和其他出版者同样多的资金来维持抄写熟练的奴隶，让其抄写那些正被销售的图书。[①] 我们同样可以想象依靠手抄所产生文字作品的价格，不是一般的普通百姓可以购买的。因此，即便是有大量该种复制品的产生，也不具备具有购买该种昂贵价格复制品的市场。

有人认为文字只有在政治的范围外被接受才算是得到普及，是印刷术的诞生加速了文字的普及，[②] 因为印刷的发明改变了书籍依赖抄写进行流通的模式。根据考古学者考证，中国雕版印刷早在东汉后期，即公元2世纪中叶就已经发明，不过，其应用于印书是公元636年或稍后。[③] 到公元932年，国子监开始校正《九经》等并“刻版印卖”，学者考察认为国子监成为当时世界上第一个官办的、以出售为目的而进行大规模印刷的“出版社”。[④] 公元953年，“天下书籍遂广”，[⑤] 不再是“洛阳纸贵”的偶然现象。这说明包含文字作品的书籍在民间广泛出现，只有这样印刷被广泛应用才有可能。

印刷的发明及其改进与著作权的产生在时间上甚为接近：中国雕版印刷应用于印书的最早时间是公元636年，大规模与广泛运用是公元953年之后，而中国第一个保护雕版的诉求发生在1068年，[⑥] 期间只隔了100多年的历史。以中国封建社会通晓文字人数的增长速度来看，雕版印刷应用于印书之后的100多年，才开始出现国子监下令禁止私刻雕版的情形，显然不难想象。无论认为欧洲的活字印刷是中国传入还是谷登堡发明，活字印刷开始在欧洲应用的时间是1450年，而意大利第一个保护翻印令的时间是1469年，两者之

---

① See Paul Edward Geller, *Copyright History and the Future*: *What's Culture Got to Do With It*? Journal of the Copyright Society of the USA, Vol. 47, 2000, p. 313.

② 参见［日］藤枝晃：《汉字的文化史》，李运博译，新星出版社2005年版，第159页。

③ 参见李致忠：《古代版印通论》，紫禁城出版社2000年版，第23页。

④ 参见郑成思：《中外印刷出版与版权概念的沿革》，载中国版权研究会编：《版权研究文选》，商务印书馆1995年版，第110页。

⑤ 元王祯于公元953年对“五代监本九经”流传甚广、影响深远的评价。

⑥ 北宋于1068年前曾下令私下刻印必须得到国子监的批准。参见郑成思：《中外印刷出版与版权概念的沿革》，载中国版权研究会编：《版权研究文选》，商务印书馆1995年版，第111页。

间的时间相当接近。第一部现代意义上的著作权法，即《安妮女王法》颁布于1710年，与欧洲开始应用活字印刷的1450年也相对较为接近。因而，“无论东、西方知识产权法学者，都无例外地认为著作权是随着印刷术的采用而出现的”①。甚至认为，“当William Caxton将印刷机于1476年带进英国，一种最终被称为著作权的新的财产形式不可避免地出现了”②。不过，语言、文字、纸与印刷的联合才是著作权得以诞生的全部物质条件，印刷只完成了著作权产生所需要的最后一个物质条件。但这并不能埋没语言、文字与纸在著作权诞生中所产生的作用，就如同我们吃了三个馒头才饱，不能把吃饱的功劳全部记在第三个馒头身上一样。但是无论是诸如语言、文字、造纸等传播媒介，还是完成著作权诞生最后一击的印刷技术，都只是著作权产生的物质条件。这并不意味着，具备这些物质条件就必然会诞生著作权。最早具备著作权诞生所有物质条件的是中国，然而，现代意义上的著作权法并不最早诞生于中国，这是因为中国并不具备诞生著作权的产业环境。

（二）著作权诞生的直接动因

在著作权得以产生的第四个物质条件，即印刷机发明以前，Martial曾经将未经同意而叙述其作品的行为痛斥为绑架（plagium）的道德主张。传说迪尔米德国王要求修道士科伦巴将未经许可的诗篇抄本交还给其创造者修道院院长菲南。③ 手抄本除了复制者无须创作的脑力劳动之外，所付出体力劳动、抄写所用纸张等工具成本几乎与原创者无异，这意味着抄袭者并不能从抄袭中获取任何经济利益。为此，当时的主张也只能是一种道德主张，因为不可能从无利可图的行为中主张经济利益。

随着著作权诞生的最后一个物质条件——印刷的发明与改进，未经许可

---

① 郑成思：《中外印刷出版与版权概念的沿革》，载中国版权研究会编：《版权研究文选》，商务印书馆1995年版，第111页。

② Lyman Ray Patterson, *Copyright in Historical Perspective*, Vanderbilt University Press, 1968, p. 20.

③ 参见［美］保罗·戈斯汀：《著作权之道：从谷登堡到数字点播机》，金海军译，北京大学出版社2008年版，第33页。

的印刷成本比从作者购买手稿进行印刷成本显然要低得多，尤其是未经许可的印刷者可以直接印刷具有较好销售市场的作品比如畅销书，从而可以规避购买手稿的出版商必须承担通过不同作品市场试水以从畅销作品获取利益的成本。因此，印刷机促成了盗版市场的出现，“印刷机无可挽回地改变了作者对其作品在道德主张与经济主张之间的平衡”[①]。不过，那个时代，能对作品进行经济利用的只有印刷，而印刷技术也只催生了出版产业，出版产业的利益也只需要对复制进行控制。因而，英国第一部现代著作权法，即《安妮女王法》也只是将“唯一的印刷书籍的权利与自由”（sole right and liberty of printing books）赋予了作者与手稿的受让者，即出版者。[②] 那个时代，对作品唯一有利可图的使用方式就是翻印，著作权法只需要赋予权利人翻印之权来实现权利人对作品翻印方式的控制。从表面上看，复制权属于作者，与出版产业无关。然而，由于那个年代作品的传播必须依赖出版商的出版，作者必须将复制之权转让给出版商方能传播给公众。因此，著作权在绝大部分情况下，成为出版产业利益诉求的主要依托。因为，出版商在出版作者作品时，实际上已经通过出版合同获得了作品的复制权。出版商之所以愿意接受以作者赋权的方式实现其对出版产业的利益诉求，就是因为出版商基本上可以获得作者的复制权。印刷技术使复制成为作品的主要传播方式，出版产业的利益诉求要求复制这种传播方式被纳入著作权的控制范围。虽然出版实际上包括现代著作权法意义上的复制与发行，[③] 但出版产业还应获得发行权方可完全实现其产业利益诉求。在18世纪很长的时段中，一个主体往往既是出版商又是批发商，或既是印刷商又是零售商，这类情况比比皆是，而该主体又可以同时被称作书商。[④] 因此，在18世纪的英国，书商在很大程度上负责出版

---

① ［美］保罗·戈斯汀：《著作权之道：从谷登堡到数字点播机》，金海军译，北京大学出版社2008年版，第32页。

② See W. R. Cornish, *Intellectual Property: Patents, Copyright, Trade Marks and Allied Rights*, Sweet & Maxwell, 4th edition, (1999), p. 340.

③ 比如依据我国《著作权法》第63条规定，本法第2条所称的出版，指作品的复制、发行。

④ 参见黄怡华：《18世纪英国出版业初探》，华东师范大学2010年硕士学位论文，第11、12页。

物的整体运营，包括为出版物的印刷筹措资金、出版物的发行与流通，最后确保出版物在零售中取得较好的收益。因此，可以认为在英国诞生著作权的18世纪，发行主体与复制主体在身份上是重叠的，控制复制本身实际上已经起到控制发行的作用，因而《安妮女王法》无须再赋予发行权。这也表明，完全是因为出版产业的需要驱动着著作权的诞生。

不可否认，著作权的诞生与印刷技术的发展、改进存在直接的关联，但语言、文字与造纸也为印刷技术对著作权的最后一击提供了必备的技术与媒介储备，而产业利益的驱动才是著作权得以诞生的直接动因。公认现代意义上的著作权最早诞生于英国，溯源中国著作权意识的萌芽与英国著作权诞生的产业环境，可以发现产业利益的驱动才是著作权诞生的直接动因。随着“天下书籍遂广”，文字很快在民间普及，那个时期的北宋发现依靠控制文字的方式控制“异端”文化的传播已经成为不可能。为此，北宋于1068年前曾下令私下刻印必须得到国子监的批准。与意大利1469年第一个保护翻印之权的特许令相比，中国要早近500年。然而，中国这个时代的翻印许可是政府控制思想——不符合统治阶级意识形态的信息——的主要手段，并且通过官方设立专门管理机构，即国子监得以实现。实际上，国子监相当于现代的出版管理机构，与现代出版管理机构唯一不同的是其既负责出版审查又自行出版。书籍普及带来了文字民众化，而文字的民众化又推动了书籍的传播与流通。不过，可以推断的是，民众翻印图书价格肯定比政府印刷图书价格要低，翻印现象才会时常出现，也才屡有颁发禁止翻印禁令的必要，其中《九经》的“犹禁擅镌”与《东都事略》的“已申上司、不许覆版”是翻印禁令的典型。[①] 但无论是那个时代的翻印许可，还是未经批准禁止翻印的禁令，本质上都不是现代具有私权特质的著作权，只是统治阶级实现信息控制的工具。不过，《方舆胜览》宣布制作者有权“陈告、追人、毁版与断治施行”，确实表明已经产生了私人对类似现代意义上著作权利益的诉求。有学者认为

---

① 郑成思教授认为其与现代版权标志相当。参见郑成思：《中外印刷出版与版权概念的沿革》，载中国版权研究会编：《版权研究文选》，商务印书馆1995年版，第111页。

这是“把精神产品的创作，视为个人财产的一部分，作为一种产权而要求保护著作者的正当权益，从而使制作者成为版权保护的主要对象，进一步完善了中国的版权观念”①。1248 年，杭州国子监受会昌县承段维清请求，发布了保护其已故叔父段昌武撰述的《丛桂毛诗集解》版权的公据。② 公据是文告的一种，即官府颁发给申告人的权利凭证。③ 该公告对著作者、刻书者所付出的创造性劳动予以认可，即“刻志穷经，平生精力毕于此书”。这表明作者已经开始具有保护其经济权利的意识。然而，这种权利保护意识是偶然与个别现象，其不符合法律规则必须普遍适用的基本原理，因而不能说中国在这个时代已经产生了现代著作权制度。但无论如何，这种权利意识的萌芽确实是产生了。

著作权意识在中国自 1068 年一直处于这种萌芽状态，一直到近 800 年之后，即 1910 年的《大清著作权律》才产生真正意义上的现代著作权。有学者认为，这种原因主要在于整个私权在中国封建社会未受到应有关注、文化意识形态以政府控制为主、出版审查制度贯穿整个中国封建社会等。④ 不过，更为直接的原因应该是当时中国并没有形成独立的出版产业，未能形成稳定的产业利益诉求。因为国子监作为官办的“出版社”针对民间的盗印可直接借助官方公法上的惩罚得以实现规制，所以无须借助对其印刷书籍的经济权利诉求。作为官办的出版机构，根本不需要对作者赋予私权的方式以实现其产业利益诉求。虽然存在民间个别的个人雕版印刷主体对翻印禁止的经济诉求，但由于那时民间印刷主体数量非常有限，并未形成一种财产权利诉求所要求的规模与数量，也就是说，并未形成稳定的产业环境。因此，中国整个

---

① 朱明远：《略论版权观念在中国的形成》，载中国版权研究会编：《版权研究文选》，商务印书馆 1995 年版，第 127 页。

② 参见周林、李明山主编：《中国版权史研究文献》，中国方正出版社 1999 年版，第 4 页。

③ 参见王兰萍：《近代中国著作权法的成长：1903—1910》，北京大学出版社 2006 年版，第 8 页。

④ 参见李雨峰：《枪口下的法律：中国版权史研究》，知识产权出版社 2006 年版，第 61—78 页。William P. Alford, *To Steal a Book Is an Elegant Offence: Intellectual Property Law in Chinese Civilization*, Stanford University Press, 1995, p. 9 - 29.

封建社会的著作权一直处于萌芽的意识状态，并未形成现代著作权法意义上的财产权利，其根本原因在于当时并不存在能够诞生该种权利的产业环境。

著作权在英国的诞生，进一步说明出版产业的利益驱动是著作权诞生的直接动因。著作权的财产概念在英国经历了大约 200 年的发展。① 世界著作权的发展历史一般以 1709 年《安妮女王法》为分界线，《安妮女王法》以前是出版特权时期，其后则是现代著作权时期。②《安妮女王法》之前的出版特权有三个主要特征：书商复印权、印刷专利与政府出版控制。③《安妮女王法》颁布以前，英国王室通过星法院（star chambers）审查书籍的出版，以控制“异端邪说”的传播。但星法院只是通过颁布敕令形成出版审查的规则，具体审查书籍出版的是称为书商公司（stationers' company）的行业协会。书商公司通过女王颁发的“王室特许状”以维护其垄断的商业利益，而王室则通过“书商公司”进行出版审查，以控制“异端邪说”的信息流动，两者各取其利益，巧妙地结合在一起。书商公司于 1557 年获得王室颁布的第一个“王室特许状”，担当起出版审查重任，并享有对印刷业进行搜查、没收和罚款的权力。1662 年通过《英国许可法》进一步巩固了书商公司这种出版审查与执法地位，分别于 1679 年与 1685 年得到续展。④ 随着英国从查理一世被处死的专制走向共和、自由主义意识形态的活跃而产生的出版、言论自由与自然权利，书商公司的出版特权在 1694 年被议会拒绝续展。出版审查最终随着 1695 年《英国许可法》的废止而寿终正寝。“出版审查制度废除使‘书商公司’这个既得利益者在饱受盗版之苦时，无计可施。而真正的盗版

---

① See Lyman Ray Patterson, *Copyright in Historical Perspective*, Vanderbilt University Press, 1968, p. 20.

② See Paul Edward Geller, *Copyright History and the Future: What's Culture Got to Do With It?* Journal of the Copyright Society of the USA, Vol. 47, 2000, p. 210; Lyman Ray Patterson, *Copyright in Historical Perspective*, Vanderbilt University Press, 1968, p. 4.

③ See Lyman Ray Patterson, *Copyright in Historical Perspective*, Vanderbilt University Press, 1968, p. 4.

④ See Catherine Seville, *Literary Copyright Reform in Early Victorian England*, Cambridge University Press, 1999, p. 3.

使未经专利人许可而重印专利图书的情况更加恶化。"[①] 强烈反对失去保护的书商公司，没有了出版特权与盗版执法的权力，只剩下根据其自身围绕登记的惯例所享有的复制之权。[②] 书商公司当然不会甘心，不过，其目的不是恢复对图书出版的审查权，真正的目的在于其对书籍印刷的垄断以控制盗版对其利益的侵蚀。为此，书商的目的在于有权对抗盗版，在游说恢复《英国许可法》努力失败后，[③] 书商转而借助作者利益与图书财产权之名，"发动了一场保护其垄断地位的无情运动"[④]。1707 年 2 月，书商向议会提出法案，要求通过立法保护作者或其被授权人，或原稿的购买者的"文学财产权"[⑤]。最终说服议会于 1709 年颁布了《鼓励学术法》（Act for the Encouragement of Learning），即《安妮女王法》，该法有期限地将唯一印刷的权利授予作者和手稿受让者。至此，依附于出版审查制度的出版特权演化为以作者为核心主体的著作权。这是一个戏剧化的结果，由出版者发起这场运动所产生的结果是建立作者权利的著作权，而不是出版者权利。[⑥] 此后不久的 1735 年，在未能说服议会延长权利保护期间之后，[⑦] 出版商又要求作者先前存在的、永久性的普通法权利，由此引发广泛参与著名的"永久文学财产"争论，该争论的焦点为作者以及作为购买者的书商，是对他们作品享有永久性的普通法上的复制权，还是他们的权利应被限定在由《安妮女王法》所规定的法定期限内。[⑧]

---

① John Feather, *Publishing*, *Piracy and Politics*: *A History Study of Copyright in Britain*, Mansell Publishing Limited, London, 1994, p. 21.

② See W. R. Cornish, *Intellectual Property*: *Patents*, *Copyright*, *Trade Marks and Allied Rights*, Sweet & Maxwell, 4th edition, (1999), p. 340.

③ 参见［澳］布拉德·谢尔曼、［英］莱昂内尔·本特利：《现代知识产权法的演进：1760—1911 英国的历程》，金海军译，北京大学出版社 2006 年版，第 12 页。

④ Lyman Ray Patterson, *Copyright in Historical Perspective*, Vanderbilt University Press, 1968, p. 148.

⑤ John Feather, Publishing, *piracy and politics*: *an historical study of copyright in Britain*, Mansell 1994, p. 56.

⑥ See Catherine Seville, *Literary Copyright Reform in Early Victorian England*, Cambridge University Press, 1999, p. 149.

⑦ See Lyman Ray Patterson, *Copyright in Historical Perspective*, Vanderbilt University Press, 1968, p. 154.

⑧ ［澳］布拉德·谢尔曼、［英］莱昂内尔·本特利：《现代知识产权法的演进：1760—1911 英国的历程》，金海军译，北京大学出版社 2006 年版，第 12 页。

虽然这场争论最终以上议院的判决①否定了永久性的文学财产而告终，但作者的著作权却因这场争论的洗礼在制定法上的权利更加明确与清晰。英国著作权法的诞生及其后续发展的历史表明，书商一直都是利益诉求的主要甚至唯一的力量。正如论者所言，“成为作者权利的著作权不是作者努力的结果，却是书商围绕《安妮女王法》与永久化其书籍贸易垄断努力的结果，这种改变就是‘书商战斗’的副产品”②。这也说明，以书商为主体的出版产业的发展需求，是著作权得以诞生的直接动因。

著作权的诞生过程具有戏剧性，不过，如果从产业利益保护诉求必然获得国家支持的视角看，著作权的诞生具有必然性。与中国宋代官方出版机构单一，而且民间私人出版者极少不同的是，在《安妮女王法》诞生的18世纪初期，英国的出版产业就已经初具规模。比如，杂志的发展十分迅猛，其中《旁观者》仅仅在1711年至1712年就发行500期，每次印数达到4万份，而《君子杂志》到18世纪中期发行量已接近1万份。③ 据国外研究者的统计，出版特权废除后，出版商便结成出版联盟，18世纪早期这个联盟大约有21名成员，每年出版2万本图书，价值大约相当于5000英镑。④ 这表明，在英国诞生著作权法的18世纪初期，英国出版产业已经初具规模。在出版审查制度废除后，盗版在没有任何约束之后必然肆虐，英国初具规模的出版产业，必然诉求政府保护，政府亦不可能放任一个产业的毁掉。因此，著作权在产业利益驱动下的诞生亦具有必然性。

印刷技术诞生之后，使盗版成为具有经济利益的生产方式。正如论者所

---

① 1774年所宣判的Donaldson v. Becket，上议院以22∶11，反对普通法上的永久复制权，该案推翻了Miller v. Taylor所确立的永久性普通法上财产权的结论，非常有意思的是，该两案所涉及的却是同一部作品，即汤普森的《四季》（Seasons）。参见［澳］布拉德·谢尔曼、［英］莱昂内尔·本特利：《现代知识产权法的演进：1760—1911英国的历程》，金海军译，北京大学出版社2006年版，第13—16页。

② Lyman Ray Patterson, *Copyright in Historical Perspective*, Vanderbilt University Press, 1968, p. 151.

③ 参见黄怡华：《18世纪英国出版业初探》，华东师范大学2010年硕士学位论文，第1页。

④ See John Feather, *A History of British Publishing*, Routledge; 2nd Revised edition, 2005, p. 53.

言，“著作权只有在传媒技术和市场使盗版成为有利可图才可能产生”①。应该说传媒技术催生了出版产业的同时，也催生了盗版。因此，传媒技术与市场导致出版产业遭受盗版的利益侵蚀，英国初具规模的出版产业必然诉求保护其利益，这种利益诉求直接驱动了著作权的诞生。因此，尽管著作权作为出版产业利益诉求的副产品具有戏剧性，但从产业利益的角度看，任何一个主权国家都不可能放弃整个产业利益，从产业利益必然得到国家保护与支持的角度看，从一个国家必然规范市场竞争行为的规律看，著作权在产业利益驱动下的诞生具有必然性。从信息流动的角度看，在《安妮女王法》之前的出版特权时期，出版特权成为信息控制的工具；而《安妮女王法》之后的著作权，不再是信息控制的工具，政府便基于控制信息流动的制度与著作权制度分离，成立专门出版管理机构。然而，著作权成为私人权利之后，附载于著作权保护之作品的信息，亦被以私人权利的方式予以控制。因此，如何让著作权不致成为信息流动的桎梏是著作权诞生之后必然面对的问题。

二、著作权制度演进的不同逻辑

前述论证表明，语言、文字、造纸与印刷只是著作权诞生的物质条件，产业利益驱动才是著作权诞生的直接动因。著作权诞生之后，其制度不断演进与变革。而不同的著作权制度，其演进的逻辑基础不同，权项与限制制度的演进可以例证这一结论。传媒产业不但是著作权诞生的直接动因，亦是著作权制度演进的驱动力。现代著作权自 1709 年在《安妮女王法》确立后，已经经历了 400 多年的演变历史。著作权也从确立之初的单一“复制之权”演变成一个庞大的权利束，著作权权项演变的速度与广度是其他任何民事权利无法比拟的。传播技术不仅增加了作品的传播方式，而且还催生了不同的产业，而不同产业对作品的利用产生了不同的利益诉求。产业利益博弈与主权国家对不同产业利益诉求的支持与保护，驱动着著作权从单一的复制之权

① Paul Edward Geller, *Copyright History and the Future*: *What's Culture Got to Do With It*? Journal of the Copyright Society of the USA, Vol. 47, 2000, p. 210.

演变为今天的对众多传播方式控制的权利束。与此同时，著作权限制制度种类与类型也不断发生变化。著作权制度与传媒产业发展关系的大致路径是：印刷技术催生了出版产业，著作权法对应地赋予了复制权；表演及其相关技术发展催生了表演产业，著作权法对应地赋予了表演权，以及免费表演的限制；录音技术催生了录音产业，著作权法对应地赋予了表演者权与录制者权，以及对音乐录制的法定许可；广播技术催生了广播产业，著作权法对应地赋予了广播权与广播组织权，以及广播的法定许可；数字与网络技术催生互联网产业，著作权对应地赋予了向公众提供权，以及“避风港”等限制制度。因此，传媒产业的分化发展驱动著作权制度的演进，控制信息流动的权项不断扩张与释放信息流动的著作权限制制度不断增设，可以例证不同著作权制度演变的不同逻辑基础。

（一）权利制度体系的演变逻辑

作为世界上第一部著作权法的英国《安妮女王法》，只赋予作者与手稿的受让者复印之权（copyright），是因为那个时代对作品的唯一有利可图的使用方式就是翻印，出版产业也只需要规范复制之权。不过，随着剧场及其相关表演的发展，表演产业开始从出版产业分化出来，成为相对独立的新兴产业。在录音技术广泛应用之前，在英国，剧作家、作曲家及其相关的商业合作者发现对其剧本与音乐作品公开表演的利用产生巨大收益，甚至超过其销售复制件所能获得的利益。因此，音乐或戏剧的公开表演催生与繁荣了表演产业。然而，词曲作者以及从词曲作者获得复制权的出版产业，开始觊觎表演产业的巨额利益。这种利益诉求从寻求对音乐作品公开表演方式的控制开始。《英国 1833 年戏剧版权法》赋予戏剧作品每一次公开表演的使用权，该种权利在《英国 1842 年文学版权法》中延伸到音乐作品。[①] 这样戏剧作品与音乐作品获得表演权，从而使权利人及其出版者或相关合作商获得从公开表

---

① See W. R. Cornish, *Intellectual Property: Patents, Copyright, Trade Marks and Allied Rights*, Sweet & Maxwell, 4th edition, (1999), p. 342, footnote 25; p. 43, footnote 26.

演获取收益的权利。实际上，音乐作品与戏剧作品的公开表演并不必然对其作品销售造成负面影响，对于戏剧作品而言，反倒有可能获得正面的影响，例如戏剧作品的成功表演可能会吸引观看戏剧表演的公众购买该戏剧的纸面作品，从而提高戏剧纸面作品的销售量。戏剧作品关涉主体诉求对公开表演方式进行控制，最为主要的原因是这种公开表演所获得的收入比这些作品复制件的销售收入要丰厚很多。因此，著作权法通过对公开表演进行赋权，使出版产业从表演产业获得部分利益，或者说是出版产业与表演产业之间的利益博弈以及立法在产业利益之间的平衡，使著作权法诞生了表演权。从出版产业分化出来的演艺产业，同样需要通过表演权建立产业秩序，因为表演权可以阻止未经授权的表演，从而使演艺产业可以通过表演权建立有序的公平竞争。

音乐的机械再现所获得的赋权同样表明其是产业利益博弈与立法在不同产业之间利益平衡的结果。比如，瑞士八音盒的生产者与法国作曲者之间产生了冲突，虽然最后两国的谈判以瑞士八音盒的生产商胜利告终，[①] 但这种努力在 1908 年《伯尔尼公约》的柏林文本得到了回报，该文本明确规定了作曲者有权“授权改编这些作品用于以机械的方式将其复制于乐器上”。美国音乐出版商亦通过围绕自动钢琴卷纸的案例，[②] 诉求对音乐作品这种机械再现的使用方式进行控制，并在 1908 年《美国版权法》得到了赋权。爱迪生 1887 年发明留声机之后，录音技术的广泛应用迅速改变了相关产业中的原有平衡。唱片、传播唱片设备的广泛应用以及有声电影的出现成为包括演唱者、屏幕情景表演者的噩梦。国际劳工组织于 1939 年出版的报告表明，1932 年到 1936 年，音乐等艺术行业的表演者进入前所未有的失业高峰，美国、法国、日本与奥地利都有数以万计的表演者失业，比如在 1936 年，日本音乐工

① 参见德利娅·利普希克：《著作权与邻接权》，中国对外翻译出版公司、联合国教科文组织 2000 年版，第 274—275 页。

② 美国最高法院 1908 年在怀特－史密斯音乐出版公司诉阿波罗公司案中判决生产钢琴卷纸的 Appollo 公司没有构成对音乐出版商的侵权。

作者的失业比例为41%，而维也纳音乐工作者的失业比例高达90%。[①] 因此，录音技术的完善与应用打破了音乐及其相关产业的原有平衡，音乐工作者及其相关的商业组织开始寻求对其正在或已经失去利益的保护。在著作权法中的诉求表现为，希望通过立法的修订以控制对其表演的录制与传播、录制后的复制甚至对录制后的公开播放，以使其能从这些权利的许可中获得部分利益。这些权利诉求相继得到各国著作权法的承认，就是最为棘手的对录音制品二次使用的控制，亦在美国最高法院1917年的判例中得到承认。[②] 这样一来，表演者、录音制作者及广播组织逐渐成为英美著作权法中的主体，而大陆法系则为其单独创设邻接权以维护其市场利益。表演者、录音制作者以及广播组织者所获得权利亦是立法在关涉产业利益博弈中进行平衡的结果。

本质上，著作权权利制度体系的扩张，是以权项控制信息流动的路径实现的。作为知识产权家族中一员的著作权，其客体自然与知识产权的客体具有一致性。当前主流的观点认为，"从本质上说，知识就是一定的信息，当然知识不是信息的全部，而是一部分，属于信息中的自为信息和再生信息。知识产权客体既然是一定的知识，那么它就必然是一定的信息"[③]。如此，著作权客体的作品自然是信息。在英国《安妮女王法》颁布以前，王室之所以愿意给"书商公司"颁发"王室特许状"，其主要目的在于通过"书商公司"进行出版审查，以控制"异端邪说"的信息流动。正如论者所言，"特许令状主要是基于压制禁书的观念，安妮女王授予特许令状的目的——包括最初的动机来源——在于获得一个有效审查的代理人"[④]。因此，可以这么理解，现代意义上著作权诞生之前，英国女王所颁发特许令状的目的就是控制

① 参见国际劳工局：《演奏者在广播节目、电视及声音机械复制方面的权利》，1939年，第6页。转引自德利娅·利普希克：《著作权与邻接权》，中国对外翻译出版公司、联合国教科文组织2000年版，第277页。

② 参见［美］保罗·戈斯汀：《著作权之道：从谷登堡到数字点播机》，金海军译，北京大学出版社2008年版，第57－58页。

③ 王太平：《知识产权法法律原则理论基础与具体构造》，法律出版社2004年版，第200页。

④ Lyman Ray Patterson, *Copyright in Historical Perspective*, Vanderbilt University Press, 1968, p. 29.

附载于作品之上并不符合其统治意识形态的信息流动，而这种控制却从另一个方面促进了出版产业的发展。或者说，英国女王对“异端邪说”信息流动的控制巧合地成为出版产业发展的保障。[①] 甚至有学者认为，出版特权时期对出版作品的审查甚至残留到现代著作权法中，即“审查的残留依然以利益的方式得以在著作权法中保留”[②]。英国书商公司的出版特权在1694年被议会拒绝续展之后，出版产业就开始饱受盗版之苦，产业利益完全失去了庇护。出版商在游说恢复《英国许可法》以重获出版特权的诉求被议会拒绝之后，[③] 最终以作者的名义从议会那里获得著作权的保护，即1710年《安妮女王法》所规定的有期限地将唯一印刷的权利授予作者和手稿受让者。尽管表面上看，似乎是作者获得著作权而不是出版商获得了著作权，但实际上，“是出版商而不是作者控制书的贸易，而且也是出版商而不是作者，需要保护以反对经济竞争。然而，这个问题模糊化了，因为著作权只是作者权利的观念屏蔽了著作权对出版商的有用性”[④]。

由于那个年代，传播作品所需要的机器设备成本高昂，作品必须通过出版商方可传播到公众，但实际上作者必须将印刷的权利转让给出版者，其作品方可向公众传播。因此，出版商通过著作权获得了对附载于作品之信息流动的控制权，使出版产业重新获得保障。出版商通过著作权控制向公众出卖版权作品之上所附载的信息实现出版产业的繁荣，本质上就是以著作权的方式控制信息流动。随着欧洲中世纪演艺业的发展，对作品公开表演的艺术家所获得的收益，远远超过通过出版销售作品复制件所获取的收益，并逐渐形成演艺产业。回溯出版产业以作者的名义获取著作权的历史轨迹，如果不赋

---

① See Lyman Ray Patterson, *Copyright in Historical Perspective*, Vanderbilt University Press, 1968, p. 228.

② Lyman Ray Patterson, *Copyright in Historical Perspective*, Vanderbilt University Press, 1968, p. 228.

③ 参见［澳］布拉德·谢尔曼、［英］莱昂内尔·本特利：《现代知识产权法的演进：1760—1911英国的历程》，金海军译，北京大学出版社2006年版，第12页。

④ Lyman Ray Patterson, *Copyright in Historical Perspective*, Vanderbilt University Press, 1968, p. 226.

予作者对作品公开表演的控制，演艺产业对特定作品的表演呈一种无序竞争的发展状态。为了独占特定作品的表演利益，使演艺产业获得特定作品表演的规则与秩序，在演艺产业界的强烈要求下，英国于《1833 年戏剧著作权法》中对戏剧作品每一次公开表演赋予了使用权，该种权利在《1842 年文学著作权法》中延伸到音乐作品。① 通过表演权对作品以表演方式传播作品信息的控制，实现演艺产业的发展。顺着这种逻辑轨迹，演艺产业通过对表演录制与传播的控制——以表演者的录制权与传播权的方式②——控制表演的信息流动使演艺产业的发展得到系统的制度保障。同样的道理，录音产业与广播产业需要通过录制权与广播权建立起自身的竞争秩序。

（二）限制制度体系的演变逻辑

传媒产业与著作权制度解释、调整的历史表明，产业竞争秩序与产业利益之间的平衡需要著作权权利制度体系的扩张。但与此同时，著作权通过限制制度，防止著作权障碍从既有产业分离出的新兴产业发展，限制制度本质上是释放信息流动促进从传媒产业分离出的新兴产业发展。

录制技术的发展使表演不再转瞬即逝，而是可以长久的保留与再利用。如果音乐作品的录制以独占许可的方式被大型的音乐制作公司受让，有可能会障碍其他主体进入音乐录制市场。为此，诸多国家著作权法便通过设立法定许可或强制许可制度的方式防止录音产业领域的垄断。因为法定许可或强制许可通过著作权市场的替代，即通过构建一个拟制的政府管控市场（artificial government – regulated market），避免因为权利买断与独家授权所致的垄断。③ 比如，1909 年《美国版权法》引入强制许可的目的就是防止唱片

① See W. R. Cornish, *Intellectual Property: Patents, Copyright, Trade Marks and Allied Rights*, Sweet & Maxwell, 4th edition, (1999), p. 342, footnote 25; p. 43, footnote 26.

② 在我国《著作权法》上，表现为《著作权法》第 39 条以及第 44 条为表演者、录音录像制作者所赋予的权利。

③ See Compulsory Video Licenses of Title 17, Hearing Before the S. Comm. *on Courts, Intellectual Property, and the Internet Comm.* on the Judiciary, U. S. House of Rep., 113th Cong, 2nd Sess. (2014) (Statement of William J. Roberts, . Jr., Acting Associate Register of Copyrights and Director of Pubic Information & Education).

公司对音乐作品机械录制的垄断。[①] 也可以这么认为，著作权法通过设立法定许可或强制许可制度，释放词曲作者通过机械复制权所控制的信息流动，预防录音产业的垄断，以保障录音产业的健康发展。释放信息流动保障传媒产业所分化出新兴产业发展的各种类型的限制制度中，广播权的限制制度则是另外一个典型。无线电传播技术催生了广播电视、广播电台等广播组织，或者是因为广播组织之间需要广播权维持作品广播领域的竞争秩序，[②] 或者是因为作者及其利益代表者如集体管理组织为自己的利益，诉求著作权法赋予其广播权，以便从其广播作品中获取利益。然而，如果广播组织每广播一个作品，都要与著作权人签订许可合同，在广播组织需要大规模使用海量作品的前提下，必然导致广播组织难以广播他人作品从而障碍广播电视产业的顺利发展。为此，一般国家著作权法对广播权都进行了限制，平衡各国著作权规则的《伯尔尼公约》，亦允许对作品的广播权进行限制就是很好的例证。[③] 无论是法定许可还是强制许可，本质上均是一种非常典型通过限制制度，释放权利制度所控制的信息流动，以使从传媒产业新分化出的广播电视产业发展获得充分的制度保障。同样的道理，著作权法对因为数字、通信与互联网技术出现后赋予的向公众提供权的限制，即“避风港”规则，将特定网络传播行为纳入庇护，显然是为互联网产业的发展释放向公众提供权所控制的信息流动。

由于著作权所保护的作品，本质上是一种信息。著作权诞生之所以是以出版商而不是作者诉求的一种权利，本质上是因为出版商需要通过著作权（复制权）控制信息流动以维护出版产业的利益，防止出版产业的无序竞争。因此，版权（著作权）的合理性不在于教科书上那么多美好理念，而在于国

---

① See Oman R. *Compulsory License Redux：Will it Survive in a Changing Marketplace*?, 5 The Cardozo Arts & Entertainment Journal 37 (1986).

② 如果没有广播权，对特定作品的广播就会形成多家广播组织同时或异时广播，无法在广播领域形成特定集中效应，广播电视产业领域会进入一个完全无需的竞争状态。

③ 根据《伯尔尼公约》第 11 条之二的规定，对于前款（广播权）的规定，成员国可以对该种权利的行使条件进行立法，但这种条件只能在规定该种权利行使条件的国家适用。

家出于激励艺术创作、作品传播和利用——确保信息自由流动的政策选择。[①]著作权制度的演变亦遵循这一逻辑轨迹，通过权利体系不断扩张，控制信息流动为因传媒技术分化的新产业提供竞争规则，亦为旧传媒产业获取新传播技术产生的利益提供权利基础；并通过限制制度释放信息流动以保障新的传播技术所引致的新传媒产业的发展。

三、著作权制度解释与调整所应契合的主客观逻辑

著作权诞生与制度演进的历史是一种客观描述，但制度的解释与调整，必然意味着主动选择。这种主动选择应该契合其所应遵循的逻辑基础。当然，著作权制度解释与调整也有其必须契合的客观逻辑基础，因为不同媒体时期作品创作与传播模式并不以人类的主动选择为转移。

（一）客观逻辑

不同媒体时期，作品创作与传播的不同模式，意味着作品创作与传播成本的高低，从而决定关涉主体之间的利益诉求亦有不同，客观地决定或要求著作权法制度的配置不同。

1. 契合不同媒体时期作品创作模式所决定的利益关系

作品创作在不同媒体技术时期呈现不同的作品创作模式，不同创作模式决定了作品的创作成本、作品的表现形式、权利主体的利益诉求等著作权法中关键问题的不同。如果作品创作成本高，著作权法必须配置降低创作成本的制度；如果作品的表现形式固定，著作权法可以只配置有限的客体列举类型制度；如果权利主体的利益诉求相对固定，著作权法则可以对权利制度体系予以适当的固定。因此，传统媒体与新媒体时期不同的作品创作模式，必然导致著作权法应配置不同的制度。

在以数字、通信与互联网技术为代表的新媒体到来之前的传统媒体时期，作品的创作主要表现为“读—写”模式。在“读—写”的创作模式下，作品

① 参见周林：《论信息时代的版权立法——以追续权立法为例》，载《美术研究》2018年第1期。

的一般用户，比如读者，如果其未能经过专业化训练与一定的时间积累，难以成为职业化的创作者，从而导致创作成本相对高昂。如此，便需要著作权法上的制度配置以降低创作成本，著作权法可以例举的具有该种作用的制度有：（1）通过思想表达二分原则将思想排除在保护之外，以降低创作成本，增加作品的数量；（2）通过合理引用制度引用他人作品进行创作以降低创作成本。此外，基于“读—写”的创作模式，作品或其他客体的表现形式与创作过程、方式相对固定，所以著作权法为其所设立的保护条件亦相对固定。正因为如此，传统媒体时期有相当一部分国家的著作权法对作品类型的规定一般采取封闭式的法定列举模式。① 因此，著作权制度应该契合传统媒体时期“读—写”创作模式下的创作成本、作品表现形式与权利主体的利益诉求。

随着传播技术的进步，以数字、通信与互联网技术为代表的新媒体时代已经到来。尽管“读—写”模式并未完全退出历史舞台，但不可否认的是，作品的创作模式与传播模式已经发生了深刻的改变，完全改变了传统媒体时代“读—写”的创作模式。从创作方式上看，创作者在一定程度上已不再是一种职业身份，而是所有网络用户的共同特征，其既能轻易修改或改编已有作品，也可独立或协作创作新作品。②“微创作”与“协同创作”成为互联网领域的普遍现象。③ 用户之间甚至可以通过无意思联络的大规模协作来创作作品。④ 百度公司提供的百度百科就是其中的典型例证，其可以由用户进行增加、修改与补充，类似的情况还有维基百科。此外，用户可以利用诸如人

---

① 王迁教授归纳认为，有英国、澳大利、新西兰、爱尔兰、南非、尼日利亚、肯尼亚、马来西亚、新加坡等国家的版权法对作品类型采取法定的封闭式列举模式。参见王迁：《论作品类型法定——兼评“音乐喷泉案”》，载《法学评论》2019 年第 3 期。

② See Robert P. Merges, *Locke Remixed*, 40 UC Davis L. Rev. 1259（2007）, p. 1260 – 1262.

③ See Justin Hughes, *Size Matters*（*or should*）*in Copyright Law*, 74 Fordham L. Rev. 575, 576（2005）.

④ See Le Borgne – Bachschmidt, F. , Girieud, S. , Leiba, M. , de Munck S. , Limonard, S. , Poel, M. , Kool, L. , Helberger, N. , Guibault, L. , Janssen, E. , Van Eijk, N. , Angelopoulos, C. , Van Hoboken, J. , Swart, E.（2009）, *User Generated Content*: *Supporting a participative Information*, Society Study for the European Commission DG Information Society, Final Report, p. 50 – 53.

工智能之类的创作软件，对现有作品进行重新组合、编排，形成重混作品，是用户自动生成作品（UGC）的一种典型方式，比如在音乐领域出现的混合录音（mixtapes）。[①] 因此，当前这个时代已经进入重混文化（remixed culture）[②] 时代。伴随新媒体出现的创作模式，首先，表现为创作成本大幅度降低。由于用户无须经过创作的专业训练与时间积累便可进行创作，从而大幅度降低创作成本。著作权法制度亦应进行调适，以适用该种新的低成本的创作模式。比如，（1）著作权法是否应该在立法上要求提供协同创作的平台保证参与创作主体的署名权；（2）这种低成本的创作方式是应该受合理使用制度的庇护，从而独享该种创作方式带来的利益；还是不应该受合理使用制度的庇护，从而与原作品的创作者分享利益。其次，新的创作模式会增加新类型的客体，或新的利益诉求。比如中国新近颇受争议的体育赛事直播画面，尽管其并不必然诞生于新媒体时代，传统媒体时期已经存在这一客体类型，但在传统媒体时期，不会产生是否可以控制互联网截播行为的争议；还有后文论及的“音乐喷泉案”，也许在新媒体到来之前的传统媒体时期，复制一个“音乐喷泉”几乎是不可能的，自然也就没有对“音乐喷泉”提出著作权保护诉求的可能。

不同时期的媒体技术不同，作品的创作模式不同，作品创作成本、表现形式与利益诉求不同，其所关涉著作权的利益关系必然不同，著作权法必须契合特定媒体时期作品的创作模式所决定的创作成本、客体表现形式以及利益诉求。当作品创作模式发生根本性变革之后，著作权法所对应的关涉制度必然进行调适性的制度变革。

2. 应契合不同媒体时期作品传播模式所决定的利益关系

作品的创作模式除对著作权法的关键问题具有决定性影响之外，不同媒体时期的作品传播模式，同样决定着著作权法所关涉的利益关系，也是著作

---

① See Michael Katz, *Recycling Copyright: Survival & Growth in the Remix Age*, 13 Intell. Prop. L. Bull. 21 (2008), p. 21.

② See Robert P. Merges, *Locke Remixed*, 40 UC Davis L. Rev. 1259 (2007), p. 1260 - 1262.

权法必须契合的逻辑基础。首先，作品的传播模式决定传播者利益获取的方式，决定作者与传播者的利益关系。当传播模式发生改变时，这种利益关系必然发生改变，依照前一种传播模式配置的著作权制度体系必须进行调适。其次，作品作为承载信息的载体，其传播模式决定公众获取信息路径的转变。当传播模式发生根本性变化时，公众获取信息的路径亦会发生根本性变化，尤其是在公众获取信息存在路径依赖的前提下，著作权制度必须在某种程度上牺牲权利人的利益，以确保公众可以通过该种路径获取信息。最后，作品传播模式决定着作品的传播成本，甚至固化传播者的身份。当传播模式改变之后，传播成本发生改变，传播者的身份亦有可能发生改变，以原有传播模式为基础之关涉主体的利益关系会发生根本性的变化，以此为基础的著作权制度亦应进行调适性变革。

在互联网传播技术到来之前的传统媒体时期，由于作品传播技术、设备、制作等方面的高成本以及国家对作品传播中介的管制，[①] 一般的个人无法成为传播中介，作品的传播难以从作者到用户，也难以从用户到用户，而是必须通过诸如出版机构、广播电视电台、电影制作机构等传播中介的桥梁作用，作品方可从权利人到用户，即作品传播的中心化模式。在这种作品传播模式下，由于传播中介的设立成本与管制，作者自身无法成为传播中介，只能依赖传播中介予以传播作品。著作权法显然契合中心化传播模式的是其限制制度，无论是法定（强制）许可还是合理使用，都是契合该种中心化传播模式的制度典型。作品传播的中心化模式会导致作为传播中介的主体相对集中，如果任由传播中介与权利主体磋商形成权利交易，则必然导致传播中介买断权利人的权利或获取独家授权，形成该种权利的垄断市场，比如广播电视市场的垄断，从而导致该产业领域竞争不充分。在法定（强制）许可下，由于使用者无须获得权利人的许可而只需要支付报酬便可以使用作品，使作品传

① 比如根据我国《出版管理条例》（2020）的规定，出版单位的设立必须经过国家行政主管部门的审批，而且不是符合该条例基本条件就可以设立出版单位的，因为根据第 11 条第 2 款的规定，审批设立出版单位，除依照前款所列条件外，还应当符合国家关于出版单位总量、结构、布局的规划。

播不会轻易被集中到单个传播者手中，从而有效地预防可能出现的垄断；在传播中心化模式下，著作权人、传播者与使用者三者身份相对固化，著作权人依赖传播媒介传播作品，个人使用作品产生的成果必须依赖传播者予以传播，私人使用不会损害传播者与创作者的利益。因此，著作权法一般允许私人使用作品不构成著作权侵权。

以数字、通信与互联网技术为典型特征的新媒体时代已经到来，作品通过互联网传播渠道，实现了传统媒体时期无法实现的从作者到用户的直接传播，以及用户之间的相互传播，呈现去中心化的传播模式，即作品不再是由作者将部分权利转移给传播中介，再由传播中介到使用者的单向传播，而是在“去中心化”和“去阶层化”的网络用户之间共享。[①] 在这种传播技术条件下，作品实现了从权利人直接向用户以及在用户之间的网状传播，而网络服务提供者只需要向公众提供一个服务的平台。在这种传播模式下，互联网成为一个无所不能的超级传播者，甚至可以完全依赖用户上传作品而无须直接利用作品便可以实现作品的传播，这种模式首先给著作权法带来的变革，便是为网络服务提供行为配置间接侵权责任；网络服务平台是否应该承担对侵权作品的过滤义务，必然成为著作权法面临的一个问题。大规模数字化成为新媒体时代的必然趋势，大规模数字化的践行者是否应该为其行为承担侵权责任以及在何种条件下可以免除侵权责任，也是著作权法制度必须面临的另外一个问题。在公众形成信息获取互联网路径依赖的前提下，还需要考虑这种条件下如何保障公众的信息获取。

作品在传统媒体时期与新媒体时代的传播模式完全不同，关涉主体之间的利益关系亦完全不同，著作权法的基本制度必须契合不同传媒时期的传播模式，以使其制度能适应该种模式下所关涉的利益关系。因此，不同媒体时期的作品传播模式所决定的利益关系，亦是著作权法制度解释或调整必须契合的逻辑基础。

---

① See Yochai Benkler, *Sharing Nicely: On Shareable Goods and the Emergence of Sharing as a Modality of Economic Production*, 114 Yale L. J. 273 (2004), p. 278.

（二）主观逻辑

美国与欧盟版权制度解释与调整的变化历程，说明主权国家著作权制度的解释与调整应该主动契合国内产业及其分化发展的态势。这种可以主动调适的逻辑基础，可称为主观逻辑基础。

1. 美国应因互联网产业发展的促进而不断调整版权制度与版权制度的解释

美国至少可以说是国际知识产权规则的强力影响者，无论何种知识产权的国际规则都或多或少地打上美国的烙印。学者研究认为，美国将国内市场作为工具驱使其他国家采纳和执行更严格的知识产权政策。①《与贸易有关的知识产权协定》（以下简称 TRIPs）的签订被公认为是发达国家，尤其是美国对知识产权高保护水平推动的结果。② 尽管美国直到 1988 年才加入《伯尔尼公约》，③ 但其通过 TRIPs 将其版权的保护意图渗透在国际规则中。TRIPs 之后，又是美国发起签订应对数字革命所创造的新技术环境的新的特别条约，即 1996 年 WIPO 组织的《世界知识产权组织版权条约》（WCT）、《世界知识产权组织表演和录音制品条约》（WPPT）。④ 不仅如此，美国对国际著作权规则的影响实质上是以其国内产业发展态势为基础，比如美国之所以极力倡导在国际条约中通过著作权保护计算机软件，正是因为软件产业是美国的优势产业。而且美国著作权制度的调适与司法政策的转变，亦是以契合其国内传媒产业分化发展为基础的。美国应对以数字、通信与网络技术为代表的新

① 参见［美］苏姗·K. 塞尔：《私权、公法：知识产权的全球化》，董刚、周超译，中国人民大学出版社 2008 年版，第 38 页。

② See Carlos M. Correa, *Intellectual Property Rights, the WTO and Developing Countries. The TRIPs Agreement and Policy Options*, Zed Books Ltd, 2000, p. 3.

③ 有学者认为，美国在 1955 年加入《世界版权条约》，虽然低于《伯尔尼公约》的《世界版权公约》使美国似乎并没有真正成为国际著作权一体化制度的成员，却强化其加入《伯尔尼公约》的政治意愿，终于在 1988 年加入《伯尔尼公约》。See Graig Joyce, William Patry, Marshall Leaffer, Peter Jaszi, Copyright Law, Lexis Publishing, 2000, Fifth Edition, p. 34.

④ See David Nimmer, *Time and Space*. IDEA, 1998, (38): 508. 1996 年 WIPO 组织签订的《世界知识产权组织版权条约》和《世界知识产权组织表演和录音制品条约》。

媒体所为的著作权制度调整以及司法政策的转变，就是很好的例证。

面对以数字、互联网与通信技术为代表的新媒体，美国自1995年开始以《录音制品数字表演权法案》（Digital Performance Right in Sound Recordings Act，DPSRA）对新媒体技术进行回应；在1998年用《美国数字千年版权法》（DMCA）对新媒体技术进行系统与全面的应对；到2018年，美国则以《美国音乐现代化法案》意图调整因为新媒体技术而出现诸多问题的音乐产业。其中，DMCA为互联网产业的发展提供非常广泛的限制制度（尤其是责任豁免制度），说明其本质上是一种“亲”或对互联网产业偏爱性的制度体系。网络服务提供者的责任豁免制度规定在DMCA第512条中，该条非常系统地规定了网络服务提供者的责任豁免制度，其标题为与在线材料有关的责任限制（limitations on liability relating to material online），主要包括五个方面的责任豁免：（1）短暂的数字网络传输。[①] 这里可以免责的主要是提供传输、网络接入以及信息自动储存服务的提供者。（2）系统缓存。对由或向服务提供者运行或控制的系统或网络媒介性和暂时储存而产生的版权责任，不承担金钱赔偿、禁令以及衡平法上的救济责任，只要该材料不是由网络服务提供者向公众提供，而是根据他人的指令所传播，并且该材料是在自动技术过程中储存的，网络服务提供者并未改变所储存的材料。[②]（3）根据用户指令在系统或网络所为信息储存（information residing on systems or network at direction of users）。这便是国内学界所认为的“避风港”（safe harbor），[③] 根

① 根据DMCA第512条规定，服务提供者除根据（j）款规定外，对基于其提供传输、管道或提供接入服务，通过服务提供者运行或控制的系统或网络提供的材料，或者由于在前述传输、管道或接入服务过程的材料产生了媒介性和短暂储存等所产生的版权侵权，不承担金钱赔偿、禁令以及衡平法上的救济责任，（1）材料的传输是有非服务提供者发起或指令产生的；（2）传输、管道、接入或储存是通过非服务提供者材料选择自动技术过程实现的；（3）服务提供者除根据他人要求自动反应之外没有挑选材料的接受者；（4）在向所有人而不是预期的接受者都可以获取的中间和暂时储存的过程中服务提供者并未制作材料的复制件，以及没有超过为传输、管道或接入服务所需要的合理时间长度的复印件在网络上提供给所预定的接受者；（5）通过其系统或网络传输的材料内容没有被修改。

② 参见DMCA第512条b款。

③ 参见管育鹰：《美国DMCA避风港规则适用判例之研究》，载《知识产权》2013年第11期；熊文聪：《避风港中的通知与反通知规则——中美比较研究》，载《比较法研究》2014年第4期。

据 DMCA 第 512 条 c 款的规定，网络服务提供者对其所控制的系统或网络上所储存的信息是由用户指令储存所产生的版权侵权，网络服务提供者在符合条件的情况下不承担金钱救济责任。(4) 信息定位工具 (information location tools)。对于指向用户或链接用户利用信息定位工具，包括目录、索引、参照、指数或超链接等在线定位信息包括侵权材料或侵权活动，服务提供者在符合条件的情况下，不承担金钱赔偿、禁令或衡平法上的责任。(5) 为非营利性教育机构的限制。当一个公共或其他非营利性的高等教育机构作为一个服务提供者，以及应该被认定为该机构之外的作为该机构的成员或学生，该成员或学生知道或明知他/她的版权侵权行为，不应该归属于该机构。① 除第 5 种是为非营利性教育机构提供的侵权豁免之外，其余 4 种都是为网络服务提供者提供有关著作权侵权的责任豁免。互联网产业的主要领域，诸如信息网络的基础服务（如网络接入或管道服务）、互联网的网页运行服务（如系统缓存服务）、网络平台的信息储存（如信息储存服务）以及搜索引擎服务（如信息定位工具）等这些服务在符合条件的情况下，DMCA 均为其提供责任豁免。而实际上，整个互联网产业通过这些豁免可以获得足够的发展机遇。或许，美国互联网产业的快速发展与繁荣正是因为其获得了这种制度性偏爱的发展机遇。比如在全球搜索引擎市场份额排名中，由 StatCounter Global Stats 公布的排名榜单中，前 6 位有 4 位是美国的公司，尤其是谷歌公司以

① 此外，DMCA 第 512 条还规定了如下相关内容：(1) 错误陈述。任何实质性知道本规定下的侵权材料或活动是错误陈述的人，或者因为其错误或错误识别所移除的材料或者以及不再向公众提供的材料或活动的人，应该为版权人或者版权授权的被许可人，或服务提供者所导致任何损失包括成本和律师费承担责任，因为这些损失由于网络服务提供者依据该错误陈述从而进行移除或使公众不能获取所主张的侵权材料或侵权活动，或者替换了该种移除的材料或停止获取。(2) 替换或移除或不再提供的其他责任限制。服务提供者不应该对任何人基于服务提供者因为诚信使不能获取，或移除所主张侵权的材料或活动，或侵权活动明显的事实或环境，无论该种材料或活动最终被认定为侵权。(3) 识别侵权人的传票。版权权利人或其代表版权权利人的被授权人可以要求任何美国地方法院向服务提供者颁发传票以识别根据本节所规定的侵权人。(4) 适用本条规定责任豁免的主体资格。(5) 禁令。任何根据第 502 条针对服务提供者不承担本条金钱责任的禁令都必须依据本规定的下列规则进行。参见 DMCA 第 513 条 f 到 j 款的内容。

92.86%的压倒性优势占据榜首;[①] 即便是在社交媒体服务中有中国的微信与QQ两个用户巨头，排名前四的Facebook，WhatsApp，Facebook Messenger，Youtube都归属于美国;[②] 而在电商平台领域，全球电商平台独占鳌头的还是美国的亚马逊;[③] 根据alexa的排名，截止到2017年，全球门户网站的排名中，谷歌、Facebook、Youtobe依然位列全球三甲。[④] DMCA为互联网产业提供四种类型的责任豁免，与在全球互联网产业领域独占鳌头的四个领域都存在直接的关联：信息定位的责任豁免为搜索引擎、缓存的责任豁免为门户网站以及信息储存的责任豁免为网络服务平台（包括电商平台）[⑤] 均提供了发展的制度性机遇。因此，可以认为，DMCA其实通过明示的法律规定（尤其是责任免除条款），为互联网产业的发展提供明确的制度空间，甚至也可以认为，DMCA并不是一部“亲”版权人的立法，其本质上是一部“亲”互联网产业的立法。

单从立法上看，难以完整地窥见美国版权制度伴随传播技术不断扩展其权利的历史轨迹，因为1976年《美国版权法》所构建的宽范围控制内容的权利，使其可以将伴随新媒体技术出现的交互式传播等新的传播方式纳入控制范围。不过，司法态度的根本性转变，则可以证实美国版权制度的解释对互联网产业的偏爱。在互联网产业的早期，美国司法实践的态度表现为倾向版权人一方，压制以新媒体技术所催生的产业发展。首先是众所周知的Napster案：该案发生于DMCA生效的1999年，Napster是一种提供P2P文件的共享软件，该软件的开发者被美国几家大型唱片公司起诉，2000年5月，

---

① 这份榜单中，中国百度只占0.89%，进入第4名。参见《2019年1月全球及全国搜索引擎市场份额占比》，载搜狐网2019年2月25日，http：//www.sohu.com/a/297430843_120100670。

② 参见《厉害了！2017全球社交媒体排行榜出炉，我国4款社交应用进入前十》，载网易网2018年1月5日，http：//dy.163.com/v2/article/detail/D7AU43UF0525QNFA.html。

③ 根据2017年的数据对比，亚马逊的市值是4586亿美元，阿里巴巴的市值为4100亿美元，相差还是有400多亿。参见《中国的阿里巴巴，和美国的亚马逊谁更厉害?》，载搜狐2017年12月26日，http：//www.sohu.com/a/212758248_420230。

④ See https：//alexa.chinaz.com/Global/index.html，2019/8/25.

⑤ 电商平台卖家销售的商品，也会涉及版权问题，尤其是图片版权问题。

加利福尼亚州北区联邦地方法院下令 Napster 停止营运；尽管在之后的诉讼中，第九巡回上诉法院于2000年7月下令允许其继续营运，但该法院于2001年3月要求 Napster 只有有效过滤掉全部侵权内容之后，才可以营运，否则不得在线；最终于2002年3月发布最终判决，维持基本关闭网站的判决；同年6月，Napster 软件开发者与持有人申请破产。[①] 类似的案例还有2005年的 Grokster 案，该案件一直上诉到美国最高法院，最高法院根据普通法中“诱导侵权”理论，认定 Grokster 因有诱导用户进行侵权使用的动机而被认定为非法。[②] 基于该案，还曾经引出2004年《引诱版权侵权法案》的提案，该法案实质上摈弃了“非实质性侵权用途”不构成侵权的精神，认为只要存在故意引诱（intentionally induces）就构成侵权，并且将“故意引诱”解释为“故意协助、教唆、诱导或者其先前的行为或意图可以被一个理性的人认为其有引诱的故意”。[③] 然而，从2006年与谷歌公司有关的第二个判例开始，美国司法实践转变风向，表现出对互联网产业的偏爱。在 Perfect 10 v. Google 案中，美国第九上诉法院认为 Google 公司对原告被侵权作品的链接构成间接侵权；[④] 而在 Field v. Google 案中，法院认可了 Google 公司合理使用与默示许可的抗辩，并发展出默示许可理论，即只要相关网站上的权利人没有明确表示不许可搜索链接的，就推定为默示许可链接，从而认定 Google 公司不构成侵权。[⑤] 该案说明，美国司法实践专门对搜索链接行为发展出一种新的默示许可理论，以防止版权成为障碍互联网产业发展的障碍，充分表现了司法实践对互联网产业的偏爱。

实际上，美国新近司法实践中，除 Perfect 10 v. Google 案之外，还有很多案件表现出对互联网产业的偏爱，比如在 Kelly v. Arriba Soft Corp 案中，

---

① See AGM Records, Inc. v. Napster, Inc., 284F. 3d1091, 1099（9th Cir. 2002）. US.

② See Metro – Goldwyn – Mayer, Inc. v. Grokster, Inc, 545 U. S. 913, 125 S. Ct. 2764（2005）.

③ See Inducing Infringement of Copyright Act of 2004, S2560, 108th Congress（June 22, 2004）. https：//www. congress. gov/108/bills/s2560/BILLS – 108s2560is. pdf, 2019 – 08 – 27.

④ See PERFECT 10 v. Google, Inc., 416 F. Supp. 2d 828（C. D. Cal. Feb. 17, 2006）. US.

⑤ See Field v. Google, Inc., 412 F. Supp. 2d 1106（D. Nev. 2006）. US.

美国第九巡回上诉法院认为，合理使用四个要素中的两个偏向 Arriba，一个是中立的，还有一个稍微偏向 Kelly，因此，作为互联网公司 Arriba 在搜索引擎中使用 Kelly 的图片构成合理使用。[①] 而最为典型的，便是美国谷歌数字图书馆案。谷歌公司从 2004 年开始数字图书馆这一宏大计划，通过与出版社、图书馆进行合作，海量数字化图书以实现谷歌数字图书馆计划。美国作者协会在纽约南区地方法院起诉谷歌公司侵犯著作权。该案中，Judge Chin 认为谷歌数字图书馆对受版权保护作品的使用构成“转换性使用”，判决谷歌公司的使用行为构成“合理使用”。[②] 实际上，在 19 世纪 80 年代，美国最高法院曾经在判例中认为，侵权人对作品具有商业利益的二次使用（the secondary use）是不公平的，应判定构成侵权，其表述为“一个出版是商业而不是非营利的事实是一个独立的趋向反对发现合理使用的要素”。[③] 正因为如此，美国学者认为，自 19 世纪 80 年代，对于版权合理使用抗辩结果是否可以成立取决于该二次使用是否为侵权人提供任何商业利益。[④] 如果按照美国 19 世纪 80 年代司法实践对合理使用认定的裁判逻辑，谷歌公司在数字图书馆案中对版权人作品的利用，显然不构成“合理使用”，因为谷歌公司对版权作品的利用显然是商业性的。尽管 Judge Chin 在该判决中认为“谷歌数字图书馆计划利用版权作品的目的并非只为了商业利益”，但是其也认为“谷歌公司从其网站地址访问用户的增长看到了商业利益”[⑤]。然而，在该案中，Judge Chin 改变美国先前在司法实践中形成的在判定合理使用考量第一个要素的传统——“使用的性质与目的”时以商业利益作为判断被告的使用是否构成合理使用的首要要素，而是将“转换性使用”作为判断是否构成合

---

① See Kelly v. Arriba Soft Corp. , 336 F. 3d 811, 818 (9th Cir. 2003).

② See Authors Guild, Inc. v. Google Inc, 954 F. Supp. 2d 282 (S. D. N. Y. 2013).

③ See Harper & Row, Publishers, Inc. v. Nation Enterprises, 471 U. S. 539 (1985).

④ Kelly Morris, *Transformative Fair Use: Authors Guild Inc. V. Google, Inc*, North Carolina Journal of Law and Technology No. 170 (2014). p. 170.

⑤ See Authors Guild, Inc. v. Google Inc, 954 F. Supp. 2d 282 (S. D. N. Y. 2013).

理使用的第一个要素。[1] 在谷歌数字图书馆案中，Judge Chin 认为，谷歌图书馆将书的文本形式转化成数字媒体形式，从而可以成为图书馆和引证的工具，而且谷歌数字图书馆将文本转换成数据之后，可以被用于实质性的研究，包括在一个新的领域进行数据与文本挖掘，从而开发出新的研究领域。[2] 这种解释，确实也符合美国司法实践先前判例对转换性使用的界定：或者认为"如果其基于进一步的目的或不同的特征增加一些新的东西，利用新的表达、意义以及所传达的信息改变原初的表达便是转换性使用"[3]。或者认为"从原初的作品被用作不同的功能的新作品通常被认为是转换性的"[4]。但依然不可否认的是，该案改变了美国司法实践对是否构成合理使用中第一个要素，即"使用的目的与性质"的判断传统，将之前以"商业性"为首要的判断因素转向以"转换性使用"为首要的判断要素，这种转变为新媒体技术催生的互联网产业为商业目的利用版权作品，提供了"合理使用"规则的适用空间。同时这种转变，已经成为美国司法实践面对互联网产业领域主体对作品的利用是否构成"合理使用"的判断趋势。[5] 尽管有学者在讨论有关合理使用司法裁判认为，"新近（有关合理使用的司法裁判）任何商业性的讨论似乎只不过是名义上的。该种对部分二次利用的利益追求动机的随意放弃，导致未能对版权所有人的充分保护，应该在将来重新评估"[6]。但这种趋势实际上体现了美国司法实践对互联网产业的偏爱。

不可否认的是，正是因为司法实践在美国版权法已经为互联网产业提供

---

① 尽管该种转变在 1994 年的 Campbell v. Acuff - Rose Music，Inc. 已经初见端倪，该案中法官认为，"转换性使用是合理使用的心脏，其保证版权范围内的呼吸空间"。See Campbell v. Acuff - Rose Music，Inc. 510 U. S. 569（1994）.

② See Authors Guild，Inc. v. Google Inc，954 F. Supp. 2d 282（S. D. N. Y. 2013）.

③ See Campbell v. Acuff - Rose Music，Inc.，510 U. S. 569，579（1994）.

④ See Hustler Magazine，Inc. v. Moral Majority，Inc.，796 F. 2d 1148（9th Cir. 1986）.

⑤ 类似以"转换性使用"支持互联网企业构成合理使用的案例还有：See Warner Bros. Entm't Inc. v. RDR Books，575 F. Supp. 2d 513，541（S. D. N. Y. 2008），Kelly v. Arriba Soft Corp.，336 F. 3d 811（9th Cir. 2003），Authors Guild，Inc. v. HathiTrust，902 F. Supp. 2d 445（S. D. N. Y. 2012）.

⑥ Kelly Morris，*Transformative Fair Use*：*Authors Guild Inc. V. Google*，*Inc*，North Carolina Journal of Law and Technology No. 170（2014）. p. 203.

诸多制度性偏爱空间的前提下，再次从合理使用认定要素的选择上对互联网产业给予的重复偏爱，造就了美国互联网产业的繁荣。因此，至少可以认为，美国以国内优势传媒产业发展的促进，作为其版权制度调整与解释的逻辑基础。

2. 欧盟平衡传统媒体产业与新媒体产业所为的平衡调整

与美国因应新媒体所为的版权制度解释与调整以国内互联网产业繁荣发展为逻辑基础不同的是，欧盟则以传统媒体产业与新媒体产业之间的平衡发展为逻辑基础进行制度调整。这实际上与欧盟传媒产业自身状况直接相关，因为相对于美国繁荣的互联网产业，欧盟的互联网产业显然不如美国，所以欧盟应对新媒体的著作权制度的调整，更倾向于传统媒体产业与新媒体产业之间的平衡。

欧盟平衡传统媒体产业与新媒体产业的典型立法是2019年生效的《欧盟单一数字市场版权指令》。该指令在序言中明确指出，技术的快速发展继续改变作品与其他客体的创造、传播与利用的方式，新的商业模式与新的行为主体不断地涌现。[①] 立法需要在新的商业模式中平衡传统媒体产业与新媒体产业，而其中最为典型的是，以传统新闻出版制作方为代表的传统媒体产业与以互联网传播平台为代表的新媒体产业之间的平衡。《欧盟单一数字市场版权指令》认为，新闻出版制作者的组织与经济投入应该得到认可，并应进一步鼓励确保新闻出版产业的持续性以及由此促进信息的可靠性。有必要在联盟层面上为新闻出版在被信息社会服务提供者利用时提供协调的保护。该指令为新闻出版所提供的保护应该使在成员方设立的出版者受益，包括在欧盟注册成立、设立管理中心以及主要营业住所的出版者。[②] 也正因为如此，《欧盟单一数字市场版权指令》为传统媒体规定了新闻出版者权，即新闻出版者数字化利用权，该指令第15条第1款第1段规定，成员方应为设立于成员国的新闻出版者对信息社会的服务提供者数字化利用其新闻出版授予《欧

① See The Digital Single Market Directives, whereas, 3.

② See The Digital Single Market Directives, whereas, 55.

盟信息社会版权指令》（又称2001/29/EC）第2条（复制权）以及第3（2）条（向公众传播权与向公众提供权）所规定的权利，也是中国新闻报道中所谓的“链接税”。[①] 应该注意的是，新闻出版者所享有的该种权利，无论被数字化利用的内容是否具有独创性以及是否为时事新闻，均享有被数字化利用的复制权、向公众传播权与向公众提供权，这便改变了类似“谷歌新闻”等聚合商业模式因为新闻不受版权保护而获得的免费运行模式，使传统媒体产业可以从新媒体产业快速发展与新的盈利模式中获取部分利益，以维持传统媒体产业自身的发展。欧盟的立法者希望以此来平衡传统媒体产业与新媒体产业之间的利益。与此同时，该指令并非完全不顾新媒体产业，尤其是互联网产业的发展，比如指令明确将超级链接排除在为新闻出版所赋予数字化利用权的控制范围之外，使互联网产业有继续发展的空间。

注重传统媒体产业与新媒体产业利益平衡的另一个显著的例子，是《欧盟单一数字市场版权指令》为网络服务提供者所增加的“过滤义务”。该指令序言认为，近年来，在线内容市场收益的构成复杂。[②] 由用户上传版权保护内容成为公众从在线服务提供者获取信息的主要来源。在线服务为文化和创意产业获得更大发展机会提供新的商业模式。然而，尽管在线服务使内容的获取具有多样性与容易性，但在上传内容没有经过版权人同意与授权时，给版权内容的保护带来了极大的挑战。[③] 根据欧盟学者解释，根据欧盟2000年《欧盟电子商务指令》（又称第2000/31/EC号指令）第12—15条的规定，《欧盟信息社会版权指令》第8条并不能解释为网络服务提供者对其服务使用者有监管上的一般义务，[④] 而且《欧盟电子商务指令》第15条第2款规

① 参见《欧盟拟征“链接税”谷歌威胁关闭当地“谷歌新闻”》，http：//tech. qq. com/a/20181119/002375. htm；《欧盟初步通过争议性〈版权指令〉：或开征“链接税”》，http：//finance. sina. com. cn/world/gjcj/2018 – 09 – 13/doc – ihiycyfy0588390. shtml。

② See The Digital Single Market Directives，whereas，55.

③ See The Digital Single Market Directives，whereas，61.

④ See Inrini Stamotoudi & Paul Torremans，*Christophe Geiger and Franciska Schonherr*（*article* 5 *and* 6），*The Information Society Directive*，in Irini Stamatoudi，Paul Torremans，EU Copyright Law，A Commentary，Edward Elgar Publishing Limited，2014，p. 507 – 508.

定，成员方可以要求服务提供者承担立即向主管机构报告其服务接受者进行的非法行为或者提供的非法信息的义务，或者应主管机构的要求，向主管机构提供可以确定与其有存储协议的服务接受者的身份信息的义务。尽管该规定表面上看，与“避风港规则”中的“通知—删除”规则有所不同，但网络服务提供者采取相应的措施比如向主管机构报告的前提，实质上是“知道”或应主管机构的要求。这说明该规定与“避风港规则”中的“通知—删除”规则具有实质上相同的意义。正因为如此，欧洲学者认为，该条规定可以解释为“通知—删除”义务。[①] 这意味着，网络服务提供者的“不知道”，可以免费使用网络分享服务的内容，实际上同样处于免费发展状态。为平衡以权利人为代表的内容产业与以平台为代表的互联网产业之间的平衡，《欧盟单一数字市场版权指令》增加内容分享服务平台义务，包括其有义务阻止侵权内容重复上传。如此一来，改变了互联网内容分享服务产业的主体，免费获取权利人内容的发展模式，使内容产业与互联网产业之间的发展在版权的制度上获得更为平衡与对等的保护。

当然，平衡传统媒体产业与新媒体产业之间的版权制度调整，并不仅仅体现在上述《欧盟单一数字市场版权指令》的两个方面，诸多指令均体现了这一精神，诸如2001/29/EC指令《欧盟数据库指令》（又称96/9/EC指令）等等。这是因为欧盟相对美国而言，其传统媒体产业更需要保护。如果欧盟的版权规则，也表现为“亲”互联网产业，那么在欧盟互联网产业没有任何优势的情况下，实质上可能是在保护美国这种拥有超强互联网产业经济国家的利益。这必然要求，欧盟因应新媒体所进行的制度调整，是以传统媒体产业与互联网产业之间的平衡发展为其逻辑基础。

作品创作与传播模式，决定诸如作者、传播者与使用者等关涉主体之间在著作权法上的利益关系。著作权法制度应该契合基于作品创作与传播所决定的利益关系进行解释与调整。当作品的创作与传播模式发生变化之后，必

---

① See William Cornish, David LLewelyn & Tanya Aplin, *Intellectual Property*: *Patent*, *Copyright*, *Trade mark and Allied Right* (*8th edition*), Sweet & Maxwell, Thomson Reuters, 2013. p. 499.

然改变这些主体之前的利益关系，著作权法制度的解释与调整因应予以相应的调适。美国与欧盟著作权制度解释与调整的经验表明，契合国内优势传媒产业的发展，是著作权法制度解释与调整主动应该坚守的逻辑基础。

四、结语

著作权诞生历史表明，语言、文字、造纸与印刷只是著作权诞生的物质条件，产业利益驱动是著作权诞生的直接动因。权利制度体系的扩展历史表明，专有权扩张的逻辑基础是通过控制承载于作品的信息流动，以保障现有传媒业的发展以及为新兴传媒产业建立竞争秩序。限制制度演进历史则表明，限制制度演进的逻辑基础之一，则是通过释放承载于作品的信息流动，以促进新兴传媒产业的发展。权利制度体系与限制制度的演进表明，不同著作权制度的解释与调整，有不同的逻辑基础。总体上，著作权制度的解释与调整必须遵循其所应契合的客观逻辑基础，即特定传媒技术时期的作品创作与传播模式所决定的利益关系；对于主权国家而言，著作权制度解释与调整则应以国内优势传媒产业发展的维护为其主动选择所应契合的主观逻辑基础。

第一章　中国《著作权法》解释与调整的逻辑、基本原则

以互联网为传播技术特征的新媒体时期尽管已经到来，但传统媒体并未退出这个时代，这个时期必然表现为传统媒体与新媒体的融合。2020 年之前的著作权法律制度的诞生、解释与调整，均未能系统考察制度本身对作品创作与传播模式的契合性，亦未能系统地检证其与国内传媒产业发展态势的契合性。《著作权法》于 2020 年修正，这是针对中国经济社会发展状况与传媒产业状况所进行的一次全面而主动的修正。但不可否认的是，任何一次立法的修改总是带着这样或那样的遗憾，这些遗憾需要在法律解释中予以弥补。在无法弥补的情况下，需要在未来《著作权法》的修订中予以调整。这必然要求系统地研究中国《著作权法》解释与调整所应契合的逻辑基础，进而分析所应遵守的原则。

一、中国《著作权法》解释与调整的逻辑

如前所述，不同传媒技术背景下的作品创作与传播模式所决定的利益关系，是著作权制度解释与调整必须契合的客观逻辑基础。作品创作与传播模式在传统媒体技术与新媒体技术背景下的不同，意味着著作权制度的解释与调整在不同传媒技术时期必然有应该契合不同的逻辑基础。不过当今依然处于传统媒体与新媒体的融合时期，既存在传统媒体技术背景下的作品创作与传播模式，又存在新媒体技术背景下的作品创作与传播模式。由于《著作权法》在 2020 年之前的诞生与修正，均未能针对传统媒体技术背景下作品传播

与传播模式所决定的利益关系进行系统的检证，决定了当今融媒体时期其基本制度的解释与调整所应契合的逻辑基础，必然具有双重性。

（一）基于融媒体时期的背景考量

当今依然处于新媒体与传统媒体的融合时期，即融媒体时期，《著作权法》在2020年之前的修正历史表明，其并未经历是否契合传统媒体背景下的作品创作与传播模式之逻辑基础的系统考察，2020年的修正是否已经完全契合其所应契合的逻辑基础，仍然需要系统的检证。

任何一种传播技术的到来，都不是完全替代原有传播技术的，原有传播技术也不是立即退出市场，而是会与之前的传播技术共同承担作品传播的任务。基于原有传播技术形成的信息流动方式所决定的传媒产业依然会与基于新传播技术形成的信息流动方式所决定的传媒产业在很长一段时间共存，甚至会一直共存。比如，报纸是一种早期信息流动的媒体，根据历史研究的文献，中国古代报纸的历史，有确切文献记载依据的，可以追溯到公元8世纪唐代的《开元杂报》；而现存最早的古代报纸，相关文献认为是公元9世纪的《敦煌邸报》。[①] 随着传播技术的发展，逐渐形成以报纸传播为中心的报纸产业。广播技术的广泛应用是1920年，[②] 逐渐成为一种新的信息传播媒介与技术，并伴随广播技术的发展形成广播电视产业。然而，以报纸为中心的报纸产业到今天为止，并未退出当今传媒产业，与广播为中心的广播电视产业一直并存，这种并存或许会一直保持下去。传播学的研究文献认为，在媒介发展史上，有关新媒介“终结”传统媒介的论调并非自今日开始，作为历史最长的媒体，在报纸诞生之后，无线电收音机、广播、电视相继进入大发展时期，专家就曾反复预言电子媒介将决定印刷媒介的死亡。然而，事实证明，报纸通过采用新技术、改变报道风格、提供更多背景信息和分析，以及深度

① 参见陈力丹：《发现“府报”——我国古代报纸的历史前推800年》，载《当代传播》2004年第1期。

② 根据历史考察，世界上第一座领有执照的电台，是美国匹兹堡KDKA电台，于1920年11月2日正式开播。

报道的开掘，不仅打破了报纸将死亡的预言，而且日益取得更大程度的发展。同时预测，即便是以数字技术、网络技术与通信技术为表征新媒体的到来，报纸亦不会退出历史舞台。[①] 以数字化、互联网与通信技术为表征的新媒体，同样如此，其并未完全替代传统媒体时期的技术与产业。无论纸媒、非交互方式的广播电视、电影院线，还是传统的出版产业依然在这个社会占据重要一席，这就是很好的例证。加上传播中介的国家管制与人类生活的惯性，必然有部分公众选择这种依赖传播媒介的中心化作品传播模式获取信息，这种传播模式必然具有一定的市场。比如，欧盟对于数字单一市场版权规则现代化的影响评价报告认为，尽管数字技术和互联网给电视的方式带来了改变，但传统电视依然既是经济上的，亦是观众娱乐与信息的主要来源。在 2014 年，欧盟 28 个电视台的市值高达 860 亿欧元，同年，电视内容（包括直播与时间转换的观看）在 6 个国家（法国、西班牙、德国、意大利、英国和美国）中占到 96% 的视频消费。[②] 因此，基于传统媒体的技术、产业与基于新媒体的技术、产业，会在相当长的时期共存发展。

当然，传统媒体的产业一定会吸纳新媒体的技术与商业模式，新媒体的发展需要继续依赖传统媒体提供的内容支撑，传统媒体与新媒体一定会处于一种融合发展的趋势。在这种融合的趋势中，必须需要传统媒体与新媒体在技术、商业模式与产业利益之间互通。既然传统媒体的技术、产业与新媒体的技术、产业一直并存下去，当今的时代依然处于传统媒体与新媒体的融合时期。

（二）《著作权法》解释与调整的双重逻辑

从历史上来看，英国著作权法诞生的时间是 1710 年，中国雕版印刷应用于印书的最早时间是公元 636 年，大规模与广泛运用是在公元 953 年之后；[③]

---

① 参见郑瑜：《也谈“报纸消亡”》，载《当代传播》2007 年第 2 期。

② See IHS Technology, *Current market and Technology Trends in the Broadcasting Sector*, May 2015, p. 27.

③ 参见李致忠：《古代版印通论》，紫禁城出版社 2000 年版，第 23 页。

活字印刷开始在欧洲应用的时间大致为1450年，[①] 也就是说，英国版权法的诞生是印刷技术广泛应用之后近800年、活字印刷广泛应用之后近300年才开始出现的。因此，至少可以说明，英国著作权法的诞生实际上有足够的时间，充分考虑基于当时传播技术模式下的作品创作与传播状况以及其当时的出版产业状态。当前世界主流国家的著作权法，尽管不可避免地受国际著作权规则的影响，但基本上是以本国的传媒产业及其发展状态为基础进行的制度解释与调整。至少这些主流国家，在加入WTO以及主要国际著作权法条约时，其国内已经具备非常成熟的著作权法律体系。吴汉东教授认为，在知识产权法制史上，发达国家根据本国的不同发展阶段的不同发展需要，曾对知识产权制度作出选择性安排，无论是保护对象、保护方式还是保护水平的相关立法，其法律变迁是长达数百年的渐进过程。[②]

然而，中国著作权法的诞生，即便不能说是完全基于国际压力，但至少可以说，国际压力是1990年《著作权法》诞生的原因之一。因为作为中美建交协议之一的1979年《中美高能物理协议》第6条明确规定，双方认识到，需要就有关版权保护以及在执行本协议的过程中或按本协议所作出或设想出的发明或发现的处理，达成协议条款以便按此进行具体活动。因此，双方应指定这两方面的专家，分别由他们向双方推荐条款细节，这些条款细节，如经双方同意，将作为附件列入本协议，其中版权保护是协议规定的成员义务之一。在该协议的推动下，中国开始起草《著作权法》（1979）。学者考证认为，从1985年开始，美国开始寻求采取积极的手段解决中国的盗版问题，在美国谈判压力推动下，中国又先后通过了《著作权法》（1990，现已修改）和《计算机软件保护条例》（1991，现已失效）。[③] 而《著作权法》2020年之前的两次修正，或者是基于对国际著作权规则应对达标的立法调整，或者还

① 参见［西班牙］德利娅·利普希克：《著作权与邻接权》，中国对外翻译出版公司、联合国教科文组织2000年版，第16页。

② 参见吴汉东：《中国知识产权法律变迁的基本面向》，载《中国社会科学》2018年第8期。

③ 参见易继明：《改革开放40年中美互动与中国知识产权制度演进》，载《江西社会科学》2019年第6期。

是基于美国的压力。首先，2001年《著作权法》的首次修正，其主要目的是应加入WTO的要求，甚至可以说是一次完全以达标WTO框架下的著作权规则而为的修订，即符合《伯尔尼公约》与TRIPs有关著作权的规定要求。其次，《著作权法》2010年第二次的小范围修正，实质上是履行WTO专家组针对中国《著作权法》第4条裁定的义务。美国认为中国2001年《著作权法》第4条有关违法作品不受著作权保护的规定违反《伯尔尼公约》要求的著作权自动保护的原则，连同“海关措施”和“知识产权刑事犯罪门槛”等三个问题，于2007年8月21日请求WTO成立专家组予以审查，WTO专家组于2009年1月26日做出结论，驳回美国“海关措施”和“知识产权刑事犯罪门槛”的控诉，但认为《著作权法》第4条违反《伯尔尼公约》第5（1）条和TRIPs第41.1条的规定。[①] 因此，至少在2020年《著作权法》修正之前，《著作权法》的诞生与修正，或者是因为国际外交方面的压力，或者是因为加入WTO的立法达标，或者直接是因为美国向WTO投诉的结果。尽管著作权制度的解释会针对其所应契合的逻辑基础进行调整，但现行立法中除因为国际规则本身对那个时代的传媒技术所决定之作品创作与传播模式具有的契合性之外，缺乏自主地针对不同媒体时期著作权制度逻辑基础的契合性检证。尽管2020年《著作权法》是中国根据自身经济社会发展与国内传媒产业的发展状况所为的一次全面的主动调整，但著作权法与传媒技术所决定的作品传播与传播模式、国内产业发展状态的契合性，显然不是一次主动调整即可实现的。

如前所述，由于全球主流国家中的大部分国家的著作权法充分经历了传统媒体时期作品创作与传播模式以及国内传媒产业之逻辑基础的契合性检证，其当前著作权制度解释与调整，只需要契合新媒体时代作品创作与传播模式以及其本国传媒产业的发展态势之逻辑基础即可。中国著作权法的历史却完全不同，除2020年修正的《著作权法》之外，均不是直接基于传媒技术与

① See *World Trade Organization*: *China – Measures Affecting the Protection and Enforcement of Intellectual Property Rights*, WT/DS362/R.

本国传媒产业环境的主动为之，其本质上并未充分经历传统媒体时期作品创作与传播模式之逻辑基础的契合性检证，这是中国《著作权法》与国外其他主流国家著作权法不同的特殊性。在当前依然处于传统媒体与新媒体交融的融媒体时期，《著作权法》的制度解释与调整，不但应该契合传统媒体时期作品创作、传播模式以及传媒产业的发展，也应契合新媒体所改变的作品创作与传播模式，以及新媒体产业的发展。因此，融媒体时期中国著作权制度的解释与调整，其逻辑基础必然具有双重性。

二、中国《著作权法》解释与调整的基本原则

由于中国《著作权法》诞生与2020年之前的修正未能基于其时媒体技术决定的作品创作与传播模式以及产业状态进行充分的契合性检证，使当今已经进入融合传统媒体与新媒体的融媒体时期，《著作权法》基本制度的解释与调整不但要考量新媒体已经改变的逻辑基础，还必须考量传统媒体时期的逻辑基础。在这种双重客观逻辑基础的前提下，基于前述主流国家著作权制度解释与调整应契合的主观逻辑基础，分析《著作权法》基本制度的解释与调整，提出所应坚持的基本原则。《著作权法》基本制度解释与调整所应坚持的基本原则，至少应该回应如下几个问题：（1）中国当前传统媒体产业与互联网产业在当前融媒体时期所处的利益关系。基于中国当前的传媒产业发展态势，是应该采取“亲”新媒体产业的制度解释与调适政策，还是采取平衡新媒体产业与传统媒体产业的制度解释与调整政策？（2）中国《著作权法》的限制制度，为作品的公益性使用是否提供了充分的制度空间，尤其是为那种商业利益与公共利益交融的利用行为是否保留适当的制度空间？（3）中国是应该适当尊重已经基于著作权规则建立起来的产业惯例，还是应该废弃某些特定的规则以重塑传媒产业规则？（4）中国《著作权法》是否应该为新媒体时代可能出现的新保护诉求提供制度的解释空间？还是应该等保护诉求出现之后通过立法调适予以回应？基于这些问题的回应，中国《著作权法》主要制度解释与调整应遵守如下五个基本原则。

（一）以提升国内传媒产业竞争力为目的原则

以提升国内传媒产业竞争力为目的对著作权法进行解释与调整，是全球主流国家著作权法解释与调整均遵守的基本原则，欧盟就是其中的典型例子。在提升产业竞争力的版权制度解释与调整中，欧盟最为典型的是《欧盟数据库指令》，其为数据库内容提供特殊权利的保护，即包括摘取（extraction）和再次利用（re－utilization）。根据该指令序言的解释，随着欧盟与全球信息生成和处理的指数级增长，在数据产业与商业方面，所有成员国提前需要在信息处理领域召唤投资。[①] 设立特殊权利的主要理由是，版权对数据库的保护只能是数据库的结构，并不能保护数据库的内容，从而拿走内容便不构成版权的侵权，而数据库关键的投资在于对内容的收集，单纯依靠版权无法为数据库提供充分的保护。[②] 因此，数据库或信息产业需要特殊权利给予保护。同时，为数据提供该种特殊权利的保护，更有利于欧盟数据产业的竞争。根据《欧盟数据库指令》序言的解释，在欧盟成员国之间以及欧盟成员国与其他国家之间，在数据库领域的投资非常不平衡，世界上最大的数据库产生于非欧盟的第三方国家，主要指美国；如果不能为数据库的投资提供充分、稳定和统一的法律保护，那么在欧盟就不会产生对信息储存与处理有关产业的足够投资。[③] 因此，《欧盟数据库指令》在版权之外设立特殊权利的根本目的是吸引数据库产业的投资，以提高数据库有关产业的竞争力。

以提升产业为目的进行制度调整的另一个例证，便是欧盟2019年生效的《欧盟单一数字市场版权指令》。在《欧盟单一数字市场版权指令》颁布之前，欧盟在一系列正式的文件中认为，数字产业对欧盟发展的重要性，比如

---

① See DIRECTIVE 96/9/EC of the European Parliament and of the Council of 11 March 1996 on the legal protection of databases.，Recitals 10.

② See Estelle Derclaye1，*The Database Directive*，*EU Copyright Law*：*A Commentary*，（ed）by Irini Stanmatoud，Paul Torreman，Edward Elgar Cheltenham，UK，Northampton，MA，USA，2014，p. 320.

③ See DIRECTIVE 96/9/EC of the European Parliament and of the Council of 11 March 1996 on the legal protection of databases.，Recitals 11 and 12.

“欧洲2020”提出的旗帜性动议，试图确保以知识经济为基础的增长，在知识经济中，创新的创意转变能创造增长质量与工作机会的产品和服务。①“数字议程”以极度快速的互联网和互动应用为基础的数字单一市场提供可持续的经济与社会利益。② 为了适应与其对应的单一市场商品和服务之数字式传播，版权法变革成为欧洲不再落后于产业竞争者的关键。③ 正因为如此，欧盟才颁布了《欧盟单一数字市场版权指令》，其总体目标是确保欧盟数字单一市场中有一套运转流畅的版权规则，动议主要清除实现其总体目标与版权相关的障碍，实现与数字相关的产业发展。

如前所述，相对美国而言，欧盟的传统媒体产业比互联网产业更需要保护。如果欧盟的版权规则，也表现为“亲”互联网产业，那么在欧盟互联网产业没有任何优势的情况下，其实质上可能是保护美国等拥有超强互联网产业经济国家的利益。这也是欧盟因应新媒体所进行的制度解释与调整，相对于美国的“亲”互联网产业，更注重传统媒体产业与互联网产业之间平衡的根本原因。这也是欧盟著作权规则调整以提升本区域内产业竞争力的另一种表现。

中国传媒产业的发展态势，尽管缺乏全国统一与整体性的传媒产业报告，难以判断传统媒体产业与新媒体产业之间的发展态势，但不同领域传媒产业的广告收入可以从侧面说明不同领域传媒产业的发展态势。根据学者对传媒产业广告收入的研究归纳，20 世纪 80 年代是报纸的天下；90 年代电视兴起后，电视业的广告收入占据了中国媒体广告收入市场第一的宝座且长达 20 多年；2008 年互联网用户规模达到全球第一，2012 年互联网广告收入超过报纸；2014 年互联网广告收入超过电视，成为第一大媒体。④ 这也说明，以互联网为代表的新媒体产业已经超越了所有的传统媒体产业，成为广告收入最

---

① See Communication from the Commission, Europe 2020: A strategy for smart, sustainable and inclusive growth COM（2010）2020 final. 12.

② See Communication from the Commission, Europe 2020: A strategy for smart, sustainable and inclusive growth COM（2010）2020 final. 14.

③ See The Digital Agenda Communication, 3.

④ 参见王薇：《中国传媒产业 40 年发展历程及动因》，载《未来传播》2019 年第 1 期。

高的传媒产业。尽管不能完全肯定新媒体产业的发展是以牺牲传统媒体产业发展为代价的，但可以肯定的是新媒体产业的发展肯定从传统媒体产业分走了部分收益。因此，不可否认的是，在新媒体产业发展初创期，中国《著作权法》已经为新媒体产业的发展提供了足够的制度空间。因为这种制度空间，新媒体产业从传统媒体产业处获得了发展的部分“免费午餐”。从中国当前的传统媒体产业发展态势来看，传统媒体产业的发展需要更多的制度支持，需要从新媒体产业快速发展中适当的分享利益。因此，中国《著作权法》主要制度的调整，在新媒体产业，尤其是互联网产业完全发展起来之后，应更多地借鉴欧盟的经验，需要从《著作权法》上为保护与提升传统媒体内容产业的发展提供制度供给。比如，在具体的制度调适上，应该考虑引进《欧盟单一数字市场版权指令》为传统媒体的内容产业赋予数字化利用权。

（二）迅捷、谨慎面对传播技术进步的原则

作为“传播技术之子”的著作权法应对传播技术进步进行解释与调整是任何一个国家著作权法必然的历程。应对传播技术的进步，需要根据国内传媒产业发展态势，著作权法制度的解释与调整应并持迅捷与谨慎原则。美国为应对以数字、通信与互联网技术为代表的新媒体技术解释与调整版权制度提供了迅捷与谨慎并持原则的典范。

一方面，美国版权法的解释与调整对传播技术进步的反应迅捷。美国1995年颁发了《录音制品数字表演权法案》（Digital Performance Right in Sound Recordings Act，DPSRA），① 应对因特网作为一种可行的传播媒体，广泛应用于数字网络传输歌曲；1996年，美国在欧盟的支持下，在WIPO的框架下，发起签订应对数字革命所创造的新技术环境的新的特别条约，才有学者所言的“WIPO在TRIPs墨迹未干的1996年组织签订了WCT和WPPT”②。

---

① See Karen Fessler & Karen Fessler, *Webcasting Royalty Rates*, 18 Berkeley Tech. L. J. 399 (2003), p. 402.

② David Nimmer, Time and Space. IDEA, 1998, (38): 508.

1997 年颁布了《禁止电子盗窃法》（the No Electronic Theft Act）（以下简称 NET Act），以应对网络盗版，尤其是网络软件盗版问题。[①] 1998 年 DMCA 直接以《数字千年版权法》进行命名，其在全球率先针对互联网与数字技术进行全面的版权立法应对。因此，美国版权法应对传播技术的解释与调整表现出迅捷的一面。

另一方面，美国应对传播技术进步产生的版权问题，在版权法的解释与调整上表现出谨慎的一面，其主要表现为因数字与网络技术出现日益凸显的孤儿作品问题。孤儿作品是以数字、互联网与通信技术为代表的新媒体时代所面临的主要著作权问题，世界上主要国家针对孤儿作品问题在新近一段时间内进行了密集的立法调整：匈牙利通过 2003 年修订《匈牙利著作权法》，允许图书馆、档案馆以及其他教育机构，在没有相反协议的情况下，对其收集范围的作品（包括孤儿作品）以在线的方式免费使用；日本在 2009 年修订《日本著作权法》时，在第 67 条专门规定了孤儿作品的处理规则；[②] 欧盟于 2012 年颁布了《欧盟孤儿作品指令》；英国在 2013 年颁布的《英国企业与监管改革法案》（the Enterprise and Regulatory Reform Act 2013）中，对孤

---

① 该法案的出台，主要是因为 United States v. LaMacchia 一案暴露出的“LaMacchia 的法律漏洞”。该案中，一位来自曼彻斯特技术学院名为 LaMacchia 21 岁的学生，是位计算机黑客，创建了一个名为“Cynosure”网上电子公告栏。该电子公告栏鼓励公众上传版权保护的计算软件，包括 Excel 5.0、WordPerfect 6.0 以及诸如 Sim City 2000 的游戏；接着，LaMacchia 创建了“Cynosure Ⅱ”，其允许他人以上传程序供他人免费下载为对价获取并免费下载相关程序。联邦政府起诉 LaMacchia 构成犯罪。然而，由于 LaMacchia 并未从其行为中获取经济上的利益，政府不能指控其侵犯版权。政府不得不将其诉诸违反网络欺诈法案，起诉书指控 LaMacchia 的电子公告使各种版权持有人损失上百万美元。然而，政府该项指控未能获得支持，法院认为，国会并不意图通过联邦网路欺诈法案保护版权，相反应该与邮件欺诈法案相关。然而，法院最后认为，“可以想象通过修订著作权法以支持该种指控。但是，应该是由立法而不是由法院界定犯罪，并且判定其接受惩罚”。See United States v. LaMacchia, 871 F. Supp. 535 (D. Mass. 1994). 学者认为，该漏洞允许 LaMacchia 为其“Cynosure”和“Cynosure Ⅱ”逃脱惩罚，因为其并不从该种活动中获取经济上的利益。See Stephanie Brown, The No Electronic Theft Act: Stop Internet Piracy, DePaul Journal of Art, Technology & Intellectual Property Law, Vol. 9, Iss. 1 [2016], Art. 6, p. 150. *The NET Act* 虽然未完全抛弃经济利益（Financial Gain）作为版权侵权犯罪的前提条件，但其将经济利益解释为包括接受、或希望接受任何有价值的东西，自然包括接受其他版权作品的方式。See 17 U. S. C. § 101 (1997).

② 参见《日本著作权法》，李扬译，知识产权出版社 2011 年版，第 22－23 页。

儿作品的利用进行了相关规定，其知识产权办公室在2014年10月29日为孤儿作品发布了世界上第一个在线许可机制，允许通过勤勉搜索和支付适当费用的前提下，个人和组织可申请获取许可复制孤儿作品；[①] 法国在2012年修订《法国知识产权法典》时，新增加的第5章专门规定了孤儿作品及其利用规则；2013年德国修订《德国著作权法》时，对孤儿作品范围进行了界定，并规定了孤儿作品基本利用规则。美国版权局也认为孤儿作品问题是版权在新媒体时代所面临的一个主要问题，甚至认为孤儿作品“也许是创造新作品唯一的最大障碍”[②]。尽管美国针对孤儿作品的立法活动也非常频繁：2006年美国版权局公布了第一个《孤儿作品报告》，并基于该报告提交了第一个孤儿作品法案建议稿（Orphan Works Act of 2006，H. R. 5439）；2008年美国版权局再次提出新的孤儿作品法案建议稿（Orphan Works Act of 2008 H. R. 5889）；[③] 2015年美国版权局又公布了新的孤儿作品报告，即《孤儿作品与大规模数字化》（Orphan Works and Mass Digitization），并以此为基础提出2015年孤儿作品法案的草案，但时至今天，距美国版权局第一份孤儿作品版权报告以及第一个孤儿作品法案建议稿已经过去了10余年，美国正式生效的孤儿作品法案除2005年《孤儿作品保存法案》之外，依然未见全面应对孤儿作品问题的法案出台。这在某种程度上说明了美国版权立法应对新媒体技术谨慎的一面，其或许是希望在孤儿作品利用市场并未完全明朗之前，允许市场主体逐渐形成交易规则，希望“让子弹再飞一会儿”，等孤儿作品利用市场明朗之后，再以合适的立法调整予以干预。

---

① See Intellectual Property Office of UK, *Orphan works: Review of the first twelve months*, https: // assets. publishing. service. gov. uk/government/uploads/system/uploads/attachment_data/file/487209/orphan - works - annual - report. pdf, 2019/9/3.

② *Preservation and Reuse of Copyrighted Works: Hearing Before the Subcomm. on Courts*, Intellectual Property, & the Internet of the H. Comm. on the Judiciary, 113th Cong. 81 (2014) (statement of Michael C. Donaldson, IntÂl Documentary Ass'n and Film Independent). http://webarchive. nationalarchives. gov. uk/20140603093549/http: //www. ipo. gov. uk/ipreviewfinalreport. pdf, 2019/9/3.

③ 该法案在提交给参议院时进行了调整，最后以 Shawn Bentley Orphan Works Act of 2008, S. 2913 予以提交。

美国这种应对以数字、通信与网络技术为代表的新媒体所为的版权法解释与调整，之所以会秉持迅捷与谨慎并持的原则，一方面是因为传播技术导致产业严重失衡的现象可以得到较为及时的矫正，比如DMCA通过责任免除与限制的立法明确规定，使1976年《美国版权法》宽口径的权利配置，不致成为互联网产业发展的桎梏；另一方面，在孤儿作品立法上的谨慎表明，其为市场先预留自行形成规则的制度空间，避免立法过于冒进而对市场形成不当的干预。具体到中国《著作权法》，应对新媒体技术与产业的发展所出现新的保护诉求，相关制度与司法政策应采取相对迅捷的调适政策；而对于孤儿作品等利用问题，可以先针对公益性的使用进行制度解释与调适，对于商业性的使用，可以给市场预留形成规则的适当时间与空间。

（三）尊重已经形成的产业惯例原则

著作权法所确立的规则，不仅是对产业发展需求的反应，而且能通过立法上的制度形塑传媒产业的发展。当基于先前的传媒技术所确立的著作权制度已经形成产业惯例时，著作权法制度的解释与调整应该保持适当的谨慎，以免规则的改变破坏已经形成的产业惯例，导致传媒产业进入一种不可预知的发展状态。美国对其版权法强制许可制度的调整态度是尊重已经形成产业惯例的很好例证。

《美国版权法》在1909年修订时增加了三种版权的限制与例外，其中音乐机械复制的强制许可是其中之一。根据该制度规定，已经被录制为录音制品的音乐作品，任何人都可以对该音乐作品进行再录制，只要其支付了法律规定的费用。① 美国设立版权强制许可制度是为了预防垄断以及治愈或减轻市场失灵。因为在特定的版权市场，不受任何限制的单个交易，可能导致特定的主体因为获得大面积权利人的独占授权而在新产业里产生行业垄断，比如美国国会曾担心一个生产钢琴卷纸的名为“Aeolian”公司的音乐独占许可

① See Pamela Samuelson, *Justification for Copyright Limitations and Exceptions*, in Edited by Ruth L. Okediji, Copyright Law in an Age of Limitations and Exceptions, Cambridge, 2017, p. 19.

授权计划产生“巨大的音乐垄断”。[①] 因此，美国版权法建立第一个版权强制许可的目的就在于担心垄断控制音乐录制市场。除预防垄断之外，降低所致市场失灵的高交易成本也是强制许可制度的存在理由，尤其是需要海量使用版权作品的单个授权交易导致的高昂交易成本，因为“一个作品接一个作品”以及“一个权利人接一个权利人”的交易方式必然使交易成本过高，[②] 从而导致“版权市场或者不能形成，或者功能失常”[③]。如果不在制度上对单个授权的交易方式进行调整，将导致新产业因为交易成本高昂而难以为继。正因为如此，《美国版权法》在 1976 年修订时为公共广播机构建立了强制许可，其目的在于公共广播机构需要使用海量版权作品，交易成本太高可能损害公共广播的活力。[④]

随着传播技术的进步，首先是录音制品机械录制领域的垄断似乎已经不再是机械强制许可存在的理由，1961 年美国版权局局长建议删掉机械录制的强制许可。[⑤] 然而，美国学者认为，因为围绕这种强制许可已经形成了稳定的产业惯例（industry practice），版权局在 1965 年的《美国版权法》修订报告中改变了主意，建议强制许可的规定应更为公平与不再繁杂，而不是予以废除。[⑥]《美国版权法》至今未删除音乐机械录制的强制许可，是因为其已经形成稳定的产业惯例。对于公共广播领域的强制许可，随着传播技术的进步，尤其是以数字、互联网与通信技术为代表的新媒体出现之后，权利人可以利

---

① See Robert J. Morrison, *Derivers' Licenses: An Argument for Establishing a Statutory License for Derivative Works*, 6 Chi. - Kent J. Intell. Prop. 87 (2006 - 2007), p. 97.

② See Pamela Samuelson, *Justification for Copyright Limitations and Exceptions*, in Edited by Ruth L. Okediji, Copyright Law in an Age of Limitations and Exceptions, Cambridge, 2017, p. 38.

③ Wendy Jane Gordon, Excuse and justification in the law of fair use: Transaction costs have always been part of the story, Journal of the Copyright Society of the U. S. A 50 (1): 149 - 198, Sep. 2003, p. 149.

④ See H. R. REP. 94 - 1476, at p. 116 - 117.

⑤ See H. Comm. on the Judiciary, 87th Cong., Copyright Law Revision: Report of the Register of Copyright on the General Revision of the U. S. Copyright Law. (Comm. Print, 1961), p. 32 - 36.

⑥ See Pamela Samuelson, *Justification for Copyright Limitations and Exceptions*, in Ruth L. Okediji, Copyright Law in an Age of Limitations and Exceptions, Cambridge, 2017, p. 38.

用传播技术实现从权利人到使用者单个的直接交易从而降低交易成本。因而，传播技术可以解决传统媒体时期单个作品版权交易成本高的问题。正因为如此，美国版权局才在诸多的报告中提出，应该对《美国版权法》第 111 条、第 119 条与第 122 条所规定的光缆传播与卫星转播的强制许可制度进行调整或可能的删除。[①] 美国版权局局长于 2013 年在哥伦比亚大学发表题为《下一部伟大的版权法》演讲亦认为，对于光缆和卫星传播的强制许可应该发布多角度的研究报告。[②] 然而，《美国版权法》的制度修改并未删除光缆广播与转播的强制许可，反而在 2018 年颁布的《美国音乐现代化法案》中增加音乐作品数字化利用的一揽子许可，并为此设立专门的集体管理组织，即机械许可协会。《美国版权法》的这种安排，显然是尊重基于该种广播的强制许可已经建立起来的产业惯例。此外，2018 年《美国音乐现代化法案》还在尊重相关主体自主交易方面提供了明确的规则，规定市场主体有关音乐作品数字利用自主协议优先，即由一个及其以上的版权人与一个及其以上的数字音乐提供者为数字化利用所包括的活动签署自愿许可，或者数字音乐提供者从录音制品的版权人获取制作与发行音乐制品的永久下载的个别许可，可以代替法律规定的强制许可。如此一来，一方面，《美国版权法》尊重了基于强制许可已经建立起来的产业惯例；另一方面，《美国版权法》通过明确的规定，允许市场主体在传播技术解决因为交易成本所致市场失灵之后，给市场主体自主的选择权。

美国在制度调整上之所以采取尊重已经建立的产业惯例原则，是因为调整立法规则以重塑产业惯例，在无法预期这种调整会更好地促进产业发展的前提下，尊重已经建立的产业惯例便是最好的选择。除非基于该种制度建立的产业惯例已经完全失衡，否则应该继续尊重已经建立的产业惯例，根据产

---

① See U. S. Copyright Office, *Satellite Television Extension and Localism Act*, § 302 Report (2011).

② See Maria A. Pallante, *The Next Great Copyright Act*, 36 Colum. J. L. & Arts 315, Spring 2013, p. 4.

业发展的状况予以适当调整，而不是完全废弃。具体到中国《著作权法》，以法定许可制度为例，当前有学者认为应该废除或部分废除法定许可制度，[①]在无法预见废除法定许可确定可以促进以报纸、杂志为主的产业更好的发展前提下，放弃已经建立的产业惯例不是最好的选择。

（四）促进作品公益性使用原则

著作权保护对象之作品是文化传承的主要载体，促进作品的公益性使用，亦是著作权法解释与调整必须坚持的一项原则。这方面，欧盟出台的相关版权指令说明著作权法的解释与调整应该坚持这一原则。《欧盟孤儿作品指令》与《欧盟单一数字市场版权指令》中的相关规定就是很好的例证。

首先，孤儿作品对新媒体时期提出的问题主要是数量庞大的孤儿作品利用问题。美国版权局在《孤儿作品与大规模数字化》的报告中认为，在这种情况下，作品的经营性与营利性使用可能被禁止，不是因为版权人已经主张她/他基于作品的权利，或者是因为使用者与所有者不能达成许可协议，而是因为使用者不能识别以及确定所有者，从而不能决定其是否可以使用或在何种条件下她/他可以使用该作品。[②] 正因为如此，才会形成孤儿作品利用的错过市场（missing markets），即孤儿作品需求无法得到合法的供给。[③] 但是欧盟在 2012 年颁布的《欧盟孤儿作品指令》中，对孤儿作品利用的规则仅限于具有公益性质的图书馆、档案馆以及博物馆等，并不允许商业机构对孤儿

---

① 比如熊琦教授，认为应该通过完善集体管理制度，逐步淘汰法定许可制度。参见熊琦：《著作权法定许可的正当性解构与制度替代》，载《知识产权》2011 年第 6 期。而管育鹰研究员则认为，应当取消报刊转载、录音制作的法定许可；保留现有教科书法定许可的内容、并将远程教育的网络传播法定许可整合进来、增加非营利性公共文化机构通过网络向注册用户提供本馆舍内绝版作品复制件的法定许可，构成教育目的使用的法定许可；取消录音制品播放法定许可，将针对所有作品的播放法定许可限定于非营利性公共广播组织以教育为目的的播放。参见管育鹰：《我国著作权法定许可制度的反思与重构》，载《华东政法大学学报》2015 年第 2 期。

② United States Copyright Office, Orphan Works and Mass Digitization: a report of the register of copyrights, p. 35.

③ See Dennis W. K. Khong, Orphan Works, Orphan Works, Abandonware and the Missing Market for Copyrighted Goods, International Journal of Law and Information Technology, Volume 15, Issue 1, 1 March 2007, Pages. 54 – 89, p. 54.

作品进行利用。欧盟评注《欧盟孤儿作品指令》的学者认为，指令所适用该机构最为关键的原则是公共利益任务（public interest mission）。[①] 因此，《欧盟孤儿作品指令》实际上是专门为公益性机构对孤儿作品利用所进行的立法。

其次，《欧盟单一数字市场版权指令》中有关退出商业领域作品的利用规则，是欧盟版权制度调整促进作品公益性使用的另一个例证。文化遗产机构应该在数字化与传播的清晰框架中受益，包括对被认为已经退出商业领域的作品或其他客体的跨境利用，以实现该指令目标的使用。然而，由于对退出商业领域图书或其他客体的利用，涉及大量图书和其他客体大规模数字化的计划，而获取单个版权权利人的事先授权却又是非常困难的。有些作品或其他客体只有很少的商业价值或权利人并不想对其作品进行商业化利用。如此就有必要促进退出商业领域作品或其他客体的特定利用，以永久作为文化遗产的收集予以保存。[②] 因此，《欧盟单一数字市场版权指令》第 8 条便专门规定了对“退出商业领域”作品的利用，可以获取该种作品非独占性授权利用的主体是文化遗产机构，其主要目的是保存文化遗产的公益性使用。

此外，《欧盟单一数字市场版权指令》为科学研究目的的文本与数据挖掘提供了例外，亦是促进作品公益性使用的另一个典型例子。该指令第 3 条规定，为科学研究目的提供文本与数据挖掘的限制与例外，该条核心内容为：成员国应该为 2001/29/EC 指令第 2 条[③]，96/9/EC 指令第 5a 条、[④] 第7（1）条[⑤]以及第 15（1）条[⑥]所规定的权利提供例外规定，为研究机构与文化遗产

---

① Uma Suthersanen and Maria Mercedes Frabboni，THE ORPHAN WORKS DIRECTIVE，in（ed）by PAUL TORREMANS，EU COPYRIGHT LAW，Edward Elgar Cheltenham，UK · Northampton，MA，USA，2014，p. 658.

② 参见《单一数字市场版权指令》序言 30。

③ 《欧盟信息社会版权指令》（2001/29/EC 指令）第 2 条所规定的复制权。

④ 《欧盟数据库指令》（96/9/EC 指令）第 5a 条所规定的权利人对数据库的获取、查证以及呈现所享有的复制权。

⑤ 《欧盟数据库指令》（96/9/EC 指令）第 7（1）条所规定的内容为，数据的制作者或者在获取、查证和内容的呈现在数量和（或）质量有实质性的投资，成员国应该为数据库的制作者规定一种权利，以阻止对数据库内容的抽取和（或）再利用该数据库内容的全部或实质性部分。

⑥ 该条新闻出版者对其所提供内容有进行数字利用的权利。

机构有合法权利接触作品或其他客体，规定为科学研究的目的，以文本与数据挖掘方式复制与摘取作品或其他客体作为前述所列权利的例外；并且规定该种作品或其他客体的复制件在合乎法定条件时，可以通过保存等方式予以实现文本与数据挖掘。① 第4条规定了普通意义上的文本与数据挖掘的限制与例外，其中第1款规定具体限制与例外的内容，即成员国应该可以合法接触的作品和其他客体为文本与数据挖掘的目的，为2001/29/EC指令第2条②，96/9/EC指令第5a条、第7（1）条，2009/24/EC指令第4（1）（a）（b）条③以及第15（1）条④所规定的权利规定复制与摘取的例外；⑤ 第5条规定在数字和跨境教育活动中使用作品和其他客体。其核心内容规定在第1款，该款规定，成员国应该为96/9/EC指令第5abde条⑥与第7（1）条⑦、

① 第15（1）条第2—4款规定了该种例外的具体实现路径。其中第2款规定，符合第1款规定的作品或其他客体的复制件在适当的安全水平上可以被保存，可以为科学研究的目的予以保持，包括为了证明研究结果。第3款规定，如果作品或其他客体托管于计算机，权利持有人应该允许采取措施以确保网络与数据的安全与完整。但该种措施不应该高于以该目的的实现为必要。第4款规定，成员国应该鼓励权利主体，研究组织和文化遗产机构共同界定有关第2款与第3款分别规定的义务与措施的最优实践。

② 《欧盟信息社会版权指令》（2001/29/EC指令）第2条所规定的复制权。

③ 《欧盟计算机软件保护指令》（2009/24/EC指令）第4（1）（a）（b）条规定的内容为，根据第5条、第6条的规定，第2条含义的权利主体享有如下行使或授权行使的权利：（a）以任何手段或任何形式，部分或全部，永久或暂时复制一个计算机程序的权利，诸如计算机程序的下载、展示、运行、传输或储存都构成该种复制，这些行为应该获得权利人的授权；（b）计算机程序的翻译、改编、排序以及任何改变以及复制这些行为的结果，不能对改变程序的主体权利造成任何损害。

④ 该条对新闻出版者规定对其所提供内容数字化利用的权利。

⑤ 第15（1）条第2—4款规定该种例外的具体适用，其中第2款规定，第1款所规定的复制与摘取可以保存为文本与数据挖掘目的必要的时长；第3款规定，第1款所规定的限制与例外应该适用于权利人对该款所规定的作品和其他客体未以诸如该种内容以机器可读的方式通过网络向公众提供等合适的方式明确保留为条件；第4款规定，该条的适用不影响本指令第3款的适用。

⑥ 《欧盟数据库指令》（96/9/EC指令）第5abde条所规定的内容为，受版权保护的数据库的表达，其作者享有如下行使或授权行使的专有权利：（a）以任何手段和任何方式全部或部分的临时或永久的复制；（b）翻译、改编、排序以及其他任何改变；（c）任何向公众传播、展示与表演；（d）将根据b所规定的行为产生结果的任何复制、发行、向公众传播、展示与表演。

⑦ 第7（1）条规定数据的制作者或者在获取、查证和内容的呈现在数量和（或）质量有实质性的投资，成员国应该为数据库的制作者规定一种权利，以阻止对数据库内容的抽取和（或）再利用该数据库内容的全部或实质性部分。

2001/29/EC 指令第 2 条[①]与第 3 条[②]、2009/24/EC 指令第 4（1）条[③]以及第 15（1）条[④]所规定的权利规定限制与例外，允许为单一教学说明的目的并证明某种程度非商业目的的正当性，数字化利用作品和其他客体，只要该种使用符合下列条件：（1）发生在一个教育机构负责的教学场地或其他场地，或者通过一个教育机构的学生与教职员工可以获取安全的电子环境；（2）说明来源，包括作者的姓名，除非证明这种情况是不可能的。[⑤]

具体到中国《著作权法》，为作品的公益性使用提供的制度空间过窄，比如合理使用中的教学使用，仅限于课堂教学，应该予以扩展。而对于融媒体时期，在商业利益与公共利益交融情况下对作品的使用，则应该提供一定灵活性和前瞻性的制度安排，允许司法部门在具体案例中，根据商业利益性使用对公共利益的贡献，判定是否允许该种商业性继续使用，以及继续使用的条件。

（五）保障公众信息获取原则

“知识产权保护的对象并没有物质性存在，仅仅是一种信息，知识产权所保护的，正是人民对这种信息的控制和支配。”[⑥]“从本质上说，知识就是一定的信息，当然知识不是信息的全部，而是一部分，属于信息中的自为信

---

① 《欧盟信息社会版权指令》（2001/29/EC 指令）第 2 条所规定的复制权。

② 《欧盟信息社会版权指令》（2001/29/EC 指令）第 3 条所规定的作品向公众传播与其他客体向公众提供的权利。

③ 《欧盟计算机软件保护指令》（2009/24/EC 指令）第 4（1）条为计算机程序权利人所规定的复制、改编等方面的权利。

④ 第 15（1）条对新闻出版者规定对其所提供内容数字利用的权利。

⑤ 第 15（1）条第 2—4 款规定第 1 款规定的适用规则。其中第 2 款第 1 段规定，尽管有第 7（1）条，诸如主要用于教育市场的材料或乐谱的合理授权有关本条第 1 款规定的行为并涵盖教育机构的特定需要可以在市场上轻易获取，成员国可以规定第 1 款所规定的限制或例外不予适用，或对于特定种类的作品或其他客体或特定使用不予适用。第 2 款第 2 段规定，决定启用本款第 1 款规定的成员国应该采取必要措施以确保许可授权本条第 1 款规定的行为为教育机构以合理方式可获取。第 3 款规定，符合根据本条规定的国家法律规定的通过安全电子环境为单一教学目的说明对作品和其他客体的使用应被认定为单一地发生在教育机构设立的成员国。第 4 款规定，成员国可以为权利人根据第 1 款规定对作品或其他客体的使用规定公平的报酬权。

⑥ 参见张玉敏：《知识产权的概念和法律特征》，载《现代法学》2001 年第 5 期。

息和再生信息。知识产权客体既然是一定的知识，那么它就必然是一定的信息。”[①] 因此，知识产权客体可以概括为，知识产权保护的客体是一种符合法律规定保护条件的信息。由于著作权在于保护文学、艺术与科学领域的作品，其本质是增加文学、艺术与科学领域的信息，而且著作权是为具有独创性的作品提供保护，在一定程度上保证增加信息的质量。著作权作品信息是当今社会信息的重要构成部分，信息的共享与著作权专有必然会产生矛盾，著作权法的解释与调整，必然应该遵守保障公众信息获取的原则。

美国著作权法对合理使用制度进行相对开放式的立法，为其保障公众信息获取提供了制度空间。谷歌数字图书馆在美国的判例，足以例证这个问题。美国基于其“合理使用”相对的开放式规定，通过调整“合理使用”考量要素的顺位，将“使用的性质与目的”中首要判断“商业性”要素的传统，调整为“转换性”使用要素的优先考量，以判定谷歌数字图书馆计划中的使用，因为构成“转换性使用”的合理使用而不承担侵权责任，[②] 从而为公众信息获取提供了保障。美国“合理使用”这种开放式的立法模式，为判定合理使用的构成提供了更为灵活的空间。在当今公众信息获取存在对互联网路径依赖的情况下，美国有关“合理使用”开放式的立法模式为该种信息获取的路径提供了保障。为此，中国在新媒体时代的著作权法主要制度解释与调整，亦应遵守保障公众信息获取的原则，尤其是在限制制度的配置上，应该为司法机关预留在保障公众信息获取的案例中，提供制度空间。

融合传统媒体与新媒体的融媒体时期，中国《著作权法》的解释与调整，客观上必须契合传统媒体与新媒体作品创作与传播所决定的双重逻辑基础，主观上应该契合国内传媒产业的发展态势。基于此，《著作权法》的解释与调整应该遵守前述的基本原则，以确保中国《著作权法》不但能促进传媒产业的发展，而且能保障公众的信息获取以及作品的公益性使用。

---

① 王太平：《知识产权法法律原则理论基础与具体构造》，法律出版社 2004 年版，第 200 页。

② See Authors Guild，Inc. v. Google Inc，954 F. Supp. 2d 282（S. D. N. Y. 2013）.

三、中国《著作权法》解释与调整的未来任务

如前所述，由于我国《著作权法》自身的特殊性，必须契合基于传统媒体与新媒体技术所决定的作品创作与传播不同模式之双重逻辑基础，以及国内传媒产业发展态势。在确定这一关键性问题之后，需要确定著作权法的基本制度，基本制度解释与调整的内容确定之后，自然会带动相关以及配套制度的解释与调整。确定著作权法的基本制度，必须以著作权法的基本目的为基础。顾名思义，著作权法首要的目的是保护著作权以及邻接权。各国著作权法的目的条款基本体现这一基本目标，比如《德国著作权法》第 1 条规定，文学、科学和艺术作品的作者依据本法享有保护；《日本著作权法》第 1 条规定，为作者与作品相关的表演、录音制品、广播以及有线传播的主体赋予权利；[①] 中国《著作权法》第 1 条开头就对“为保护文学、艺术和科学作品作者的著作权，以及与著作权有关的权益”进行强调。[②] 因此，与著作权保护相关的制度应该是著作权法的基本制度。著作权的保护必须以著作权的客体、主体、权项以及侵权等制度为基础。因而，著作权法的客体制度、主体制度、权利制度以及侵权制度应该为著作权法的主要制度。而著作权法除保护作者与邻接权主体的权利这一基本目标之外，还应该具有促进作品传播与文化繁荣的任务，比如《日本著作权法》第 1 条所规定的“公正与合理利用作品”与“促进文化的发展”、中国《著作权法》第 1 条所明确的“鼓励有益于社会主义精神文明、物质文明建设的作品的创作和传播，促进社会主义文化和科学事业的发展与繁荣”，以及《美国宪法》中知识产权条款所规定的“促进科学与有用艺术……”这表明，著作权法除保护作者以及邻接权主体的权利外，还有促进作品传播与文化发展的目的。这一目的的实现主要

---

① 《日本著作权法》第 1 条规定，为作者与作品相关的表演、录音制品、广播以及有线传播的主体赋予权利，以保护作者的权利，公正与合理的利用作品，以此促进文化的发展。

② 《著作权法》第 1 条规定，为保护文学、艺术和科学作品作者的著作权，以及与著作权有关的权益，鼓励有益于社会主义精神文明、物质文明建设的作品的创作和传播，促进社会主义文化和科学事业的发展与繁荣，根据宪法制定本法。

依赖通过释放信息流动以促进作品的传播以及文化发展为目的的权利限制制度。因此，著作权法的基本制度应该包括限制制度。

《著作权法》自 1991 年首次颁布以来，共计经历 2001 年、2010 年与 2020 年三次修改，如前所述，只有在 2020 年对《著作权法》的修正是完全基于传媒技术与中国经济社会发展的实际情况所为的修正，是第一次完全的主动安排。该次修正的内容广泛，涉及著作权法主要制度的方方面面。其一，对于客体制度的调整较大，包括：（1）将自 2002 年《著作权法实施条例》启用的作品定义，通过微小调整之后提升至《著作权法》第 3 条，即在《著作权法》明确了作品的定义；（2）将作品类型由 2020 年《著作权法》之前的法定封闭模式调整为开放式的例示列举模式。因此，对于刚进行重大调整的作品制度，重在解释。一是在当前融媒体时期独创性的解释；二是作品类型制度调整为开放的例示列举模式之后，例示类型作品与非例示类型之间的司法适用关系。其二，至于权利制度体系，该次修正主要体现在如下几个方面：（1）将数字化纳入复制权的控制范围；（2）扩大广播权的保护范围以控制有线、无线的直播与转播，将网络同步播放纳入广播权控制范围；（3）增设表演者出租权、录音制作者机械表演与远程传送的获酬权及广播组织的信息网络传播权。其三，主体方面，主要是明确视听作品的权利归属。其四，限制制度方面，将 2002 年《著作权法实施条例》有关限制制度的三步测试法，即对限制的限制提升到《著作权法》的规定，并将《马拉喀什条约》有关阅读障碍例外的规则纳入立法规定，并允许通过“法律、行政法规”对著作权限制与例外进行规定。本书的主要任务是基于融媒体时期，中国《著作权法》基本制度解释与调整所应契合的双重逻辑，对于 2020 年修正调整比较大的主要基本制度，基于其所应契合的逻辑基础进行解释；对于调整相对较小的制度，则通过逻辑基础的契合性检证之后，进行评价与调整。

四、结语

2020 年之前的著作权法律制度的诞生、解释与调整，均是因为国际贸易压力与加入 WTO 的应对达标的立法，均未能系统考察制度本身对作品创作与传播模式的契合性，亦未能系统的检证其与国内传媒产业发展态势的契合性。中国《著作权法》的这种特殊性，必然意味着其制度解释与调整需要契合融合传统媒体与新媒体之融媒体时期的双重逻辑基础。尽管《著作权法》于 2020 年的修正是一次基于中国经济社会发展与传媒产业状况所进行的全面调整，但著作权法对当前融媒体时期的作品创作与传播模式以及国内传媒产业发展的契合性，显然不是一次性调整即可实现的目标。《著作权法》未来的解释与制度调整，应该遵守以提升国内传媒产业竞争力为目的、对传播技术进步的应对并持迅捷与谨慎态度、尊重已形成产业惯例、促进作品公益性使用以及保障公众信息获取等原则。针对 2020 年《著作权法》的修正，未来应该着重解释客体制度与调整主体、权项、侵权行为以及限制制度。

第二章 作品独创性判定标准的调适逻辑及遵守路径*

一、问题的提出

尽管版权体系国家著作权法与作者权体系国家著作权法对作品受版权保护的条件存在是否需要固定[①]以及作品独创性要求高低的区别,[②] 但实质上相同的是,两种法律体系都要求作品必须具有独创性方可获得著作权保护。因此,也可以说,独创性是著作权客体制度的核心,是著作权法的基石。当前世界主要国家的著作权法乃至国际条约都将独创性作为作品受著作权保护的前提条件:比如《美国版权法》102(a)所规定的版权存在于作者的独创性作品(copyright subsists in original works of authorship);《日本著作权法》第2条对作品所界定的创作的作品(a creative work);我国2020年《著作权

---

* 本章的基本内容已经发表,收入本书进行修改与调整。参见刘铁光:《作品独创性判定标准调适的准则及其遵守的路径——以体育赛事直播画面独创性的判定为例》,载《苏州大学学报(法学版)》2019年第4期。

① 比如西班牙和瑞士的版权法都不要求作品必须固定,便可获得著作权保护。参见《西班牙著作权法》(1987)第10条,《瑞士联邦著作权与邻接权法》(1992)第29条的规定;而要求作品必须固定方可获得著作权保护的典型立法例有英国、美国。尽管英国版权法并没有明确的条文规定作品受版权保护必须具备固定的前提条件,但英国学界一般认为,作品必须固定方可受版权保护。See J. A. L., *World Copyright Law*, Sweet & Maxwell, 2003, no. 7, 07.

② 有学者认为,英美法(版权体系)的方法在历史上一直被认为更易于接纳,有利于扩宽作品的定义,形式的存在作为补充。相反,另一种传统(作者权体系)采纳更为严格的方法,但相应的缺少形式上的要求,法院经常以一般证据规则和举证责任倒置的方式,推定使用原创性的规则。参见[西班牙]拉蒙·卡萨斯瓦勒斯:《原创性要求》,载[英]埃斯特尔·德克雷主编:《欧盟版权法之未来》,徐红菊译,知识产权出版社2016年版,第80页。

法》第3条将作品界定为“本法所称的作品，是指文学、艺术和科学领域内具有独创性并能以一定形式表现的智力成果”。国际条约方面，智力创造（intellectual creation）的概念是《伯尔尼公约》中文学与艺术作品的隐含概念；[①] 欧盟诸多版权指令中都规定“独创性”或“作者自己的智力创作”（the author's own intellectual creation）之外不得再要求其他受保护的条件。[②] 著作权客体中的独创性制度，本质上契合传媒产业发展的不断分化。首先，著作权法独创性制度，将不具有独创性的信息留在公有领域，任何人都可以自由使用，本质上契合信息流动与传媒产业发展的需要。因为著作权保护独创性的前提条件，“可以保证基础性的表达要素（比如数据、事实性信息或思想等）被保留在公共领域供人自由使用，从而保证公众的创作或表达自由”[③]。独创性是防止非独创性的信息被以著作权的形式垄断，从而障碍传媒产业领域相关主体利用公有领域的信息进行自由竞争。因此，也可以说，独创性要求本身契合传媒产业的发展需求。其次，尽管独创性作为作品受保护的前提条件是作者权体系与版权体系国家著作权法客体制度之一，但独创性及其独创性标准却没有统一的解释，从而使独创性的解释以及判断标准具有可变性，而这种可变性正好契合产业发展的需要，使主权国家可以基于国内传媒产业的发展态势，调适其独创性的判断标准。

既然几乎没有国家的著作权立法对独创性进行明确界定，就必须在司法实践中确定独创性的判断标准。我国新近有关体育赛事直播画面是否具有独创性的案例，成为当前著作权实务与理论界的争论焦点。理论界一种观点认为，体育赛事直播画面是一系列图像排列组合形成的视听作品，其理由是导演对摄像机位所拍摄的镜头进行了取舍与编排，基于这些取舍与编排，体育

---

① See Paul Goldstein & Marketa Trimble, *International Intellectual Property*, Foundation Press, 2012, p. 204.

② See Article 1 (3) of DIRECTIVE 2009/24/EC of The European Parliament and of the Council of 23 April 2009 on the legal protection of computer programs; also see Article 10 of the DIRECTIVE 2001/84/EC of the European Parliament and of the Council of 27 September 2001 on the resale right for the benefit of the author of an original work of art.

③ Douglas Lichtman, *Copyright as a Rule of Evidence*, 52 Duke Law Journal 683 – 743 (2003).

赛事节目满足原创性要求而能够获得版权保护；[①] 而认为体育赛事直播画面不具有独创性的观点则认为，在拍摄体育赛事直播画面的过程中，由于拍摄方法具有一定的规范，且其应当满足观众的观赏性，并无法进行无厘头的拍摄，从而导致其独创性不够，仅能满足邻接权中对录制品的保护。[②] 我国司法实践对体育赛事直播画面的保护对于基本相同的案件事实，存在保护与否以及保护适用不同规则的乱象，[③] 这也根源于独创性判断的标准不一。比如，在新浪公司诉天盈九州公司侵犯体育赛事直播画面著作权纠纷一案中，一审、二审法院对作品独创性的认定完全相反。该案一审中，法院认为，从涉案转播赛事呈现的画面看，满足上述分析的创造性，即通过摄制、制作的方式，形成画面，以视听的形式给人以视觉感应、效果，构成作品。[④] 然而二审法院却认为，通常情况下的中超体育赛事公用信号所承载的连续画面均属于上述类型中客观限制最多的情形，即便考虑具有较大独创性空间的集锦部分，其亦无法使得整体公用信号承载画面达到较高独创性程度。因此，就类型化分析而言，完全受上述因素限制的中超赛事直播公用信号所承载的连续画面，在独创性高度上较难符合电影作品的要求。[⑤] 从而撤销一审判决，驳回原告全部诉讼请求。令人困惑的是，一审、二审在独创性判断中，都考究了体育赛事直播画面的制作过程，然而却得到完全相反的结论。其根本原因在于，以作品创作过程所采用的方式、方法或手段是否具有独创性或者是否存在创造的空间，来判定作品本身是否具有独创性作为独创性判断的路径。因此，基本相同类型的作品创作过程所采用的方式、方法与手段，一般大致相同，

---

① 参见卢海君：《论体育赛事节目的著作权法地位》，载《社会科学》2015 年第 2 期；戎朝：《互联网时代下的体育赛事转播保护——兼评“新浪诉凤凰网中超联赛著作权侵权及不正当竞争纠纷案”》，载《电子知识产权》2015 年第 9 期。

② 参见王迁：《论体育赛事现场直播画面的著作权保护——兼评“凤凰网赛事转播案”》，载《法律科学（西北政法大学学报）》2016 年第 1 期。

③ 参见刘铁光、赵银雀：《体育赛事直播画面侵权案件法律适用的规范研究——基于新近案例的实证分析》，载《体育科学》2018 年第 1 期。

④ 参见北京市朝阳区人民法院民事判决书，（2014）朝民（知）初字第 40334 号。

⑤ 参见北京知识产权法院民事判决书，（2015）京知民终字第 1818 号。

从而被认定为不具有独创性；与此同时，创作过程所采用的方式、方法与手段总归有一些调整空间，可以在特定体育赛事直播画面制作过程中产生一些变化，自然被认定为具有独创性。为此，本章基于作品独创性判断标准的调适逻辑及其应该遵守的准则，指出我国司法实践当前独创性标准所存在的问题，并提出我国作品独创性判断路径的应然选择。

二、独创性判断标准的调适逻辑与准则

因为作品独创性是一个不具有确定含义的概念，所以世界主要国家在司法实践中对独创性的判断形成作者权体系与版权体系不同的标准。然而，无论是以经济激励为基础的版权体系国家，还是以作品体现作者人格为基础的作者权体系国家，作品独创性的判断标准都朝一致的方向调适，这表明独创性判断标准的调适是必然的趋势。当然这种调适，并不是肆意调适，而是有其必须遵守的基本准则。

（一）独创性标准的调适逻辑

独创性判断标准的不断调适是为了契合传媒产业发展的需要。作为版权体系国家典型代表的英国与美国，一度以“非复制而独立完成”的“额头出汗理论”作为作品具有独创性的判断标准。英国 1892 年的“Walter v. Steinkopff”就是“额头出汗理论”的典型判例。该案涉及一家报社记者以速记的方式记录了某公众人物的演讲，另一家报社从该家报社出版的报纸上复制了该速记记录的演讲。第一家报社主张后一家报社构成著作权侵权。法院认为，第一家报社对该报道投入技巧性的劳动，从而认定第一家报社的记录应该获得版权保护。[①] 而美国 1903 年的 Bleistein V. Donaldson Lithograhing 亦是“额头出汗理论”的典型判例，该案涉及被告以缩减的方式复制了三张由原告雇员为 Wallace 的马戏团准备广告的彩色平板印刷图，每一张图片包括在角落里 Wallace 的肖像，所刻写的字母有一些装饰，以指向在马戏团即

① See Walter v Steinkopff［1892］3 Ch 489，61 LJCh 521，67 LT 184，13 Digest（Repl）52，22.

将要看到的真正的设计与事实。一幅设计是一张通常的芭蕾舞，一群男人与女人中的一位被描述为Stirk家庭的一员，在表演骑自行车；另一位则以漂白的方式呈现雕像。巡回法院支持被告认为彩色平板印刷图不在版权保护之内，该主张得到巡回上诉法院的支持。不过，美国最高法院判决认为，版权保护并不限于非商业事件或美术作品，版权保护独创性门槛非常低，对事实性事件的图片呈现亦可以获得版权保护。① 这些典型的判例都表明，只要是非复制的作品，其都应该获得著作权的保护，即只要"额头出汗"就可以获得版权保护。在这个标准下，反映事实的照片、速记他人的演讲都被认定为具有独创性而可以获得著作权保护。然而，这种标准所导致的最大问题便是将本属于公有领域的所有人原本可以自由利用的资源，被以著作权的方式独占与控制，从而不利于相关产业领域的公平竞争。1991年出现的Feist案是美国司法实践调适作品独创性判定标准的标志性案例，该案废弃版权体系国家一直遵守的"额头出汗"理论，认定"电话号码簿"缺乏"至少一点儿独创性"（at least some minimal degree of creativity）不能获得版权保护，从而驳回原告版权侵权的主张。② 同为版权体系国家的加拿大，在2001年最高法院对CCH一案判决同样坚持"至少一点创造性"的传统，法院判决的改编、主题索引、案例摘要以及批注等，这些均来源于作者而不是简单的复制，其中所运用的技巧与判断都不是微不足道的（trivial）。③ 可以说，自美国1991年Feist案之后，版权体系国家著作权法司法实践全面废弃"额头出汗理论"，"至少一点儿创造性"成为作品独创性判断的新标准。

作者权体系国家坚持作品是作者人格的体现，至少在欧盟范围的作者权体系国家形成以作品体现作者个性（individuality）作为判断作品是否具有独创性的标准，因为"'个性'可以在作品独创性判断的大部分领域被视为一

---

① See Bleistein v. Donaldson Lithographing Co. , 188 U. S. 239 (1903).

② See Paul Goldstein, Marketa Trimble, International Intellectual Property, Foundation Press, 2012. p. 711.

③ See CCH Canadian Ltd. v. Law Society of Upper Canada, 2004 scc 13, 236 D. L. R. (4rh) 395, 317 N. R. 107, 30 C. P. R. (4rh).

个统一的概念或至少在很大程度上与其他概念重合的概念”①。以作者权体系为典型代表的德国为例，一度遵守相对较高的独创性标准，尤其是在 1958 年弗莱堡比较法会议提出在实用艺术作品适用创作水平（the levity of creativity）标准之后，创作水平的概念从实用艺术作品一般化到所有类型作品，从而打开了其他类型作品引入严格的独创性标准之门，高于普通工匠（above craftsmanship）、高于平均水平（above the average）的创作标准成为作品符合受保护的前提条件。② 然而，德国并未完全固守这种传统，在司法实践不断调适其作品的独创性标准，通过长期司法实践发展到给只有“小硬币厚度”（kleine munze）独创性的作品提供版权保护。③ 从而使之前不被认定为具有高于普通工匠、高于一般水平的作品给予著作权保护。至少可以说，“小硬币厚度”的独创性是德国司法实践一种判断标准。

原本两种不同传统的著作权法体系，似乎应该在独创性判断上维持该种较大的差距。然而，独创性判断司法实践的走向，则完全相反，两种体系之间独创性标准的差异逐渐变小。正如论者所言，“如果认为版权与著作权之间的差别已经消失，这或许并不准确，但双方都在促进融合这一点却不应被忽略。一个标准，逐步向上，另一个则逐步向下。术语的确不同，但判例法的检验表明，这些情况尽管真是存在，却并不重要”④。正如论者所言，“这一问题（独创性）不仅决定著作权的客体是什么，还决定我们希望这个客体

① Gerhard Schricker, *Farewell to the Level of Creativity (Schöpfungshöhe) in German Copyright Law?* Translated by Catriona Thomas, 26 International Review of Industrial Property and Copyright Law 41 – 48 (1995) 转引自 Paul Goldstein, Marketa Trimble, International Intellectual Property, Foundation Press, 2012. p. 210.

② See Gerhard Schricker, *Farewell to the Level of Creativity (Schöpfungshöhe) in German Copyright Law?* Translated by Catriona Thomas, 26 International Review of Industrial Property and Copyright Law 41 – 48 (1995) 转引自 Paul Goldstein, Marketa Trimble, International Intellectual Property, Foundation Press, 2012. p. 210.

③ 参见［德］M. 雷炳德:《著作权法》，张恩民译，法律出版社 2005 年版，第 116 – 117 页。

④ ［西班牙］拉蒙·卡萨斯瓦勒斯:《原创性要求》，载［英］埃斯特尔·德克雷主编:《欧盟版权法之未来》，徐红菊译，知识产权出版社 2016 年版，第 80 页。

是什么”①。而“希望这个客体是什么”意味着独创性标准调适的必然性。两个不同传统的著作权法体系，独创性判断标准朝着一个方向靠拢说明作品独创性判断标准的调适是必然的趋势。

独创性标准之所以不断调适，实际上是为了应对传媒产业发展出现的分化现象。在传媒产业初期主要为书籍，即文字作品的出版与发行，相对而言，文字作品的独创性标准相对清晰，因为“人们认为对‘文学与艺术作品’的解释足以界定版权的客体，作品的概念是不证自明的，立法者也未觉得需要对其进行进一步的解释。”② 但对于技术进步出现的计算机软件、数据库等，与传统“文学与艺术”的作品完全不同，必然要求在独创性的判断标准上进行调整。而将“某种思想或者美学方面的精神内容”作为作品构成第一个要件的德国著作权司法实践，③ 之所以愿意降低独创性判断标准，创立“小硬币”理论，也是因为计算机软件、数据库已经从传统出版产业分化出来，形成了新的产业。而这种降低独创性标准的司法实践，巧合性地契合了传媒产业应因传播技术而出现的分化。对于版权法传统而言，其正是通过独创性标准的调适，从“额头出汗理论”中的“非复制”到“Feist”案提出的最低程度的创造性，④ 其成功地将作者权体系国家著作权法中邻接权客体纳入著作权保护，使著作权制度有效地契合了传媒产业发展而出现的分化。而对于相对坚守作品独创性标准的作者权体系国家著作权法而言，除像德国著作权法司法实践创造的“小硬币理论”外，还可以在著作权法体系之外创造邻接权制度体系，以应对传媒产业发展分化出的录音、广播电视等产业发展对产业规则的需要。也可以说，独创性标准的调适是为了适应传媒产业的发展需求。

（二）独创性标准调适的准则

当然，“我们希望这个客体是什么”并不意味着该标准可以在司法实践

---

① Ricketson & Sam, *The Concept of Originality in Anglo – Australian Copyright Law*, 39 J Copyright Society USA 265, 282 – 283, (1991).

② ［西班牙］拉蒙·卡萨斯瓦勒斯：《原创性要求》，载［英］埃斯特尔·德克雷主编：《欧盟版权法之未来》，徐红菊译，知识产权出版社 2016 年版，第 75 页。

③ 参见［德］M. 雷炳德：《著作权法》，张恩民译，法律出版社 2005 年版，第 17 页。

④ See Feist Publications, *Inc. v. Rural Telephone Service Co.*, 499 U. S. 340 (1991).

中肆意调整，而是应该遵循标准调适的基本准则。前述美国、德国独创性判断标准调适的回顾表明，独创性判断标准的调适应该遵循两个基本的准则。以“某种思想或者美学方面的精神内容”作为作品构成第一个要件的德国著作权司法实践,[①] 之所以愿意降低独创性判断标准，“屈尊”创立“小硬币厚度”理论，其目的就是保护目录清单、艺术再造、菜单、电话号码簿、普通的计算机程序、数据库等等。[②] 本质上是计算机软件、数据库已经从传统出版产业分化出来形成新的产业，这种新的产业发展需要独创性判定标准的调适以获得保护。因此，独创性判断标准的调适首先应该遵守的准则是契合相关产业发展的需求。而美国之所以在 1991 年 Feist 案中，一改“额头出汗理论”采用“至少一点儿创造性”的标准，根本原因在于，“额头出汗”理论导致并非权利人创造的信息被权利人以著作权的方式独占，从而障碍相关产业领域的公平竞争，浪费不必要的重复投入。Feist 一案中对“额头出汗”理论评注的 O’Connor 法官认为，“‘额头出汗’对作品独创性判定存在诸多缺陷，而最为严重的是，其将版权的保护延伸到超出汇编者具有贡献的选择与编排之外的事实本身”[③]。既然美国调高独创性判断标准的原因是不障碍产业领域的竞争，防止浪费不必要的重复投入。因此，在遵守产业发展需求调适独创性判断标准准则的同时，还必须坚持不障碍相关产业领域公平竞争以及防止浪费不必要的重复投入，这是独创性标准调适必须坚持的另一个准则。

对于第一个准则，首先是传播技术的发展，相关产业产生了对特定客体进行著作权保护的需要。以我国新近的体育赛事直播画面的保护为例，在互联网传播技术到来之前，著作权法主要采取广播组织权对体育赛事直播画面进行保护，通过广播组织的转播权与录制权，以禁止未经许可对体育赛事直播画面的同步转播、再播与录制后的利用。在前互联网技术时代，这种保护已经符合广播产业发展的需要，在发生具体的侵权案件时，自然无须对体育赛事直播画面是否具有独创性进行判定。然而，互联网产业的发展，体育赛

---

① 参见［德］M. 雷炳德：《著作权法》，张恩民译，法律出版社 2005 年版，第 17 页。

② 参见［德］M. 雷炳德：《著作权法》，张恩民译，法律出版社 2005 年版，第 116－117 页。

③ *Feist Publications Inc. v. Rural Telephone Seruice Co.* （1991），499 U. S. 340（U. S. Kan.）.

事的直播画面可以被互联网服务提供者实时截取信号后转播以及录制后通过互联网向公众提供。如果对体育赛事录制与传播的主体不是广播组织，则其无法通过广播组织权对互联网服务提供者对其所直播或录制的体育赛事直播画面的行为进行控制，从而产生了是否应该认定体育赛事直播画面具有独创性而获取著作权保护的需求。其次，尽管对于客体利用行为可以通过反不正当竞争或其他方式予以保护，但产业需要该种专有权配置以建立交易规则。①如果体育赛事直播画面不能获得专有权的保护，必然会影响以该种权利为对象的交易效率。②

对于第二个准则，首先，应该考察独创性判定标准的调适会不会导致权利人对特定领域公共资源的不当垄断，从而障碍公平竞争，由此浪费不必要的重复投入。继续以体育赛事直播画面为例，如果认定体育赛事直播画面具有独创性从而获得著作权保护，那么会不会导致权利人对某种特定体育赛事直播方式、方法、手段乃至赛事本身的垄断，从而使市场竞争主体无法正当的利用这些方式、方法、手段乃至赛事本身。其次，独创性标准的调适，会不会导致权利人对某种原本属于公有领域资源的垄断。著作权对作品保护独创性的要求，“可以保证基础性的表达要素（比如数据、事实性信息或思想等）被保留在公共领域供人自由使用，从而保证公众的创作或表达自由”③。因此，作品独创性的最初目的是防止公有领域的信息被著作权人独占。守住公有领域信息不被著作权人独占，是独创性制度原初的根本目的。所以在本质上，著作权独创性与专利的新颖性、商标的显著性具有同样的作用，专利的新颖性主要是防止专利权人将公有领域的技术独占而障碍竞争，而商标的

---

① 我国新近的体育赛事直播画面保护的案例，有不少是通过反不正当竞争侵权予以保护的，比如央视国际公司诉广州市动景计算机科技有限公司、央视国际公司诉北京我爱聊网络科技有限公司以及央视国际公司诉华夏城视公司等案件都是以反不正当竞争侵权提供保护的，参见广东省广州市天河区人民法院民事判决书，（2015）穗天法知民初字第285号；北京市海淀区人民法院民事判决书，（2013）海民初字第21470号；广东省深圳市福田区人民法院民事判决书，（2015）深福法知民初字第174号。

② 参见刘铁光、张路路：《体育赛事的权利配置及其法律选择——基于体育赛事产业发展的充分保障》，载《体育科学》2016年第2期。

③ Douglas Lichtman, *Copyright as a Rule of Evidence*, 52 Duke Law Journal 683 – 743 (2003).

显著性是防止通用性、描述性与功能性的标志被以商标权的方式独占而障碍竞争。[①] 因此，无论独创性标准如何调适，都应该守住著作权不应该独占公有领域信息的底线。以《欧盟数据库指令》为例，尽管该指令要求成员国为数据库提供特殊权利（Sui Generis Right）的保护，无论数据库的内容是否具有独创性，都应控制对数据内容的摘取与再次利用行为，[②] 但指令明确其不是著作权。[③] 这表明，欧盟的指令还是在遵守作品独创性的底线，通过设立特殊权利的方式为数据库内容提供特殊保护，也不破坏作品独创性判定标准的调适而将公有领域之信息纳入著作权控制的底线。

三、"以创作过程创造性判定结果独创性"的路径及对标准调适准则的背离

我国司法实践在部分判例中，采取的是"以创作过程创造性定结果独创性"的逻辑路径，从而导致在"过程没有独创性或没有创造空间"而否定作品独创性的判例中，依然在遵守作者权体系国家20世纪的"作者个性"标准，未能根据产业发展的需求进行调适，拒绝为产业发展需求保护的对象提供著作权保护，背离独创性判断应该根据产业状态进行调适的准则。仅仅依据"过程有创造性或有创造空间"而认定作品有独创性，从而导致实际并不具有独创性的公有资源被以著作权的方式独占，从而背离该领域公平竞争以及浪费不必要的重复投入的独创性标准调适准则。

（一）"以创作过程创造性判定结果独创性"的独创性判断路径

我国司法实践对作品独创性的判定中，至少在部分判例中形成"以创作

---

① 商标显著性的制度目的是防止以商标权的方式独占通用性、描述性与功能性标志以保护公平竞争，其本质是与所指定商品或服务之间的区别性。参见刘铁光：《商标显著性：一个概念的澄清与制度体系的改造》，载《法学评论》2017年第6期。

② See Article 7 of DIRECTIVE 96/9/EC of the European Parliament and of the Council of 11 March 1996 on the legal protection of databases.

③ See Estelle Derclayel, *The Database Directive*, *EU Copyright Law*: *A Commentary*, in (ed) by Irini Stanmatoud & Paul Torreman, Edward Elgar Cheltenham, UK, Northampton, MA, USA, 2014, p. 320.

过程创造性判定结果独创性”的路径，即以创作过程中的方式、方法或手段是否具有创造性或是否存在创造的空间，来判定作品是否具有独创性。依据该种路径，如果创作过程中的方式、方法或手段具有创作性，或具有创造的空间，则认定作品具有独创性；反之亦然。

体育赛事直播画面独创性的判定就是其中非常典型的例子。在新浪公司诉天盈九州公司体育赛事直播画面著作权侵权纠纷案中，一审、二审法院虽都以“创作过程创造性判定结果独创性”作为推理路径，但得出了完全相反的结论。一审法院以“过程具有创造性认定结果具有独创性”，认为：“这说明了其转播的制作程序，不仅仅包括对赛事的录制，还包括回看的播放、比赛及球员的特写、场内与场外，球员与观众，全场与局部的画面，以及配有的全场点评和解说。而上述的画面的形成，是编导通过对镜头的选取，即对多台设备拍摄的多个镜头的选择、编排的结果。而这个过程，不同的机位设置、不同的画面取舍、编排、剪切等多种手段，会导致不同的最终画面，或者说不同的赛事编导，会呈现不同的赛事画面。就此，尽管法律上没有规定独创性的标准，但应当认为对赛事录制镜头的选择、编排，形成可供观赏的新的画面，无疑是一种创作性劳动，且该创作性从不同的选择、不同的制作，会产生不同的画面效果恰恰反映了其独创性。”① 二审法院则以“过程没有创造性否定结果的独创性”，在其推理中，甚至出现对体育赛事画面形成过程的描述，“在特写对象的选择方面，上述事例中基本上是随着比赛的进行而选择标志性的镜头，比如在开球的时候选择裁判的特写镜头，在进球时选择进球球员的特写镜头等，这一选择方式属于常规选择方式。不仅如此，在公用信号制作手册中对于很多特写的使用及切入时间均有严格规定，如开场前‘3:15－2:15　队长挑边、裁判近景’、开场前‘2:15－1:30　主队首发队员’、开场前‘1:30－1:00　双方教练近景’、开场前‘1:00－0:30　双方重点运动员或队长’、开场前‘0:30－0:15　中圈近景’‘90:00－0:15　进球

① 北京市朝阳区人民法院民事判决书，(2014) 朝民（知）初字第40334号。

队员特写’等。基于上述因素的考虑，本院认为，上述事例中无法看出在特写对象的选择上体现了较高的独创性”。在结论性意见中，法院依然坚持“以创作过程的创造性判定结果独创性”的推理逻辑，即“至少在被上诉人所举七例中，基本上采用的是此类赛事常规做法进行的拍摄。仍以镜头体现最为复杂的第一例手球过程为例。通常情况下，直播团队在看到手球犯规时，必然会首先选择该犯规镜头，随之选择与该行为相关人员的镜头，包括犯规球员、守门员、人墙球员等，直至之后的任意球镜头以及防守反击镜头。涉案直播团队采用的亦是这一常规做法，与具有此类赛事直播资格的其他团队并无实质差别。至于给犯规队员、守门员近景镜头等以渲染气氛的做法，同样属于此类赛事直播团队常用的符合观众预期的直播手法。因此，难以看出涉案直播团队明显的个性化选择”①。

实际上，“以创作过程创造性判定结果独创性”的判断路径，不单是体育赛事直播画面类似案例，在字库字体独创性认定案例同样采取这种推理路径。在北大方正公司诉暴雪公司一案中，几乎与前述体育赛事直播画面独创性的认定路径完全一样，甚至采用前述体育赛事直播画面独创性判定一审、二审完全相同的模式，即都是对作品产生过程所用的方式、方法与手段描述之后，一审得到的结论是单个字体构成具有独创性的作品，而二审则认为不构成。一审法院认为，“《中华人民共和国著作权法实施条例》（简称《著作权法实施条例》）第4条第（八）项规定，美术作品是指绘画、书法、雕塑等以线条、色彩或者其他方式构成的有审美意义的平面或者立体的造型艺术作品。字库的制作通常经过字体设计、扫描、数字化拟和、人工修字、质检、整合成库等步骤，其中，字型设计是指由专业字体设计师依字体创意的风格、笔形特点和结构特点，在相应的正方格内书写或描绘的清晰、光滑、视觉效果良好的字体设计稿。每款字库的字型必须采用统一的风格及笔形规范进行处理。因此，字库中每个字型的制作体现出作者的独创性。涉案方正兰亭字

① 北京知识产权法院民事判决书，（2015）京知民终字第1818号。

库中的字型是由线条构成的具有一定审美意义的书法艺术，符合著作权法规定的美术作品的条件，属于受著作权法及其实施条例保护的美术作品"[①]。而二审最高人民法院亦是从字库字体的制作过程出发，认为，"诉争方正兰亭字库由方正北魏楷体 GBK、方正细黑 GBK、方正剪纸 GBK，方正兰亭字库 V3.0 版中的方正隶变 GBK，方正兰亭字库 V1.0 版中的方正隶变 GB 字体（字库）组成。每款字体（字库）均使用相关特定的数字函数，描述常用的 5000 余汉字字体轮廓外形，并用相应的控制指令及对相关字体字型进行相应的精细调整，因此每款字体（字库）均由上述指令及相关数据构成，并非由线条、色彩或其他方式构成的有审美意义的平面或者立体的造型艺术作品，因此其不属于著作权法意义上的美术作品"[②]。

这种以作品产生过程所采用的方式、方法或手段的创造性来判定作品结果独创性的模式在其他类型的案例中同样存在，比如"爱如彩虹"案中，法院同样以"在摄像过程中进行了适应性的机位调整，或在后期制作中通过简单的剪辑和处理而形成的 MV，应认定为录音录像制品"[③]。因此，至少可以说，我国司法实践在部分类型的案例中（尤其是前述的体育赛事直播画面与字库独创性认定的案例），已经形成"以创作过程创造性判定结果独创性"的推理路径。

（二）"以创作过程创造性判定结果独创性"的路径对标准调适准则的背离

任何一种作品的独创性，都不能以作品产生过程中所采用的方式、方法与手段予以判断，亦不能以方式、方法与手段的采用是不是存在创作的空间予以判断。实际上，一种大致相同类型的作品，创作过程中所采用的方式、方法与手段大致是相同的；但与此同时，在具体创作过程中大致相同的方式、方法与手段总有变化与调整的空间。比如，电影作品所涉及的道具、布景、

① 北京市高级人民法院民事判决书，（2007）高民初字第 1108 号。

② 最高人民法院民事判决书，（2010）民三终字第 6 号。

③ 北京市西城区人民法院民事判决书，（2014）西民初字第 14133 号。

摄影等在安排上都是大致相同的，尤其是其中更为具体的类型诸如战争、警匪、爱情等类型的电影作品，在制作过程中所要采用的方式、方法或手段大致都是一样。从这个角度看，拍摄一部新的电影在方式、方法与手段上亦都没有太多的创作空间，但显然不能因为一部电影采用的方式、方法或手段与之前电影所采用的方式、方式或手段相同，就认为该部电影作品不具有独创性。否则，电影作品的独创性，就只能存在于该电影所基于的故事之中。果真如此，那电影作品著作权所保护的不就是作为故事的诸如小说、剧本了吗？再如美术作品，油画所采用的手法和国画中工笔画所采用的技法几乎完全如出一辙，如果针对是同一个意境花鸟的工笔，采用特定类型的工笔技法比如工笔淡彩，难道基于没有创作空间的绘画手法所产生的工笔画作品就不具有独创性吗？更为典型的例子是摄影作品，拍摄出相同效果的照片，摄影师利用摄影的设备、选取的角度、光线等摄影技术的安排上都大致相同，难道如此拍摄出的摄影作品就不具有独创性了吗？反之，如果从创作某个具体作品所采用的方式、方法与手段可以具体变化或调整的角度看，因为这些作品创作过程中所采用的创作手段、方式或方法的变化，便认定创作的结果具有独创性。实际上也可能存在方式、方法或手段的不同，但结果却完全没有独创性的情况。比如对一个景区的拍摄，尽管拍摄的方式、方法与手段与之前采用的不同，但呈现出的结果却只是完全客观真实的反映景区的实际状况，那么结果实际上并不具有独创性。

如此一来，因为独创性概念本身的不确定性，在司法实践中采用“创作过程创造性判定结果独创性”的路径，在“过程没有创造性或没有创作空间”否定“作品独创性”的判例中，自然就基于“过程未能体现作者个性”而否定“作品未能体现作者个性”，从而无法基于产业发展的需求调适独创性的判断标准，拒绝为产业发展需要著作权保护的对象提供保护。在“乐高”案再审中，法院认为，“由于涉案积木块是乐高公司积木块组合产品中的一个结构件，其并未表达出作者的任何独特个性和思想，亦不具备美术作品所要求的独创性，故不能作为美术作品而受到著作权法的保护”①。法院的这种逻辑同样隐含了“因为构件创作过程的过于简单而无法表达出作者的任何独特个性和思想”，至少是以隐含的“创作过程判定结果独创性”将这种产业需要保护的构件排除在著作权的保护之外。因为该种裁判路径所致的背离作品独创性判断标准调适的准则，导致著作权法的司法实践拒绝产业发展对诸如体育赛事直播画面、产品结构件等对象的保护需求，从而导致确实未能体现作者个性但可能具有德国司法实践中“小硬币厚度”独创性作品或者美国司法实践中具有“至少一点儿创造性”的作品，未能获得著作权保护。但谁又能确定，在德国司法实践因为“小硬币厚度”独创性所保护的电话号码簿，其独创性就一定比乐高玩具中涉案构件的独创性要高呢?② 非但如此，我国司法实践甚至出现因为“过程创作的空间有限而要求较高的独创性”方可获得著作权保护的高独创性标准，即不但要求作者体现作者个性，而且要求作品的独创性高度。比如，前述新浪公司诉天盈九州公司体育赛事直播画面侵权纠纷案的二审判决中，法院认为，“即便不仅仅考虑被上诉其所举的四个画面，而考虑全部的四分钟集锦，其可能具有的独创性程度亦不足以使整个赛事直播连续画面符合电影作品的独创性高度要求；……基于上述因素的考虑，本院认为，上述事例中无法看出在特写对象的选择上体现了较高的独创性。……鉴于前文中本院已指出此类赛事公用信号承载的连续画面因受到若干客观因素限制，通常较难达到电影作品的独创性高度要求，而针对涉案赛事连续画面，被上诉人未能合理说明其未受上述客观因素限制，或存在其他具有较高独创性的情形，故涉案两场赛事公用信号所承载连续画面并未达到电影作品所要求的独创性高度”③。判决书中共有八处直接使用了“较高的独创性”，尤其是“可能具有独创性程度不足以是使整个赛事直播连续画

① 最高人民法院民事裁定书，(2013) 民申字第1358号。

② 当然，如果认为乐高玩具构件不属于文学、艺术与科学领域的作品，属于工业领域的产品，自然可以直接排除在著作权保护之外，无须讨论其是否具有独创性。

③ 北京知识产权法院民事判决书，(2015) 京知民终字第1818号。

面符合电影作品的独创性高度要求”的表述，足以表明法院不但要求作品具有独创性，而且要求达到电影作品的独创性高度。这实际上完全背离作品独创性判断应根据产业发展予以调适的基本准则，将产业发展需要著作权保护的对象（体育赛事直播画面）排除在著作权保护之外。

反过来，如果单纯基于作品创作过程所采用的方式、方式或手段的变化或所谓的创作空间，就认定作品具有独创性，则可能导致本身并无独创性的作品被认定具有独创性，将公有领域的资源划归著作权人独占，背离了作品独创性判断标准的调适，应该以不障碍产业领域公平竞争以及不浪费不必要的重复投入为基本准则。比如在中经网公司诉中华网公司著作权纠纷案二审中，法院认为，“独创性是指一部作品是经作者独立创作完成的。一是要求作品具有非抄袭性，并不要求作品具有创作高度；二是要求作品之中必须包含作者的判断”。因为“中经网公司带有主观性的差值填补、季节调整才使图表中某些‘点’的位置的安排体现了与其他公司所制作的图表的区别”而具有作者的判断，从而认定涉案图表具有独创性。① 这显然是仅以作品创作过程的作者判断作为独创性判定标准的典型案例。实际上，如果以创作过程作者的判断为独创性判定的标准，似乎没有哪个作品是不包含作者判断的。比如将全国各种类别城市某年度 GDP 总量进行排名，若全部选县级市，这显然也有作者的判断，那么这种排名的图表也应该获得著作权保护吗？只要有人统计出该结果之后，他人便不能直接利用吗？这极有可能退回到美国 1991 年 Feist 案之前的“额头出汗理论”，作者的判断也许仅仅只是一种“额头出汗”，因为 Feist 案之前的判例中，“作者的判断、辛勤收集以及技巧性劳动的投入”都是“额头出汗理论”的典型表达。类似的案例还有“嘉禾公司诉象山公司著作权侵权纠纷案”，一审法院认为，“本案嘉禾公司的上述英文地球仪地图其独创性主要体现在其对地理要素的综合取舍、地理要素的表现形式，即嘉禾公司对不同地域的具体颜色处理、画法，对山脉、湖泊、岛屿、城市

① 参见北京市高级人民法院民事判决书，（2002）高民终字第 368 号。

等地名的地图数据的取舍及这些地图数据的具体表现形式，这些表现形式反映了编制者在表现地理要素时的独创性，应受著作权法的保护”①。该法院推理表明，该案又是一个典型“以创作过程创造性判定结果独创性”的案例。一审法院显然以对地图数据的取舍具有创造性而判断结果具有独创性，不顾“嘉禾公司利用各类公开出版的地图，将已有的公开的地图表达素材进行简单的整合”② 的事实。如果该案不是二审法院改判涉案地图不具有独创性，不应获得著作权保护，一审法院该种“以创作过程创造性判定结果独创性”的推理逻辑将使原告以著作权的方式将公有领域的资源独占，从而导致该领域的不公平竞争以及浪费不必要的重复投入。

“以创作过程创造性定结果独创性”的逻辑路径，必然因为过程没有创造性或过程没有创造空间，而认定结果本身不具有独创性被认定没有独创性或未能达到独创性的高度，拒绝为产业发展需要保护的对象提供著作权保护，从而背离独创性标准的调适应该契合产业发展需求的准则。这种逻辑路径还会导致走向相反的对立面，因为“过程有创造性”而认定原本不具有独创性的作品被认定具有独创性，从而使公有领域的资源被以著作权的方式独占，浪费不必要的重复投入，背离了独创性判断标准调适的第二个准则。

四、作品独创性标准调适准则的遵守路径

如前所述，独创性的判断“以创作过程创造性判定结果独创性”的路径，背离作品独创性判断标准的调适准则。要遵守“独创性标准调适契合产业发展需求”和“不障碍相关产业公平竞争以及不浪费不必要的重复投入”的准则，首先需要回归“以作品本身”判断作品的独创性；其次建立“排除法”的推理路径，以判断特定作品是否具有独创性。

---

① 宁波市中级人民法院民事判决书，（2006）甬民四初字第195号。

② 该案二审判决书，即浙江省高级人民法院民事判决书，（2007）浙民三终字第287号。

（一）回归“以作品本身判定独创性”

实际上我国司法实践中亦有对独创性的判断是根据作品本身以决定作品是否具有独创性，而不是根据作品创作过程来判定作品独创性的经典案例。福建省高级人民法院裁判的某陶瓷著作权纠纷案就是其中的典型案例。该案中法院认为，“涉案三件作品采用的工艺是在陶瓷上施以铁锈釉，达到仿古效果。上述作品的制作工艺虽然并非被上诉人独创，作品在组成元素上也借鉴了前人的创作，并融入公知领域的一些成分，但被上诉人在具体陶瓷造型上通过施以铁锈釉所形成的一个全新作品，仍然体现了创作者在已有作品基础上的特有构思和再创作，而且受著作权法保护的是作品本身的表达方式，而非制作该作品的工艺，故应认定涉案作品具有独创性”①。该案法院对独创性判断的说理表明，即便是被上诉人采用的制作工艺非被上诉人所独创，作品构成的元素也有借鉴前人的创作，且融入公知领域的一些成分，但因为其结果“在具体陶瓷造型上通过施以铁锈釉所形成的一个全新作品”，从而认定被上诉人所制作的陶瓷具有独创性。因此，该案可以说是以结果的“独创性”来判定作品独创性的典范。如果该案“以创作过程创造性判定结果独创性”为路径，那么判定的结果会完全相反。因此，应该废弃“以创作过程创造性判定结果独创性”的推理路径，回归“作品本身”来判定作品的独创性。

（二）独创性判断的“排除法”推理逻辑

作品独创性并未形成具有稳定内涵的法律概念，不同类型的作品涉及不同领域的作品，法官不可能是所有领域的专家，司法实践中贸然认定某个作品不具有独创性或具有独创性，都不是明智的。为此，在判断作品是否具有独创性时，应该采用排除法，按照司法实践已经形成的稳定规则，将明显不应保护的予以排除。根据2020年《著作权法》第3条对作品的定义，作品受著作权保护的条件除独创性之外，还有文学艺术与科学领域、一定表现形式

① 福建省高级人民法院民事判决书，（2013）闽民终字第1044号。

与智力成果等三个条件。其中"文学艺术与科学领域"的条件，是将文学艺术与科学领域的作品与工业生产领域的制品相区别。尽管该种区别判断上确实有模糊之处，但相对于独创性这个完全不确定的概念，基本上可以通过物理上或观念上的美学界定，将工业上的制品排除在外。① 而"智力成果"，主要是指人的智力成果，尽管当前有关人工智能创作物是否应该认定为人的成果有诸多的争议，② 但本质上是否为一个"自然人"的智力成果实际上是清晰的。"一定表现形式"实际上是"思想与表达"二分的另一种表达，即思想不受保护。当然，思想与表达之间的划界同样是个世界难题，美国学术界甚至有将思想与表达二分原则比作"与幽灵对话"。③ 因此，"文学艺术与科学领域"与"智力成果"相比"独创性"与"一定表现形式"而言，显然更为容易判断。因此，应该通过"排除法"，首先判断诉求保护的作品是否符合"文学艺术与科学领域""智力成果"这两个条件，只要不符合其中任一条件，则直接判定不构成著作权保护的作品，无须继续判断是否符合"一定表现形式"与"独创性"的条件；如果符合该两个条件，继续利用"思想与表达"二分原则，排除不属于表达的部分；如果排除之后的结果是非复制内容，就认定其具有独创性。从而尽量避免由法官正面判定某个作品是否具有独创性。利用思想与表达二分原则的具体步骤如下：第一，应该通过思想与表达二分原则，将明显不应该纳入保护的排除在外。尽管思想与表达之间

---

① 一般而言，作品与工业领域的制品之间的区别是清晰的，即便是处于模糊地带的实用艺术作品，著作权法理论上也通过物理上或观念上认定是否具有可分离的美学观念，认定是否应该纳入著作权保护。比如美国通过判例，确认实用艺术作品获得版权保护的两个条件为：其一设计可以与物品的实用功能在观念上相分离；其二分离出的设计符合版权保护的条件。See *Universal Furniture Int'l, Inc. v.* Collezione Europa USA，Inc.，618 F. 3d 417，432（4th Cir. 2010）.

② 比如易继明教授认为，不能因为人工智能不是自然人，而否定人工智能创作物的可版权性。参见易继明：《人工智能创作物是作品吗?》，载《法律科学（西北政法大学学报）》2017 年第 5 期。熊琦教授认为，将人工智能创作物之著作权归属于人工智能的所有者。参见熊琦：《人工智能生成内容的著作权认定》，载《知识产权》2017 年第 3 期。这种观点上所谓人工智能停留在工具意义上，同人用电脑、钢笔创作，并无本质区别。

③ See Leslie A. Kurtz，*Speaking to the Ghost*：*Idea and Expression in Copyright*，47 U. Miami L. Rev. 1221，1221（1993），p. 47.

的界分在著作权法学界有“与幽灵对话”般的高深莫测，但正如美国版权法专家Goldstein所言，思想和表达应该理解为一部作品中“不受保护的要素”和“受保护的要素”的隐喻（metaphor），从而启发性概念、基本创作要素和解决方案都属于思想的范畴，启发性概念是作品所表述的一种有价值的市场概念。基本创作要素可以根据不同作品的类型，有不同的要素，文学作品不受保护的创作要素主要有作品的主题、抽象情节、常见角色和布景等，以及少量词语的结合（比如作品标题）等；图形作品，简单的色彩和构图要素等；音乐作品的节奏、音符与和声等。解决方案主要指工艺流程、操作方法、技术原理或科学发现等。[①] 因此，在判断一个作品独创性时，应该将这些要素予以排除。我国亦有将思想排除在著作权保护之外的典型案例，在“孟某诉石家庄棉纺四厂”一案中，法院以“原告论文中所反映的技术思想，为关于‘吊综装置’这种织布机部件构造及其设计的说明，这种技术思想并不为著作权法所保护”[②]。第二，基于思想与表达二分原则所衍生出的合并原则，将合并原则下产生的表达排除在著作权保护之外。如果思想（或系统、程序或运行方法）只有一种有效的表达，“思想表达”就被认为是合并的（merge）；当发生这种情况时，该作品便不能获得著作权的保护，如果允许在这种情况下提供著作权保护，将会导致该种思想的供给不足，对其保护与因为该种保护所产生垄断的社会成本不对等，并由此导致著作权保护与专利保护的重叠。[③] 因此，存在合并原则的情况下，应该排除著作权的保护，自然无须判断该种情况下的表达是否具有独创性。第三，由思想与表达二分原则衍生出的另一个原则是功能性作品原则，即将具有功能性作品排除在版权保护之外，诸如计算机软件、建筑方案以及法律形式等实现特定任务以及获取特定成果

---

① See Paul Goldstein, *Goldstein On Copyright* (*Third Edition*), Volume 1, Wolters Kluwer (2007), 2.3.1.

② 参见最高人民法院中国应用法学研究所：《人民法院案例选》（总第31辑），人民法院出版社2000年版，第237页。

③ See Marshall A. Leaffer, *Understanding Copyright Law*, LexisNexis, 2014, p.146.

的作品，便是功能性作品，比如美国法院就将食谱排除在著作权保护之外。[①] 将该种功能性作品排除在著作权保护之外，也是将专利的保护与作品的保护予以界分。第四，思想与表达二分原则还衍生出场景原则（Scènes à Faire），根据该原则，应该属于特定类型作品表达必须的场景排除在保护之外。根据该原则，法院不保护作品表达所必须的场景，对于诸如小说与戏剧之类的虚构小说，对于基本的情节、事件以及人物特征，都不在版权保护范围。在美国诞生该原则的判例中，原告 Cain 是一名著名的作家，写作过最有名的小说是《邮递员总是按两次门铃》（The Postman Always Rings Twice），其跟电影公司有过很多合作。其于 1937 年写作了小说《小夜曲》（Serenade），并于该年 1 月登记了版权。1938 年 11 月，原告将小说版权转让给电影公司（universal pictures corporation），被命名为《现代灰姑娘》（Modern Cinderella），经历多次编剧与导演的尝试后该剧最后的命运不得而知。1939 年 8 月，该公司发行电影《当明天到来》（When Tomorrow Comes），并在电影上表明以 Cain 的故事为基础。原告 Cain 认为电影侵犯其《小夜曲》的版权，认为电影中教堂系列来源其书中的教堂系列。法院认为，该案必须回答场景、人物与事件的相似性是否构成对版权剧本的盗版？主审法院法官认为，《小夜曲》不能基于“事件与不道德的人物”主张版权保护，并认为教堂系列主要用于对不道德的人通过死亡或其他悔罪的方式的场景，原告并不能享有独占的权利。[②] 因此，作品独创性的判断，应该排除其中必须使用的人物、事件以及场景。

为此，作品独创性的判断，首先应回到作品本身，判断其是否符合“文学艺术与科学领域”与“智力成果”条件的前提下，再根据思想与表达二分原则及其所衍生的合并原则、场景原则与功能性原则，将不应保护的予以剔除。最后所剩的内容如果构成一个非复制的内容，则可以认定该作品具有独创性。这样可以尽可能减少法官正面判断一个作品是否具有独创性的概率。

---

① See Publications Int'l, *Ltd. v. Meredith Corp.*, 88 F. 3d 473 (7th Cir. 1996).

② See *Cain v. Universal Pictures Co.* 47 F. Supp. 1013, 1017 (S. D. Cal. 1942).

比如著名的“娃哈哈”著作权侵权纠纷案，其实是可以避免正面判断“娃哈哈”是否具有独创性。① 可以基于“娃哈哈”是“娃娃笑哈哈”的紧缩词，将“娃娃笑哈哈”这种思想所进行的紧缩表达，实际上只有这一种紧缩的表达方式。因此，可以直接根据“合并原则”将其排除在著作权保护之外，无须判断“娃哈哈”三个字是否具有独创性。再如新近有关体育赛事直播画面的独创性判断问题，首先，通过“文学艺术与科学领域”与“智力成果”条件进行过滤，符合该两个条件之后，继续判断其是否符合“一定表现形式”与“独创性”条件。其次，根据思想与表达二分原则及其衍生的合并原则、场景原则以及功能性原则，将体育赛事直播画面中属于那种被告必须利用的画面（比如属于合并原则的进球回放，其必须利用的慢镜头）、具有功能性的机位选择方案以及体育赛事必然涉及的程序（比如足球比赛中的选边、中圈发球等属于场景原则）排除著作权保护之外。再回到画面本身，而不是看录制画面所使用的方式、方法或手段，诸如机位的选择与角度的选择等方面是否具有创造的空间，不能以这些方式、方法与手段的创造空间有限就认定直播画面不具有独创性；也不能以这些方式、方法与手段的可变性或可选择性就认定直播画面具有独创性。将前述内容排除之后，如果剩下的画面还是非复制内容，则应认定体育赛事直播画面具有独创性。就前述争议的新浪公司诉天盈九州公司体育赛事直播画面而言，回到体育赛事直播画面本身之后，

① 该案终审法院认为，“著作权法保护作者的创作成果，保护以一定表现形式反映特定思想内容的作品。为此，在确定著作权法保护对象时，应当首先确定要求保护的作品或作品的一部分是否是作者全部思想或者思想实质部分的独特表现。从语言文字学的角度看，‘娃哈哈’是‘娃娃笑哈哈’的紧缩句式。‘娃哈哈’作为歌曲中的副歌短句、歌词的一个组成部分，其重要性主要在于歌词中起上下句歌词的连接作用，所表现的内涵并不是作者思想的独特表现，也无法认定其反映了作者的全部思想或思想的实质部分。因此，原告以紧缩句‘娃哈哈’一词主张其拥有著作权，与我国著作权法的规定不符，本院难以支持”。这种判断是明显的事后“诸葛亮”，在该案原告将“娃娃笑哈哈”紧缩为“娃哈哈”之前，似乎并没有人把“娃娃笑哈哈”紧缩为“娃哈哈”如此精确与活泼的表达。原告曾经主张，“‘娃哈哈’既是歌名，又是其中的歌词，系原告独创，表达娃娃欢乐的样子，是歌词的精华部分”。这难道不能反映恰好是作者的独特表现吗？只能说明，实际上独创性并不确定是法官可以胜任的任务。该案判决的详细推理，参见上海市第二中级人民法院民事判决书，（1998）沪二中知初字第5号。

将中超赛事必须中圈开球、犯规与进球的慢动作回放等[①]足球赛事必须有的录制程序或过程或环节排除之后，如果所剩下的内容不是复制于已有赛事直播画面内容，便可以认定该录制的体育赛事直播画面具有独创性。这样一来，既不会把产业发展需求保护的对象拒绝在版权保护之外，又不会导致赋予著作权保护障碍公平竞争与浪费不必要的重复投入。

五、结论与讨论

尽管独创性在立法上是一个内涵不确定的概念，其被认为，“一方面，原创性（独创性）要求的核心作用与其所产生的质疑并不相符，这是一个非常突出而且令人不适的问题。而另一方面，又可使法院在处理这类问题时相对不受拘束，因为不严密的法律术语提供了解释上的自由”[②]。然而，著作权法的司法实践无法回避作品的独创性判断问题。独创性的内容在司法实践中的判断标准一直在调适，调适的基本准则既要契合传媒产业的需求，又不障碍相关产业领域的公平竞争和防止浪费不必要的重复投入，本质上确实促进传媒产业的发展。我国司法实践当前在部分判例中，形成“以创作过程创造性判定结果独创性”的裁判路径，导致司法实践对独创性判断标准偏离独创性标准调适的准则。为遵守独创性判断标准调适的准则，首先应该回归“作品本身”判断独创性；再根据思想与表达二分及其衍生的原则，将不属于著作权保护的内容予以排除，尽量避免由法官正面认定特定作品是否具有独创性。如果排除之后剩下的内容，构成非复制内容，便可以认定该作品具有独创性。如此，既不会拒绝对产业发展需要保护的对象给予著作权保护，也不会因为赋予著作权保护而障碍公平竞争与浪费不必要的重复投入。

此外，客体制度中思想与表达二分原则是著作权法的一项基本原则，而

① 主要是在比较两个画面是否构成实质性相似时，不能以另一个画面也有这些环节便认定构成实质相似。

② ［西班牙］拉蒙·卡萨斯瓦勒斯：《原创性要求》，载［英］埃斯特尔·德克雷主编：《欧盟版权法之未来》，徐红菊译，知识产权出版社2016年版，第73页。

"思想与表达"之间的划界，同样应契合传媒产业的发展状况。尽管该原则在不同国家立法中的表述并不完全一致，① 但基本含义是著作权只保护独创性表达，不延及思想、程序、操作方法等，将思想排除在著作权的保护之外，本质上同独创性制度一样，亦是著作权客体制度之一。思想与表达之间的界分在著作权法学界素有"与幽灵对话"般的高深莫测，甚至美国法官在判决中认为，思想表达的界分并不是一种能够确定特定作品版权保护范围的工具，而是一种相事后的（ex post facto）描述，即如果判定特定作品被其他作品侵权，那么该作品就被视为可版权性的表达；相反，如果判定不构成侵权则被认定为思想。② 中国亦有学者认为，"思想与表达二分法"仅仅是价值判断之后的修辞技巧，而不是关涉事实认定的科学标准。③ 然而，不能以某个规则的模糊性就否认这个规则的存在，果真如此，立法中所有模糊的概念都将成为法官司法判断的修辞乃至说辞，比如刑法中主观方面的故意或过失的判断、民法上的过错，因为本身的模糊而只是法官司法判断的修辞，那么这些在刑法或民法上如此重要的概念，亦不应继续存在。正如论者所言，"模糊现象的存在并不是人类的懒惰或对客观现象认识的不足。社会现象以及建立于其基础上的社会科学在很大程度上是无法采取精确的手段明确地刻画、准确地'测量'的，模糊区的存在是必然的"④。实际上，与法律上诸多模糊性的概念一样，思想与表达之间界分的困难并不能否认思想、表达及其之间界分的本身存在，因为任何表达都是从思想开始的，正如学者所言，"思想就是思想，表达就是表达"。⑤ 因此，尽管思想与表达界线划分存在困难，但至少可以把一些基本的要素从表达中划出，从而使著作权保护的排除对象在某

---

① 比如《美国版权法》第102条（b）款规定，著作权对独创性作品的保护不延及任何思想、程序、步骤、系统、操作方法、概念、原则或发现，无论其何种方式描述、解释、说明或内嵌于作品之中；类似的立法表述见于《巴西著作权法》第8条、TRIPs第9条第2款以及WCT的第2条。

② *Herbert Rosenthal Jewelry Corp. v. Kalpakian*, 446 F. 2d 738, 742 (9th Cir. 1971).

③ 熊文聪：《被误读的"思想/表达二分法"——以法律修辞学为视角的考察》，载《现代法学》2012年第6期。

④ 杨述兴：《论著作权法中的作品概念》，中国人民大学2005年博士学位论文，第135页。

⑤ 卢海君：《论思想表达两分法的法律地位》，载《知识产权》2017年第9期。

种程度上是清晰的。美国著作权法权威学者 Paul Goldstein 认为，思想和表达应该理解为一部作品中“不受保护的要素”和“受保护的要素”的隐喻（metaphor）。[①] 其进一步认为，启发性概念、基本创作要素和解决方案都属于思想的范畴。[②] 因此，无论是各国著作权法的立法表述，还是承认思想与表达二分原则的权威学者，实质上都是从著作权排除保护的要素或对象，来界定思想与表达二分原则。思想与表达二分原则的根本目的在于将某些特定的要素从著作权的保护中排除出去，各国著作权法对思想与表达二分原则采取“著作权的保护不延及”的立法表述，已经非常明确地表明该目的。

将思想排除著作权的保护范围，在英国著作权诞生时期是为了应对著作权反对者的观点——文学财产可导致所有人对思想观念的控制，思想观念的垄断是非常危险的行为，支持者则认为文学财产只保护思想的表达，而不是思想与观念本身。[③] 因而，思想与表达二分原则成为表达自由的保护规则。论者认为，著作权阻碍表达自由的观点似乎是难以置信的，因为考虑到著作权法奠基性原则是说著作权不对思想与事实进行垄断，仅仅垄断作者的表达。[④] 因此，将思想排除在保护之外，可以保护表达自由。由于著作权作品本身亦是信息的载体，将思想排除在著作权的保护范围，更有利于相同主题思想不同表达的创造，本质上会增加信息的供给，有利于信息流动，促进公众对信息的获取。此外，将思想排除在著作权保护之外，其主要是将诸如技术方案、商业活动方案与思维方法等排除在著作权保护之外，可以有效地将

---

① See Paul Goldstein, *Goldstein On Copyright* (*Third Edition*), Volume 1, Wolters Kluwer (2007), 2.3.1.

② 启发性概念是作品所表述的一种有价值的市场概念；基本创作要素可以根据不同作品的类型，有不同的要素，其认为，文学作品不受保护的创作要素主要有作品的主题、抽象情节、常见角色和布景等，以及少量词语的结合（比如作品标题）等；图形作品，简单的色彩和构图要素等；音乐作品的节奏、音符与和声等；解决方案主要指工艺流程、操作方法、技术原理或科学发现等。See Paul Goldstein, *Goldstein On Copyright* (*Third Edition*), Volume 1, Wolters Kluwer (2007), 2.3.1.

③ 参见［澳］布拉德·谢尔曼、［英］莱昂内尔·本特利：《现代知识产权法的演进：1760—1911 英国的历程》，金海军译，北京大学出版社 2006 年版，第 39 页。

④ See Robert Burrell & Allison Coleman, *Copyright Exceptions*: *The Digital Impact*, Cambridge University Press, 2005, p. 20.

著作权保护的范围与专利保护的范围予以区分，使著作权的保护不延及工业制造领域。国内外都有非常经典的案例，通过思想与表达的二分原则将属于工业技术领域的解决方案排除在著作权保护之外，比如在美国的 Muller v. Triborough Bridge Auth 一案中，原告拥有著作权的作品中，描述一种避免交通堵塞的桥梁设计，被告在具体桥梁设计中利用了作品中这一方案，法院最后认定被告只是利用了原告的技术方案，不构成著作权侵权。① 中国亦有典型的案例，在“孟某诉石家庄棉纺四厂”一案中，法院以“原告论文中所反映的技术思想，为关于‘吊综装置’这种织布机部件构造及其设计的说明，这种技术思想并不为著作权法所保护”②。从而认定被告的行为不构成对原告版权的侵权。思想与表达二分原则将著作权的保护限于文学艺术领域，使著作权的保护与专利的保护获得清晰的界分，防止著作权障碍工业制造领域的产业发展。因此，思想与表达二分原则契合制造产业与传媒产业各自的发展需求。

而同等重要的是，将思想排除在保护之外，本质上亦契合传媒产业发展所需要的降低创作成本，契合传媒产业自身的发展需求。法律经济学的研究表明，如果保护第一作者在作品中所表达的思想，会增加后续表达类似思想创作者的表达成本，从而减少新作品的数量，整体上可能降低社会福利。③ 从反面看，将思想排除在著作权保护之外，有利于降低传统媒体时期“读—写”创作模式的创作成本。在传统媒体时期，尽管单从符合著作权保护前提，即独创性来讲，几乎所有人都可以成为创作作品的作者，但如果从作品的市场价值来看，作品的创作还是呈创作职业化（creative professionals）形态，④ 绝大多数情况下，只有该部分群体所创作的作品才具有市场价值。而

---

① See *Muller v. Triborough Bridge Auth*, 43 F. Supp. 298 (S. D. N. Y. 1942).

② 参见最高人民法院中国应用法学研究所：《人民法院案例选》（总第31辑），人民法院出版社2000年版，第237页。

③ See William M. Landes & Richard A. Posner, *An Economic Analysis of Copyright Law*, The Journal of Legal Studies Vol. 18, No. 2 (Jun., 1989), p. 348.

④ 创作职业化是指作者的主要收入来自有价值与大众欢迎的创作作品，通过创作活动以维持生计。Robert P. Merges, *The Concept of Property in The Digital Era*, 45 Hous. L. Rev. 1239 (2008), p. 1250.

创作的职业化，意味着必须经过一定的专业训练与一定时间积累方可成为职业化的创作者。而作品的一般用户，如果其未能经过专业化训练与一定的时间积累，难以成为职业化的创作者。因此，传统媒体时期，主要是在“读—写”模式下进行创作，创作的成本高昂。将思想排除在著作权的保护之外，有利于增加产业领域的作品数量。对于以作品数量为基石的传媒产业，数量的增加必然有利于产业的发展。尽管著作权的独创性允许“撞车”的作品，也可以获得著作权保护，但正如费罗基俄教达芬奇画鸡蛋之故事所表明的观点一样，即1000个鸡蛋中没有两个鸡蛋是完全一样的，对于非事实性消息的描述，产生都具有独创性相同表达的概率，便是存在，亦是非常低。而思想与表达二分原则又将客观事实的表达、唯一或仅有的少量表达、表达的场景、操作规则以及技术方案排除在表达之外，思想与表达二分原则实质上增加不同表达的数量，这正是传媒产业自身发展所需要的。尽管新媒体部分改变了作品的创作模式，创作成本降低，创作速度增快，但依然需要思想与表达二分原则，将归属于“思想”的内容排除著作权保护之外，才能让新媒体技术带来的快速创作，具有更多可利用的创作素材，从而利于基于新媒体技术的传媒产业发展。

当然，不可否认的是，思想与表达二分的界线难以划定，正如Hand法官在著名的Nicholes v. Universal Pictures Corp案中所提出的一样，“我们和所有人一样，知道在哪里划定该条线是武断的。然而，这不能成为我们不划这条线的借口”①。中国亦有学者认为，在受保护的具体表达和不受保护的抽象思想之间，并不存在清晰的界限，法院只能根据相关行业的共识自由裁量。② 不过，或许正因为思想与表达二分的界线难以划定，法院可以有更大的自由裁量在具体案例中进行对思想与表达之间进行划线，即根据产业发展的需要进行适当的划界。比如，在电视节目模式保护问题上，法院便可以根据电视节目产业的状况进行适当划界，如果电视节目雷同相对较多，则可以把思想

① See *Nichols v. Universal Pictures Corporation*, 45 F. 2d 119 (2d Cir. 1930).

② 参见崔国斌:《著作权法:原理与案例》，北京大学出版社2014年版，第43页。

与表达的界线划在离“思想”的方向更近一些，使电视节目模式的保护范围相对宽一些，将过多雷同的节目排除出电视节目市场；如果电视节目模式匮乏，则可以把分界线划得离“表达”的方向更近一些，使电视节目模式的保护范围相对窄一些，这样电视市场节目更为丰富。司法实践中，还可以根据作品独创性的高低，通过思想与表达之间界线的划分，使独创性高的作品获得更宽的保护范围，而独创性低的作品获得相对较窄的保护。这种规则，实际亦以特定领域产业的发展状况为基础。

思想与表达二分原则将思想排除在著作权保护之外，保护相同主题不同表达的自由，契合信息流动，即公众获取信息的需要；将解决方案等归入思想的范畴，使著作权与专利的保护范围得以切割，著作权不致成为工业制造领域产业发展的障碍，思想与表达二分原则的划界实际上契合不同领域产业的发展需求。同时，在传统媒体时期“读—写”创作模式中，通过将思想排除在保护之外以降低创作成本，增加作品的数量，契合传媒产业自身发展所需要作品数量的增加；新媒体尽管改变了作品的创作模式，降低作品成本并提高作品创作速度，但依然需要充分利用思想与表达二分原则所排除在“表达”之外属于“思想”范畴的内容。最为重要的是，思想与表达之间界线划分的不确定，其可以根据产业发展的状况，调整思想与表达之间界线划定的位置，以顺应传媒产业的发展。也可以说，是因为产业发展的要求客体制度必须设立思想与表达二分原则，并使思想与表达之间的界线划分具有不确定性，或者说思想与表达二分原则的逻辑基础是不同产业的发展及其发展状态。因此，应该根据传媒产业的发展状况，划定思想与表达之间的界线。

第三章　非例示类型作品司法适用的逻辑前提及其认定规则*

一、问题的提出

作品类型制度的调整可能是在《著作权法》2020年修正轮次中立法者最为纠结的问题：2014年6月6日原国务院法制办公布的《著作权法（修订草案送审稿）》开始放弃作品类型法定，该送审稿第5条第16项规定为“其他文学、艺术和科学作品”，意味着非例示类型作品获得著作权保护无须“法律、行政法规的规定”。然而，2020年4月30日全国人大常委会法制工作委员会公布的《著作权法修正案（草案）》将第3条继续保持作品类型封闭式列举的规定，对第3条第9项的规定未作任何修改。2020年8月8日全国人大常委会法制工作委员会公布的《著作权法修正案（草案）》却又将第3条第9项调整为“符合作品特征的其他智力成果”。这一表述成为2020年11月11日通过修正的《著作权法》有关作品类型制度的最后版本。立法者修法过程中的这种纠结反映了我国知识产权理论界对于作品类型应否法定的正反观点以及与该种正反观点所对应的不同司法观念。

著作权法理论界对作品类型是否应该法定有两种观点。一种观点认为，作品类型应该绝对的法定。这种观点不仅仅是基于实然层面上2010年《著作权法》第3条关于作品类型的立法规定，而且认为在应然层面上作品类型也

* 本章主要内容已发表，收入本书进行细微的修改与调整。参见刘铁光：《非例示类型作品与例示类型作品之间的司法适用关系》，载《法学评论》2023年第4期。

应该法定。持该种观点的王迁教授认为，“著作权法定”必须包括客体法定，对于那些当事人通过合同自行约定的“作品”，只要其不属于《著作权法》承认的作品，法院就不得将其认定为作品并提供保护。这是著作权法定的应有之义，也是著作权种类和内容法定的先决条件。① 该种观点得到2020年修正之前的《著作权法》第3条规定的支持：从我国1990年首次颁布的《著作权法》一直到2010年修正的《著作权法》规定作品类型的第3条，在表述上始终坚持作品类型法定。② 其“包括以下形式”的表述表明，如果不是该条“以下”所规定形式的作品，则不应该受著作权法保护，尤其是第9项“法律、行政法规规定的其他作品”的表述表明如果某种作品不是“法律、行政法规规定”的作品，就不属于著作权法所保护的作品。至于2010年《著作权法》第12条所规定的演绎作品、第13条所规定的合作作品以及第14条所规定的汇编作品，亦应划归到第3条明确列举类型的作品中，方可受著作权保护。即便是对于不受著作权保护内容的汇编形成了汇编作品，亦应该根据汇编的内容，将其归属于汇编的文字作品、电影作品（包括类电作品）或音乐作品等第3条明确列举的8种类型作品。因此，受我国《著作权法》所保护的作品，有且只有第3条所列举的8种类型作品。孟勤国教授早在1996年就认为《著作权法》第3条对作品类型列举的规定是闭合式的规定。③ 陈锦川法官亦认为，“这一规定（指《著作权法》第3条第9项的规定）清楚明白的表明，我国《著作权法》所保护的作品必须也只能是属于（一）到（九）项所列举的作品类型，而第（九）项的作品又必须以法律、

---

① 参见王迁：《论作品类型法定——兼评“音乐喷泉案”》，载《法学评论》2019年第3期。

② 《著作权法》在2001年修正时，对第3条有关作品类型的规定进行了部分调整，调整的内容包括：(1) 在第3项增加了杂技艺术作品；(2) 删除第5项中的录像作品，在第4项所规定的美术作品中增加了建筑作品；(3) 将摄影作品单列；(4) 将工程设计、产品设计与地图、示意图等合并为图形作品和模型作品等。但并未改变该条第9项规定的“法律、行政法规规定的其他作品”的表述。《著作权法》在2010年第二次小范围的修正，实质上是履行WTO专家组针对中国《著作权法》第4条裁定的义务，并未涉及作品类型制度。因此，从1990年《著作权法》颁布伊始直到2020年修正，我国《著作权法》一直坚守着作品类型法定。

③ 参见孟勤国：《也论电视节目预告表的法律保护与利益平衡》，载《法学研究》1996年第2期。

行政法规规定为前提，法院不能也无权在上述规定之外创设新的作品类型”①。这一观点本质上坚持作品类型的绝对法定，即除第3条列举的作品类型之外，在没有法律、行政法规规定的前提下不存在其他应受著作权法保护的作品。司法实践中，对于不能划归法定类型的作品不应受著作权法保护，亦不能适用第9项的规定予以保护。这种观点也确实反映了立法者的本意，因为由全国人大常委会法制工作委员会编制的《中华人民共和国著作权法释义》解释认为，“能否认定为著作权法所指的其他作品，必须由法律、行政法规规定，不能由其他规范性文件规定，以保证法制的统一”②。坚持作品类型绝对法定司法观念最为典型的便是“音乐喷泉”案的二审判决。该案中一审法院适用2010年《著作权法》第3条第9项，即法律、行政法规规定的其他作品，对“音乐喷泉”予以著作权保护。③ 然而，该案二审法院尽管将“音乐喷泉”解释为“美术作品”予以保护，但其明确表明：“由于这种‘其他作品’有‘法律、行政法规规定’所设定条件的限制，特别是《中华人民共和国著作权法释义》明确强调了必须由法律、行政法规规定，这意味着在立法之初就明确限制在司法实践中对该条款进行扩大解释。所以，在目前尚无法律、行政法规明确增加了其他具体作品类型的情况下，在司法裁判中适用该条款是立法明确排除的。”④ 因此，在作品类型绝对法定的理论指引下，司法实践中有一种司法观念，即坚持诉请保护的作品必须属于法定列举类型的作品方可受著作权法保护，法定类型就成为作品受著作权法保护的前提条件。

另一种观点则认为，作品类型不应该坚持绝对的法定。这种观点认为应该以作品的法定类型清单作为指南，无法归位于法定类型作品的表达应作为作品性存疑的考量因素，对于立法已经明确排除在作品之外的对象（比如表

① 陈锦川：《法院可以创设新类型作品吗?》，载《中国版权》2018年第3期。

② 胡康生编：《中华人民共和国著作权法释义》，法律出版社2002年版，第21页。

③ 参见北京市海淀区人民法院民事判决书，（2016）京0108民初15322号。

④ 北京市知识产权法院民事判决书，（2017）京73民终字第1404号。

演）不得予以著作权保护。但该种观点认为“绝对作品类型法定主义”违反作品的例示性，当立法没有明确排除的新表达符合作品要件时，不能仅仅因为其无法归属于法定类型而拒绝予以著作权保护。由此认为，《著作权法》第3条对作品类型的规定应解释为非封闭式的清单列举。① 也有学者从另外的角度反对一般的作品类型法定，认为作品类型法定原则颠倒了作为第一性存在的作品与作为第二性存在的著作权法之间的关系，违背了创作规律，误读了公约及相关立法例对作品的定义及示例规范，不利于文化产业发展和著作权法立法宗旨的实现，属于典型的著作权法家长主义。《著作权法》第3条未来的修订应该删除第9项。② 我国司法实践亦在如下两个方面体现了不坚持作品类型法定的司法观念：其一，最高人民法院司法解释对于作品类型并未坚持绝对的法定。根据最高人民法院2000年颁布的《关于审理涉及计算机网络著作权纠纷案件适用法律若干问题的解释》（法释〔2000〕48号，已失效）第2条第1款的规定，网络环境下不能归属于法定类型作品的范围，但符合文学、艺术与科学领域、独创性、可复制性以及智力成果等四个条件的，应当予以保护。这表明只要是符合作品受著作权保护条件的智力成果，尽管不在第3条列举法定类型作品的范围内，亦应给予著作权保护。该种观点一直持续到2012年才被最高人民法院出台的司法解释，即《关于审理侵害信息网络传播权民事纠纷案件适用法律若干问题的规定》（法释〔2012〕20号）第6条的规定废止。这表明，最高人民法院通过司法解释，明确司法实践在互联网领域不坚持作品类型绝对法定的时间持续了12年之久。其二，即便是前述放弃作品类型绝对法定的司法解释失效之后，司法实践中亦有部分判例反映了该种未坚持作品类型绝对法定的司法观念。因为如果坚守作品类型的绝对法定，法定类型的作品必然成为受著作权法保护的前提条件。司法实践中对于诉请著作权保护的案例，最具效率的审理步骤应该是：首先确认诉请保护的作品是否为2010年《著作权法》第3条规定的作品类型，如果不

① 参见李琛：《论作品类型化的法律意义》，载《知识产权》2018年第8期。

② 参见卢海君：《“作品类型法定原则”批判》，载《社会科学》2020年第9期。

是，直接判决不予著作权保护，无须再判断该种作品是否符合著作权保护的前提条件；只有当诉请保护的对象属于第3条规定的类型作品，才有必要继续判断其是否符合著作权保护的前提条件。然而，司法实践中却存在不分析诉请保护的作品是否属于第3条所列举的具体法定类型作品而予以著作权保护的案例，这至少反映了司法实践中确实存在不坚持作品类型绝对法定的司法观念。这些判例可以分为三种类型：其一，没有分析诉请保护的作品是否属于《著作权法》第3条所规定的法定类型作品而直接提供著作权保护。比如，在上海艺想文化用品有限公司诉上海欧鳄文化用品有限公司网页著作权侵权纠纷案中，法院认定诉请保护的网页属于著作权法上的作品，但未分析其是否属于第3条规定的具体作品类型，直接认定诉请保护的作品具有独创性而应给予著作权保护。[①] 其二，没有分析诉请保护的作品是否属于第3条所规定的法定类型作品，直接适用《著作权法实施条例》第2条对作品的一般界定予以保护。如在新浪公司诉天盈九州公司体育赛事直播画面著作权侵权纠纷中，一审法院不分析涉案体育赛事直播画面是否属于第3条所规定的具体作品类型，而是直接认为，其符合《著作权法实施条例》第2条对作品的一般界定予以保护。[②] 其三，直接适用《著作权法》第3条第9项的规定予以保护。如在湖南快乐阳光互动娱乐传媒有限公司诉福建网龙计算机网络信息技术有限公司侵害电视节目著作权侵权纠纷案中，一审法院直接适用《著作权法》第3条第9项的规定予以保护。[③] 因此，该三种类型的判例反映司法实践中存在不坚持作品类型法定的司法观念。

2020年《著作权法》对于作品类型制度的调整，至少在实体法上终结了作品类型应否法定的争议，即确定无疑地放弃作品类型法定，因为其不再要求第3条例示类型之外的作品必须由“法律、行政法规规定”，只要是“符合作品特征的其他智力成果”即可。第3条第1—8项所规定的作品类型成为

① 参见上海知识产权法院民事判决书，(2015) 沪知民终字第14号。

② 参见北京市朝阳区人民法院民事判决书，(2014) 朝民（知）初字第40334号。

③ 参见福州市中级人民法院民事判决书，(2012) 榕民初字第317号。

例示类型的作品而非法定类型的作品，这意味着前述作品类型绝对法定的理论观点与司法观念失去了制定法上的依据。司法实践中必然面对非例示类型作品是否受著作权保护的问题。在《著作权法》作品类型由封闭式列举模式调整为开放的例示模式之后，是不是意味着司法实践中在面对无论是诉请例示类型作品还是诉请非例示类型作品著作权保护时，均无须将其归类于某种特定的例示类型作品，而直接根据作品受著作权法保护的一般条件判定是否应该予以保护？从而例示类型作品的规定成为一种摆设？这就必须明确作品类型的兜底项，即非例示类型作品与例示类型作品之间的司法适用关系，以确定非例示类型作品在何种情况下得以适用，以及应该如何认定的问题。

二、例示类型作品应优先适用

鉴于例示类型作品已经在司法实践中形成相对稳定的独创性判断以及思想与表达划界的裁判方法，并具有明确的权利配置。因此，司法实践中在面对诉请著作权保护的作品时，应该根据例示类型作品的界定，将其优先归类于特定的例示类型作品。

（一）作品类型化提高受著作权保护之作品的识别效率

作品类型化的首要意义在于提高受著作权保护之作品的识别效率。诚如美国最高法院大法官卡多佐所言，“普遍真理是很难掌握的，我们大多数人通过努力积累起来的只是一些关于具体事务的知识”①。因此，在法律上，类型化的意义在于避免识别类似普遍真理的抽象概念，降低司法实践中将社会生活中特定对象识别为法律上的概念、原则与规则的成本。就识别诉请保护的特定对象是否为受著作权法保护的作品而言，作品的类型化对提高识别效率具有更为重要的意义。这主要是因为判定作品是否符合受著作权保护的前提条件具有相当的难度。

---

① ［美］本杰明·N. 卡多佐：《法律的成长》，李红勃、李璐怡译，北京大学出版社2014年版，第35页。

首先，作品受著作权法保护的前提条件之一是作品必须具有独创性。[①]然而，独创性的判断似乎是一个世界性难题。学者认为，“一方面，原创性（独创性）要求的核心作用与其所产生的质疑并不相符，这是一个非常突出而且令人不适的问题。而另一方面，又可使法院在处理这类问题时相对不受拘束，因为不严密的法律术语提供了解释上的自由”[②]。因此，独创性的判断无论如何都无法撇开法官的主观判断，正如“这一问题（独创性）不仅决定著作权的客体是什么，还决定我们希望这个客体是什么”[③]。正因为这种判断具有很强的主观性，使得独创性的判断总是充满着争议，甚至同一作品有无独创性的判断在不同的法院审理后得出完全相反的结论。比如，新浪公司诉天盈九州公司体育赛事直播画面著作权侵权纠纷案中，一审、二审法院得出完全不同的结论。一审法院认为，体育赛事直播画面对赛事录制镜头的选择、编排属于创作性劳动，且不同的选择、不同的制作会产生不同的画面效果反映了其独创性。[④]二审法院认为，涉案直播团队采用的是常规做法，与具有此类赛事直播资格的其他团队并无实质差别，其中对犯规队员、守门员近景镜头等渲染气氛的做法属于此类赛事直播团队常用的符合观众预期的直播手法，并未显示该案直播团队明显的个性化选择。[⑤]再审法院认为，涉案赛事节目在制作过程中，在方法上所运用的镜头技巧、蒙太奇手法和剪辑手法，以及在机位的拍摄角度、镜头的切换、拍摄场景、对象的选择、拍摄画面的选取、剪辑、编排以及画外解说等方面，均体现了摄像、编导等创作者的个性选择和安排，符合电影类作品的独创性要求。因此，再审法院撤销二审法

---

① 《著作权法实施条例》自1991年开始一直到2013年，规定作品定义的第2条要求著作权保护的作品必须具有独创性，而2020年《著作权法》修正将这一规定中的“有形形式复制”调整为“一定形式表现”之后提升到第3条。因此，著作权在立法层面上，独创性一直是作品受著作权保护的前提条件。

② ［西班牙］拉蒙·卡萨斯瓦勒斯：《原创性要求》，载［英］埃斯特尔·德克雷主编：《欧盟版权法之未来》，徐红菊译，知识产权出版社2016年版，第73页。

③ Ricketson Sam, *The Concept of Originality in Anglo - Australian Copyright Law*, 39 J Copyright Society USA 265, 282 - 283, (1991).

④ 参见北京市朝阳区人民法院民事判决书，(2014) 朝民（知）初字第40334号。

⑤ 参见北京知识产权法院民事判决书，(2015) 京知民终字第1818号。

院判决，维持一审判决。[1] 尽管一审、二审对体育赛事直播画面有无独创性的定性完全不同，但似乎很难定论哪一种定性必定错误。正因为这种独创性判断的不确定性，甚至有外国学者认为，“独创性的概念应该从版权保护中除去，因为它正在很多方面侵蚀着整个系统的基础”[2]。

其次，根据著作权只保护表达不保护思想的基本原则，[3] 识别诉请保护的对象是否受著作权保护的作品时，必须判断诉请保护的对象是表达而不是思想，这就必须要在思想与表达之间进行划界。尽管我国《著作权法》并未明确规定思想与表达二分原则，[4] 但实际上，司法实践中却有很多适用思想与表达二分原则予以裁判的判例。[5] 因此，在司法实践中，需要将属于思想范畴的因素排除在保护客体之外，这就必须在思想与表达之间进行划界。然而，思想与表达之间的界分在著作权法学界素有“与幽灵对话”[6] 般的高深莫测，美国汉德法官甚至在判例中认为，“没有人已经固定这个界线，也没

---

① 参见北京市高级人民法院民事判决书，(2020) 京民再128号。

② Joseph Sotomi, *Originality in Copyright: A Contested Issue*, Intellectual Property Law (LW556), (2004/5), p. 26.

③ 这也是诸多国家著作权立法中明确规定的一项原则。比如《美国版权法》第102条（b）款规定，版权对独创性作品的保护不延及任何思想、程序、步骤、系统、操作方法、概念、原则或发现，无论其以何种方式描述、解释、说明或内嵌于作品之中；类似的立法表述可见于《巴西著作权法》第8条；国际条约诸如TRIPs第9条第2款以及WCT第2条；等等。

④ 我国只是在《计算机软件保护条例》中规定了思想与表达二分原则，该条例第6条规定，本条例对软件著作权的保护不延及开发软件所用的思想、处理过程、操作方法或者数学概念等。不过，这只是计算机软件领域的规定，理论上并不能适用到计算机软件之外的作品。

⑤ 司法实践中有明确只有表达方可受著作权保护的判例，比如在吴某诉幸福蓝海影视文化集团股份有限公司作品署名权纠纷案中，法院认为，“单纯的人物身份、人物关系尚属于思想创意的范畴，只有人物身份、人物之间的关系、人物与特定情节的具体对应等设置已经达到足够细致具体的程度才形成著作权法保护的表达”。因此，原告主张的内容不构成受著作权保护的表达。参见北京市朝阳区人民法院民事判决书，(2014) 朝民（知）初字第40314号；也有判例明确表明，思想不受保护，比如倪某诉江某等著作权纠纷案中，法院认为，“涉案两部作品均是以我国上世纪七、八十年代农民与大学生相结合，进城奋斗生活为题材，涉及家庭伦理的故事类文学作品。题材属于思想范畴，相同题材并不构成作品的相似”。从而判决驳回原告主张著作权保护的诉讼请求。参见北京知识产权法院民事判决书，(2016) 京73民终362号。

⑥ Leslie A. Kurtz, *Speaking to the Ghost: Idea and Expression in Copyright*, 47 U. Miami L. Rev. 1221, 1221 (1993).

有人曾经做到过”[1]。

独创性有无之判定以及思想与表达之间界线划分的困难，导致司法实践中识别是否受著作权法保护的作品具有很高的难度。然而，著作权法从1710年诞生之后，历经300多年并未找到更好的选择，司法实践中面对著作权保护的诉求，必须进行独创性有无的判定以及思想与表达之间的划界。如果法律上只为作品规定一个笼统与抽象的概念而没有进行必要的类型化，作品独创性判定以及思想与表达之间划界的难度则更甚。经司法实践的长期积累，对特定类型作品独创性判定的标准以及思想与表达之间界线的划分方法，已经形成相对稳定的裁判方法，作品类型化对提高作品有无独创性的定性以及思想与表达之间划界的效率具有重要意义。首先，司法实践中根据不同类型的作品已经建立不同的独创性判断标准。正如西班牙著名著作权法学者德利娅·利普希克所言，“一部作品的独创性问题是一个应结合具体实际加以考虑的问题。不能以同一种方式来估价所有作品的独创性：独创性的标准会因所涉及的是科技作品还是虚构的文字作品、是民间音乐乐曲还是交响乐作品、是原作还是演绎作品而有所不同”[2]。司法实践自然应该根据不同类型的作品总结不同的独创性判断标准。比如德国就为目录清单、艺术再造、菜单、电话号码簿、普通的计算机程序、数据库等创立了“小硬币厚度”的独创性判定标准。[3] 我国最高人民法院在判例中亦认为应根据作品的不同类型适用不同的独创性标准，在乐高公司诉广东小白龙动漫玩具实业有限公司著作权侵权纠纷申请再审的裁定中，最高人民法院认为“独创性是一个需要根据具体事实加以判断的问题，不存在适用于所有作品的统一标准。实际上，不同种类作品对独创性的要求不尽相同”[4]。因此，可以说，理论上与司法实践中都承认应该根据作品的不同类型适用不同的独创性标准。比如对于图形作品的

---

① *Nichols v. Universal Pictures Corp.*, 45 F. 2d 119, 121 (2d Cir. 1930).

② ［西班牙］德利娅·利普希克：《著作权与邻接权》，联合国教科文组织、中国对外翻译出版公司2000年版，第44页。

③ 参见［德］M. 雷炳德：《著作权法》，张恩民译，法律出版社2005年版，第116、117页。

④ 最高人民法院民事判决书，（2013）民申字第1262号。

独创性，法院认为，作品的独创性应当体现在构成工程设计图的点、线、面及各种几何图形所传递的科学美感。又如法院在水韵园林公司诉泰和通公司与华联公司等工程设计图著作权侵权纠纷案中认为，“作品的独创性应当体现在构成工程设计图作品的点、线、面及各种几何图形所传递的科学美感，与图形所描绘的施工方案等无关。工程设计图是否具有独创性，应当从图形本身是否被独立创作完成以及是否体现了创作者的智力判断和选择方面进行判断，而不是从其中所体现的技术方案是否优劣、能否据此施工等方面进行判断”①。再如对类似电影作品的体育赛事直播画面之独创性，法院认为体现在镜头技巧、蒙太奇手法和剪辑手法，以及在机位的拍摄角度、镜头的切换、拍摄场景、对象的选择、拍摄画面的选取、剪辑、编排以及画外解说等方面。② 其次，著作权立法与司法实践逐渐形成根据作品的不同类型适用思想与表达之间划界的不同方法。比如在立法中将计算机软件中的处理过程、操作方法等纳入思想的范畴，明确不予保护，我国《计算机软件保护条例》第6条就明确将开发软件所用的思想、处理过程、操作方法以及数学概念等纳入思想的范畴而排除著作权保护。又如在判例中，将美术作品中取景角度、绘画素材与图形结构等纳入思想范畴不受保护，在著名的高某诉重庆陈可之文化艺术传播有限公司著作权侵权纠纷案中，一审法院认为，“被告的作品在取景角度和部分绘画素材以及图形结构方面与原告的作品存在相似之处，被告虽然有借鉴原告作品创意之行为，但在自己的作品中又因其独创性表述而成为不同的作品”③。这表明由于被告只是借鉴了原告属于思想的取景角度、绘画素材以及图形结构，从而不构成侵权。对于工程设计图该种类型作品，图形的施工方案应该纳入思想的范畴，比如前述水韵园林公司诉泰和通公司与华联公司等工程设计图著作权侵权纠纷案，法院将施工方案是否优劣、

---

① 北京市朝阳区人民法院民事判决书，(2015) 朝民（知）初字第22682号。
② 参见北京市高级人民法院民事判决书，(2020) 京民再128号。
③ 重庆市第一中级人民法院民事判决书，(2004) 渝一中民初字第459号。

能否据此施工等方面排除在独创性之外，这表明，施工方案属于思想而非表达。[①]

司法实践逐渐积累与形成了不同类型作品的不同独创性判断标准，以及不同类型作品思想与表达之间的不同划界方法，由此提高了司法实践中受著作权保护之作品的识别效率。因此，司法实践应该将诉请保护的作品优先纳入例示类型作品，适用例示类型作品已经形成的独创性判断标准以及思想与表达划界的裁判方法，以有效地识别其是否符合著作权保护的前提条件。

（二）作品类型化是权利内容配置的基础

当然，作品类型化的意义也不仅仅表现在提高受著作权保护之作品的识别效率，其还是著作权权利内容配置的基础。正如“作品的分类不仅仅是一种形式，狭义著作权法（邻接权法外）是以作品为基础构建权利”[②]。诸多国家著作权法对不同类型的作品赋予不同的权利，比如《德国著作权法》只对未发表的美术作品与摄影作品原件或复制件赋予展览权（right of exhibition）；[③]类似的还有《日本著作权法》，在第25条、第26条分别为未发表的美术作品赋予展览权，为电影作品赋予放映权；[④]《美国版权法》中，录音制品版权的权利人不享有表演权，[⑤]只有非戏剧音乐作品的复制与发行才受第115条机械录制的限制。[⑥]我国《著作权法》同样如此，在第10条分别为视听作品、美术作品、摄影作品赋予放映权，为美术作品与摄影作品赋予展览权，为视听作品与计算机软件赋予出租权。[⑦]美国学者认为，一部作品如何分类具有重要的法律意义，尤其是对著作权人专有权的范围而言。[⑧]因此，作品的类

---

① 参见北京市朝阳区人民法院民事判决书，（2015）朝民（知）初字第22682号。

② Marshall A. Leaffer, *Understanding Copyright Law*, LexisNexis, 2014, 6th edition, p. 172.

③ 参见《德国著作权法》第18条。

④ 参见《日本著作权法》第25条与第26条。

⑤ 参见《美国版权法》第114条。

⑥ 参见《美国版权法》第115条。

⑦ 参见《著作权法》第10条第1款第7项、第8项与第10项。

⑧ See Megan M. Carpenter, *Drawing a Line in the Sand: Copyright Law and New Museums*, 13 VAND. J. ENT. & TECH. L. 463 (2011).

型化在某种程度上是因为不同类型的作品需要不同的权利，本质上也是因为相关领域的产业对不同类型的作品有不同的权利要求。比如，为美术作品、摄影作品、视听作品以及计算机软件赋予不同于其他类型作品的权利，是因为只有这些作品在市场中需要展览权、放映权与出租权，这样既可以使著作权人从这种具有收益的利用行为中获取利益，又可以使相关产业领域市场获得发展所需要的竞争规则。比如美术作品的展览权，其不但使美术作品的著作权人可以从展览中获取利益，也可以使美术作品的展览市场基于展览权建立所需要的竞争规则。因此，作品类型化在适应不同产业领域对不同类型作品权利配置的不同需求具有重要意义。或者说，为契合不同产业领域对不同类型作品权利配置的不同需求，著作权法为不同的例示类型作品配置不同的权利。司法实践中对诉请保护的作品，在可以归属例示类型作品时，应该优先归属于例示类型作品，使其具有确定的权利内容。

作品类型化对提高受著作权保护之作品的识别效率以及对权利内容的配置均具有重要意义。因此，相对于非例示类型作品而言，例示类型作品具有确定的权利内容配置，并在独创性判断以及思想与表达划界方面更具有效率。司法实践中在判断主张保护的对象是否受著作权法保护时，应该优先将其归于第 3 条的例示类型作品。除非诉请保护之作品，无法归类于例示类型作品，才适用兜底项，即“符合作品特征的其他智力成果”的非例示类型作品予以裁判。

三、国际对等保护与例示类型作品概念的解释

鉴于例示类型作品在受著作权保护之作品的识别效率方面具有优势，并具有确定的权利内容配置，当司法实践中出现诉请保护的作品是非例示类型作品时，理论上可以对第 3 条所规定的例示类型作品的概念进行扩大解释将其纳入保护范围。然而，如果扩大解释第 3 条例示类型作品的概念，则可能会导致对非例示类型作品国际保护的不对等。通过对《伯尔尼公约》国民待遇与最低保护标准的解释，可以得出这种结论。

（一）国际不对等保护的产生

《伯尔尼公约》第 5 条第 1 款规定了国民待遇与最低保护标准，该款规定，“对于受本公约保护的作品而言，作者在起源国之外的成员国，享有该国法律现在给予和今后可能给予其国民的权利，以及本公约特别授予的权利”。“作者在起源国之外的成员国，享有该国法律现在给予和今后可能给予其国民的权利”便是国民待遇原则的表述；而“本公约特别授予的权利”便是最低保护标准的规定。国民待遇原则的目的在于实现国民与非国民之间的平等保护；而最低保护标准的目的是防止因为国家之间保护标准过于高低不同所导致过大的保护差距。WIPO 有关著作权指南的解释认为，“国民待遇并没有在公约成员之间提供一个合理的协调水平，这会导致不平衡的关系，因为更慷慨的国家将会承担单边的负担。这也是第 1 款规定如下内容的原因：应受保护作品的作者应至少享有公约规定的最低保护标准（minimum level）（实际上，公约规定绝大部分条款都具有固定该种最低保护标准的目的）”[①]。当然，国民待遇和最低保护标准的前提条件是公约所保护的作品（in respect of works for which they are protected under this Convention）。因此，无论是最低保护标准，还是国民待遇，都必须以受公约保护的作品为限。[②] 至于“受本公约保护的作品”，是仅仅指第 2 条例示类型的作品，还是也包括不属于例示类型作品但符合第 2 条第 1 款一般性概念的作品，公约的规定并不明确。但可以肯定的是，对于第 2 条明确例示类型的作品，成员国必须为源自联盟其他成员国的作品依据国民待遇原则与公约最低保护标准提供保护。WIPO 有关著作权指南的解释认为：“如果是包含在非穷尽例示类型作品之中的一种类型，在获得保护方面是确定安全的。”[③] 因而，对于《伯尔尼公约》明确

---

① *Guide to the Copyright and Related Rights Treaties Administrated by WIPO and Glossary of Copyright and Related Rights Terms*, WIPO Publication No. 891 (E), 2003, BC－5.2, p. 40.

② See Sam Ricketson & Jane C Ginburg, *International Copyright and Neighbour Rights: The Borne Convention and Beyond*, *Second edition*, Oxford University Press, 2006, p. 310.

③ *Guide to the Copyright and Related Rights Treaties Administrated by WIPO and Glossary of Copyright and Related Rights Terms*, WIPO Publication No. 891 (E), 2003, BC－2.19, p. 25.

规定的例示类型作品而言，若成员国立法对源自本国的此种类型作品提供的保护高于公约的保护标准，则必须依据国民待遇原则将该种高保护标准给予源自其他成员国的此种类型作品；[①] 如果成员国立法对源自其本国的此种类型作品提供的保护低于公约的保护标准，至少应该依据公约的最低保护标准为源自其他成员国的此种类型作品提供保护。

对于《伯尔尼公约》的非例示类型作品是否受公约规定的国民待遇与最低保护标准的保护，公约并未明确。WIPO 有关著作权指南的解释认为，“是否将未包含在非穷尽例示类型之中的作品认定为文学与艺术作品的一种类型，是对公约第 2 条第 1 款的解释问题。如果绝大多数成员国都承认该类成果为文学艺术作品，就可以援引《维也纳条约法公约》第 31 条第 3 款（a）项规定的、对条约而言构成重要解释方法的‘嗣后惯例’予以认定。然而，如果对该类作品是否应受《伯尔尼公约》规定的版权保护产生了争议，只存在一种可能的解决方法，那就是提交国际法院。然而，这种方式在《伯尔尼公约》的历史进程中被证明不是一个有效的机制。一般而言是联盟通过修订会议，达成足够一致协议，以此解决特定的新类型作品进入非穷尽列举目录的疑问”[②]。这表明，除非例示类型作品根据《维也纳条约法公约》所规定的“嗣后惯例”应该予以保护外，无论其是否为该公约第 2 条第 1 款明确例示类型的作品，成员方都应该依据国民待遇与最低保护标准予以保护，不存在国际保护不对等的问题。否则，非例示类型作品并不必然享有国民待遇与公约最低保护标准的保护。由此所导致的争议，必须提交国际法院解决。

由于例示类型作品与非例示类型作品在《伯尔尼公约》国民待遇与最低保护标准方面的差别待遇，便可能存在例示类型作品与非例示类型作品在国

---

① 当然，公约明确允许成员国不提供国民待遇保护的除外，比如《伯尔尼公约》第 14 条之三规定的追续权。

② *Guide to the Copyright and Related Rights Treaties Administrated by WIPO and Glossary of Copyright and Related Rights Terms*, WIPO Publication No. 891（E），2003，BC – 2.19，BC – 2.20. p. 25.

际对等保护的差别待遇：对于例示类型作品而言，由于成员国均应该提供国民待遇以及公约最低保护标准的保护，不会出现国际保护的不对等；对于非例示类型作品而言，如果某成员国司法实践通过扩大解释例示类型作品的概念，将一种非例示类型作品解释为《伯尔尼公约》所规定的例示类型作品，则可导致对该种非例示类型作品保护的国际不对等。因为未将该种非例示类型作品在立法上或司法实践中纳入公约例示类型作品的某成员国，没有确定的义务为源自其他成员国的该种作品提供国民待遇或公约最低保护标准的保护；但通过扩大解释例示类型作品的概念将非例示类型作品纳入其中的成员国，则必须为来自其他成员国的该种类型作品提供国民待遇或公约最低保护标准的保护。如此便导致对该种非例示类型作品保护的国际不对等。

（二）不应扩大解释例示类型作品的概念

我国新近出现的“音乐喷泉著作权纠纷案”一审与二审的不同判决，很好地说明了如果扩大解释例示类型作品的概念，会导致非例示类型作品保护的国际不对等。该案中，一审法院认为，“《著作权法》规定的具体作品类型中，并无音乐喷泉作品或音乐喷泉编曲作品这种作品类别，但这种作品本身确实具有独创性……整个音乐喷泉作品进行舞美、灯光、水型、水柱跑动等方面编排、构思并加以展现的过程，是一个艺术创作的过程，这种作品应受到《著作权法》的保护”。最后适用2010年《著作权法》第3条第9项的规定对诉请的“音乐喷泉”给予著作权保护。[①] 因此，一审法院是适用兜底项而不是将非例示类型作品纳入例示类型作品进行保护。尽管一审法院在法律适用上未遵守2010年《著作权法》第3条确立的作品类型法定原则，但这种裁判方法不会导致国际保护的不对等。因为一审判决不是将“音乐喷泉”纳入《伯尔尼公约》明确例示类型作品予以保护，由于成员国并无确定的义务为公约非例示类型作品提供国民待遇与公约最低保护标准的保护，我国自然无确定的义务为源自公约其他成员国的“音乐喷泉”这种非例示类型作品提

① 参见北京市海淀区人民法院民事判决书，（2016）京0108民初15322号。

供国民待遇与公约最低保护标准的保护。因此，对于不为源自我国的“音乐喷泉”提供国民待遇与公约最低保护标准保护的其他成员国，我国亦无确定的义务为源自该种成员国的“音乐喷泉”提供国民待遇或公约最低标准的保护，从而不会产生国际保护的不对等。当然，如果“音乐喷泉”根据《维也纳条约法公约》所规定的“嗣后惯例”应该予以保护，那么包括我国在内的所有成员方都应该根据国民待遇原则与公约最低保护标准提供保护，亦不存在国际保护不对等的问题。

然而，二审法院通过扩大解释美术作品的概念将“音乐喷泉”纳入其中予以保护，却可能导致对“音乐喷泉”这种非例示类型作品保护的国际不对等。二审法院纠正了一审法院适用 2010 年《著作权法》第 3 条第 9 项的规定，其认为这是违背作品类型法定原则的做法，利用《著作权法实施条例》第 4 条第 8 项对美术作品界定中“绘画、书法、雕塑等”表述中的“等”字，将“音乐喷泉”解释为“美术作品”，从而给予著作权保护。① 不过，王迁教授认为，《著作权法实施条例》对美术作品的界定以“平面或者立体”作为定语，具有限定范围的作用，表明美术作品必须是立体或平面，而不能是喷射的瞬间，二审法院将水柱在空中喷射的瞬间形态当成了“立体美术作品”，这一理解显属不当。② 因此，二审法院属于扩大解释“美术作品”的概念，勉强将“音乐喷泉”纳入美术作品予以保护。由于美术作品（works of drawing）是《伯尔尼公约》第 2 条第 1 款明确例示的作品类型，如果将“音乐喷泉”解释为美术作品，我国必须根据《伯尔尼公约》所规定的国民待遇，为源自其他成员国的“音乐喷泉”，提供其作为美术作品在我国可以获得的保护；即便是为源自我国的美术作品提供的保护低于《伯尔尼公约》的规定，我国也必须为源自其他成员国的“音乐喷泉”提供公约规定最低保护标准的保护；如果某成员国并未将“音乐喷泉”规定或解释为美术作品或者《伯尔尼公约》第 2 条例示的其他类型作品，那么源自我国的“音乐喷泉”

---

① 参见北京市知识产权法院民事判决书，（2017）京 73 民终字第 1404 号。

② 参见王迁：《论作品类型法定——兼评“音乐喷泉案”》，载《法学评论》2019 年第 3 期。

在该国则不能确定获得基于国民待遇或最低保护标准所应获得的保护。如此便导致源自我国的“音乐喷泉”与源自《伯尔尼公约》其他成员国的“音乐喷泉”，在国民待遇与最低保护标准方面所获得保护的国际不对等。

因此，为防止特定非例示类型作品所获得保护的国际不对等，不应扩大解释例示类型作品的概念将非例示类型作品纳入其中予以保护。在诉请保护之作品确实不符合例示类型作品的概念时，应该适用兜底项，即非例示类型作品予以保护。

四、非例示类型作品应参照适用例示类型作品的裁判方法

鉴于作品类型化的意义，《著作权法》第 3 条所例示类型的作品应该优先适用。为避免非例示类型作品国际保护的不对等，例示类型作品的概念不应扩大解释。在非例示类型作品不能纳入例示类型作品的情况下，应适用作品类型的兜底项，即非例示类型作品予以保护。为此，应该解决非例示类型作品纳入著作权保护的裁判方法。总体上应该参照适用例示类型作品的裁判方法，具体步骤上，首先，应该明确非例示类型作品受著作权保护条件判定的先后顺序；其次，类比推理适用例示类型作品独创性判断以及思想与表达划界的裁判方法；最后，类推适用类比推理所选之例示类型作品依法应该享有的权利内容。

（一）非例示类型作品受著作权保护条件判定的先后顺序

2020 年修正《著作权法》第 3 条第 9 项为非例示类型作品的规定“符合作品特征的其他智力成果”，没有采用 2014 年 6 月 6 日原国务院法制办公布的《著作权法（修订草案送审稿）》第 5 条第 1 款第 16 项的表述，即“其他文学、艺术和科学作品”。从字面含义上看，“其他文学、艺术和科学作品”实际上是对第 1 条目的条款内容的重复。从立法技术上看，在具体制度的条文中重复目的条款的内容，违背立法应该从概括到具体的立法层次原理。因此，从表述上看，2020 年《著作权法》的表述更为科学。当然，本质上，无论对非例示类型作品在立法上如何表述，都应该符合作品受著作权保护的前

提条件。《著作权法》第3条通过对作品的一般性界定，对作品受著作权保护规定了四个条件：（1）文学、艺术和科学领域；（2）独创性；（3）一定形式表现；（4）智力成果。这也是"符合作品特征的其他智力成果"这种非例示类型作品获得著作权保护必须具备的条件。其一，非例示类型作品应当是属于文学、艺术与科学领域的作品，即应该属于《著作权法》第1条所保护的范围，从而将工业领域制造的产品排除在兜底项的保护之外。诸如被荷兰最高法院认定能够得到版权保护的"香水气味"应该纳入工业制造领域，不应该获得版权保护。[①] 其二，该定义将《著作权法实施条例》第2条所规定的"以某种有形形式复制"调整为"以一定形式表现"。尽管"可复制性"条件也可以解释为作品必须是"表达"而非思想，但不如"一定形式表现"这种表述更为直接。这种调整之后，可以认为该作品的一般概念中已经体现著作权法中的"思想与表达二分"原则，表明著作权只保护表达，不保护思想。其三，独创性是所有类型作品都必须符合的条件，"符合作品特征的其他智力成果"自然应该具有独创性。其四，"智力成果"意味着必须是人的智力创造成果，这样就排除了"大自然的杰作""动物拍照"以及"人工智能创作物"等非人类智力成果获得著作权保护的可能性。当然，无论是"大自然""动物"还是"人工智能"，如果是被当作诸如钢笔、电脑一类的创作工具，利用这些工具创作的成果只要符合著作权保护的条件，自然应该赋予著作权，该种著作权应该属于利用这些工具的人。至于人工智能创作物是不是应该认定为该人工智能的作品而应该赋予著作权，恐怕要等到"人工智能"被人类认定为独立的主体那一天才有讨论的必要。不过，如果真的到了那一天，恐怕还要看"人工智能"是否愿意被人类认定为独立的主体。因此，根据作品的一般性定义，"符合作品特征的其他智力成果"，即非例示类型作品必须符合前述四个条件方可获得著作权保护。概括地说，其必须是文

---

① 荷兰最高法院在Kecofa v. Lancome案中，认为依据《荷兰版权法》，Kecofa香水气味可以得到版权保护。See Kecofa v. Lancôme, *Dutch Supreme Court*（*Hoge Raad*），June 16，2006，Case C04/327HR，[2006] ECDR 26.

学、艺术与科学领域具有独创性的人的表达。

当判断诉请保护的非例示类型作品是否应给予著作权保护时，法院应该判断其是否符合前述四个条件。其中，“文学、艺术与科学领域”实际上是将著作权保护的范围框定在这一领域，排除对工业制造领域的产品进行著作权保护，而“智力成果”主要在于将“非人”的成果排除著作权保护，对于是否属于著作权保护的范围以及“人”与“非人”这两个条件，适用到所有例示类型作品与非例示类型作品的裁判方法均是相同的，并不存在根据不同类型的作品适用不同标准的问题。然而，如前所述，独创性判断及思想与表达之间的划界这两个条件，已经根据不同类型的作品形成不同的裁判方法。因此，在判定非例示类型作品是否符合受著作权保护的条件时，应该先判定其是否符合“文学、艺术与科学领域”与“智力成果”，以解决其是否属于著作权保护的范围以及“人”与“非人”创作成果的问题。如果不符合这两个条件之一，则直接判定不予著作权保护，无须再进行独创性的判断以及思想与表达之间的划界。其次，在非例示类型作品符合“文学、艺术与科学领域”与“智力成果”这两个条件的前提下，再对其进行独创性的判断以及思想与表达之间的划界。

（二）类推适用例示类型作品独创性判断以及裁判方法

如前所述，对于独创性的判断以及思想与表达之间的划界，司法实践中已经针对例示的不同类型作品形成相对成熟的裁判方法。如前所述，《著作权法》在2020年修正之前，尽管也存在直接认定诉请保护的作品具有独创性、直接适用《著作权法实施条例》第2条对作品的一般性界定以及适用《著作权法》（2010年修正之前）第3条第9项规定为诉请保护之作品提供保护的案例，但该三种类型的判例都违反当时立法确定的作品类型法定原则，法院尤其是最高人民法院不可能针对这些本质上违法的案例，通过指导性案例等方式总结非例示类型作品独创性判定以及思想与表达划界的裁判方法。因此，非例示类型作品在独创性判断以及思想与表达划界方面，并无可直接适用的裁判方法。在这种情况下，应该采用“类比推理”的司法裁判方法。

逻辑学上的类比推理是根据两个或两类对象的某些属性相同从而推出它们在另一些属性方面也相同的推理。[①]“法律上的类比推理是类比推理在法律上的运用，是指由于待决案件与另一类案件的某些属性相同（即相似性），而将法律对另一类案件的法律效果归于待决案件的思维方法。”[②] 类比推理（类推）也是实现法律融贯性的一种方法，因为“相同的原则或价值应相类似地适用于待决案件中，从而与预先制定的法律条文保持融贯性”。[③] 这种方法应用到非例示类型作品的独创性判断以及思想与表达之间的划界上，就是类比适用与非例示类型作品最为类似的例示类型作品的独创性判断以及思想与表达之间划界的裁判方法，从而判断该种非例示类型作品是否具有独创性，以及是否属于应该保护的表达而非思想。

在将最为类似的例示类型作品的独创性判断以及思想与表达之间划界的裁判方法类比推理适用到非例示类型作品时，应该注意三个问题：其一，在类比推理选取例示类型作品时，应该以非例示类型作品诉请保护的内容与待选例示类型作品在性质与特征上的近似性为依据。由于非例示类型作品无法纳入例示类型作品，其往往会带有例示类型作品所没有的性质或特征，这种情况下，需要判断非例示类型作品诉求保护的内容是什么，将该种需要保护的内容与已有例示类型作品进行对比，进而做出选择。假如对于体育赛事直播画面无法归类于视听作品，应该主要考虑其要保护的是单幅的画面还是连续的画面，如果要保护的是单幅的画面，则应选择例示类型中的摄影作品；如果要保护的是连续画面，则应该选取例示类型中的视听作品；对于“音乐喷泉”，应该分析“音乐喷泉”诉请保护的是音乐、喷泉还是音乐与喷泉结合的整体。显然“音乐喷泉”要保护的是两者结合的整体，与具有时间流动

① 参见吴家麟主编：《法律逻辑学》，群众出版社1988年版，第227页。

② 屈茂辉：《类推适用的私法价值与司法运用》，载《法学研究》2005年第1期。

③ See MacCormick, N. 1991. Donoghue v. Stevenson and Legal Reasoning. In Donoghue v. Stevenson and the Modern Law of Negligence. Ed P. T. Burns and S. J. Lyons, p. 16. Vancouver, B. C.: Continuing Legal Education of British Columbia. 转引自［英］马克西米利安·德奥·马尔：《融贯性在法律推理理论中的作用与价值》，邢焱鹏译，载《苏州大学学报（法学版）》2020年第3期。

性并可视可听的视听作品更为近似，则应该选择例示类型作品中的视听作品进行类比。① 其二，为避免非例示类型作品保护的国际不对等，在司法裁判中，应该明确仅是类比推理适用例示类型作品独创性判断以及思想与表达之间划界的裁判方法，而不是将非例示类型作品直接认定为所选的例示类型作品。其三，司法裁判中对于例示类型作品，应该不断总结裁判经验，通过司法解释或指导性案例等方式，不断完善例示类型作品独创性判断以及思想与表达之间划界的裁判方法，避免被类比推理选定的例示类型作品，没有可以参照的独创性判断以及思想与表达之间划界的裁判方法。

（三）类推适用例示类型作品依法应享有的权利内容

如前所述，作品类型是权利内容配置的基础，著作权法为不同例示类型的作品配置不同的权利内容。对于非例示类型作品，著作权法无法为其配置具体的权利内容。在采用类比推理的裁判方法认定其具有独创性并属于应该予以保护的表达之后，必须解决其所应该享有的权利内容。首先，应该明确，所有例示类型作品均享有的权利内容，该种非例示类型作品同样应该享有。根据《著作权法》第 10 条的规定，除出租权、展览权、放映权等专门配置给视听作品、计算机软件、美术作品、摄影作品等外，该条规定其他权利是所有例示类型作品均应该享有的权利。因此，非例示类型作品自然应该享有所有例示类型作品均享有的权利内容。其次，对于《著作权法》第 10 条为视听作品、计算机软件、美术作品、摄影作品所配置的独享的权利，应该明确非例示类型作品是否应该享有。这需要以类比推理所选择的例示类型作品为基础进行考虑，如果所选取的例示类型作品享有第 10 条专门为诸如视听作品、计算机软件、美术作品、摄影作品等特定类型作品规定的权利，则该种非例示类型作品同样应该享有，反之亦然。比如，如果“音乐喷泉”类比推

① 认为“音乐喷泉”应该认定为“视听作品”予以保护的文献，参见郭仕捷：《新型视听作品的著作权保护——由“音乐喷泉第一案”展开》，载《北京化工大学学报（社会科学版）》2019 年第 3 期。该文的论证表明，将“音乐喷泉”类比推理选择“视听作品”作为最为类似的例示类型作品，具有合理性。

理选取的例示类型作品是“视听作品”，便应该享有出租权与放映权；如果类比推理选择的例示类型作品是“美术作品”，则应该享有放映权与展览权。因此，应该类推适用类比推理所选择的例示类型作品依法所享有的权利。

对于司法实践中诉请保护的作品不能纳入例示类型作品的非例示类型作品，不应扩大解释例示类型作品的概念以纳入其中进行保护。在其符合“文学、艺术与科学领域”与“智力成果”的条件下，应该采用法律类比推理的裁判方法，选择最为类似的例示类型作品的独创性判断以及思想与表达之间划界的裁判方法，认定非例示类型作品是否具有独创性以及是否属于应该保护的表达而非思想。在确定其具有独创性并属于应该保护的表达之后，类推适用所选的例示类型作品所依法应享有的权利。

五、结论

当前世界上有影响力的国家的著作权法基本上是采取作品类型开放的例示模式：如美国、德国、荷兰、法国、意大利、日本等。① 但诸如英国、澳大利亚、新西兰、爱尔兰、南非、尼日利亚、肯尼亚、马来西亚、新加坡等国家著作权法都采取作品类型的封闭清单列举模式。② 不过，这些国家或地

---

① 《美国版权法》第102条在对作品受保护条件进行规定之后，以“版权作品包括如下种类”的方式列举了八种类型的作品。美国学者解释《美国版权法》该规定时认为，该条提供一个非穷尽的作品类型（nonexclusive categorization），只要其符合作品受保护的三个条件，即作者的独创、固定与非思想、程序及类似要素等。See Julie E. Cohen & Lydia Pallas Loren, et al., *Copyright in a Global Information Economy*, Wolters Kluwer, 2015, p. 84.《荷兰著作权法》第10条在列举十种作品类型，即实用艺术作品、工业设计之后，明确规定“任何文学、艺术……领域任何成果，无论其表达的模式与形式”，以表明前述例示性列举是开放式的。《德国著作权法》规定作品类型的第2条采取的“保护的文学、艺术与科学作品应该包括，尤其是……”的表述模式，显然亦是一种开放式的清单列举模式；类似的还有《法国知识产权法典》、《意大利著作权法》以及《日本著作权法》等，都以“尤其”的立法表达表明其对作品的例示性列举是开放而非封闭式的。《法国知识产权法典》在规定作品类型的L112-2规定为“尤其被视为本法典意义上的智力成果包括……”；《意大利著作权法》第2条对作品类型列举开头的表述为“保护尤其应该及于……”；《日本著作权法》规定作品类型的第10条第1款表述为：“本法上使用的‘作品’应该包括，尤其是下列……”。

② 作品类型封闭式清单列举模式立法例的归纳，参见王迁：《论作品类型法定——兼评“音乐喷泉案”》，载《法学评论》2019年第3期。

区的著作权法的影响力，除英国外，相对于前述对作品类型采开放例示模式的美国、德国、法国、荷兰、意大利、日本等国家著作权法而言，显然不可同日而语。即便是相对具有一定影响力的《英国版权、设计与专利法》，作品类型封闭式的列举模式也在其国内遭遇广泛批评。[①] 欧盟在面对作品的类型化是采取“封闭式列表还是开放式列表”的问题时，研究欧盟著作权制度一体化的文献认为，如果欧盟考虑采用统一的模式，毫无疑问，其趋势是采用大多数成员国的“开放式列表”的方式。[②] 因此，作品类型开放的例示模式是著作权法作品类型制度的国际发展趋势。我国《著作权法》将作品类型调整为开放的例示模式之后，鉴于作品类型化对提高识别受著作权保护作品的效率以及例示类型作品在权利内容上的明确配置，司法实践中在面对诉请保护的作品时，在其可以归属于例示类型作品的前提下，应该优先将其认定为例示类型作品。但为了避免非例示类型作品保护的国际不对等，不应通过扩大解释例示类型作品的概念将非例示类型作品纳入其中保护，这种情况下应该适用非例示类型作品。“在社会实践语境下，解释概念现象必然要诉诸由诸种规范资源建立起来的推论关系”，[③] 在非例示类型作品符合“文学、艺术与科学领域”以及“智力成果”这两个条件的前提下，应该类推适用例示

① 在英国的 Creation Records v. News Group Newspapers 一案中，原告为了拍照，布置了一个物品的场景，作为绿洲唱片集“现在这里”的封面，被告所雇佣的摄影师未经授权拍摄一张场景照片，并将其复制后销售。原告申请临时禁令限制照片继续销售，法院认为，照片中的场景没有版权，因为场景本身并未采用雕刻、美术拼贴或者艺术手艺品的方式，不能归类为戏剧作品或艺术作品。See Creation Records v. News Group Newspapers [1997] EMLR 444, at 447. Andrew Christie. 教授评价该案时认为，“封闭式列表”的作品类型化制度会造成保护上的差距，其中一些差距会造成不合理的歧视；而且“封闭式列表”的客体类型化制度会导致一定程度上的技术特殊性，从而导致新类型的作品能否纳入既存列表变得模糊不清。See Andrew Christie, *A Proposal for Simplifying United Kingdom Copyright Law*, European Intellectual Property Review, Vol. 1, 2001, p. 28 –30. 英国学者甚至认为，英国版权法如果在未来不放弃作品类型法定而采作品类型开放的例示模式，英国年轻的设计家和羽翼未丰的产业将选择对时尚产业更友好的司法管辖区域。See Iona Silverman, *Copyright and Fashion: A UK Perspective*, WIPO Magazine, 3/2014, https://www.wipo.int/wipo_magazine/en/2014/03/article_0007.html。

② 参见［英］坦尼亚·阿普林：《客体》，载［英］埃斯特尔·德克雷主编：《欧盟版权法之未来》，徐红菊译，知识产权出版社 2016 年版，第 52 页。

③ 参见陈曦：《法律概念与法律规范的关系》，载《苏州大学学报（法学版）》2022 年第 2 期。

类型作品的裁判方法，通过法律类比推理的裁判方法，为诉请保护的非例示类型作品选择最为类似的例示类型作品，以该种例示类型作品独创性判断以及思想与表达之间划界的裁判方法，判断该种非例示类型作品有无独创性以及诉请保护之内容是否为应受保护的表达而非思想；并类推适用所选的例示类型作品依法应该享有的权利内容。

第四章　权利配置的制度逻辑及其实现[*]

以著作权保护为基本目的的著作权法，权利制度体系自然处于著作权法制度体系中的最核心。权利配置首先需要考虑的是初始的权利所应配置的主体。著作权主体制度解决著作权的归属，其自然是以著作权保护为根本目的著作权法的主要制度。当今依然处于融合传统媒体与新媒体的融媒体时期，无论传媒技术发展到何种境地，作品创作与传播发生什么样的根本性变化，著作权法中主体制度必然保持着创作者作为主体与投资者作为主体的二元结构。对于著作权主体制度而言，在立法明确特定客体主体归属之后，实际上并无太多的解释空间。因此，本书对于融媒体时期著作权主体制度的研究，主要分析主体制度本身的合理性。为此，应该对中国《著作权法》主体制度是否契合该种主体二元结构之逻辑基础，进行契合性检证。创作者与投资者，两者作为主体的利益诉求不同。创作者主体更需要人身权，尤其是署名权以保护与提升其声誉，从而使其未来的作品或邻接权客体具有市场竞争力；而投资者主体则更需要财产权以便利其对作品或邻接权客体的无障碍利用。为此，著作权法应该根据二元结构主体的不同利益诉求，配置不同的权利。中国2020年修正的《著作权法》对主体及其权利配置进行了一定程度的调整，具体表现为：（1）除为与第2条第2款、第3款规定的外国人、无国籍人区分，继续保留“公民”的表述外，《著作权法》中的“公民”与“其他组织”全部调整为“自然人”与“非法人组织”这种更契合民事主体的称谓，

---

* 本章部分内容已经发表，收入本书进行整合。参见刘铁光：《著作权主体的二元结构及其权利配置——兼评2020年〈著作权法〉修正的主体制度》，载《知识产权》2021年第8期。

也与《民法典》主体的立法表述保持一致；（2）将2010年《著作权法》第11条第4款修正为第12条第1款，在作品上署名的人不但被推定为作者，而且推定作品存在相应的权利，即推定作者享有著作权法应该赋予作品的权利；（3）增加第40条有关职务表演的规定，将职务表演的权利规定为由演出单位享有，但表演者享有人身权。这三个方面调整之后，《著作权法》主体及其权利配置制度更为合理。然而，2020年修正的《著作权法》主体制度，是否已经完全契合著作权主体二元结构及其权利配置的原理，则需要进一步检证。

其次，权利配置应该考虑作者权体系国家著作权法在权利内容上所采用的人身权与财产权配置的二元结构。一般认为，以英美为代表的版权体系国家著作权法，采取财产权配置著作权的一元结构。不过，实质上并非完全如此。比如美国，除在1990年通过《美国视觉艺术家权利法案》给视觉艺术作品作者提供署名权和保护作品完整权的保护外，[①] 并通过判例支持作者对未发表作品享有绝对的控制权。比如在判例中，法院拒绝适用合理使用规则授权出版商从杰拉尔德·福特未发表的回忆录进行引用；[②] 这实质上是对发表权的保护。而在另一个判例中，法院拒绝在评传中适用合理使用规则使用未出版"科学论派运动"奠基人的未出版手稿。[③] 因此，实际上，美国版权法同样通过其他途径对作者人身权进行保护。而1988年《英国版权、外观设计与专利保护法》第4章专章明确地规定了人身权利（moral right），分别规定为识别为作者与电影导演权（Right to be identified as author or director，类似署名权）、反对贬损作品的权利（Right to object to derogatory treatment of work）、禁止虚假署名权（False attribution of work）以及特定照片和电影中的隐私权（Right to privacy of certain photographs and films）。尽管有学者认为

① Peter Jazzi, Toward a Theory of Copyright: The Metamorphose of "Authorship", Duke Law Journal, Vol. 1991: 455, p. 499.

② Harper & Row Publishers, Inc. v. Nation Enters., 471 U. S. 539 (1986).

③ New Era Publications Int1 v. Henry Holt & Co., 873 F. 2d 476 (2d Cir. 1989).

前两种权利即识别为作者和电影导演权以及反对贬损作品权是为了履行《伯尔尼公约》的义务,[①] 但并不能否认其作为著作权法意义之人身权的本质。[②] 客观上，英国版权法上同样存在著作权法意义上的真正人身权。因此，在实质上，无论作者权体系国家著作权法还是版权体系国家版权法，实质上都是采取人身权与财产权二元结构置模式。中国《著作权法》从 1991 年颁布开始，历经 2001 年、2010 年以及 2020 年的修订，一直坚守人身权与财产权的二元结构。尽管深入分析表明，人身权与财产权的制度配置整体上均是传媒产业发展的需要，但人身权与财产权的哲学基础并不一致，人身权来源于作者权体系作品是人格延伸的哲学基础，而财产权来源于英美版权法体系经济激励的哲学基础，两者之间的逻辑基础必然具有一定的区别性。《著作权法》2020 年的修订，人身权制度没有进行任何修订，但财产权有一定的调整，具体包括：（1）将数字化纳入复制权的控制范围;[③]（2）扩大广播权的保护范围以控制有线、无线的直播与转播，从而将网络同步播放纳入广播权的控制范围；（3）增设表演者出租权、录音制作者广播与机械表演的获酬权以及为广播组织赋予信息网络传播权。如前所述，对于逻辑基础的契合性，并不是通过一次主动而为的立法调整即可完全实现，仍需要进行系统契合性检证。

因此，著作权权利配置的制度逻辑包括权利主体的二元结构与权利内容的二元结构。《著作权法》2020 年修正之后的制度体系，应基于主体的二元结构与内容的二元结构进行契合性检证，以明确权利体系的未来修正方案。

---

① William Cornish, David LLewelyn, Tanya Aplin, Intellectual Property: Patent, Copyright, Trade mark and Allied Right (8th edition), Sweet & Maxwell, Thomson Reuters, 2013, at 12 – 69.

② 当然，特定照片和电影中的隐私权并不是严格意义上著作权人的人身权利，因为该权利的内容为：为私人和家庭目的委托拍摄照片或制作电影的人，如果作为该行为的结果作品享有著作权，该人有权不将该作品向公众发行、在公共场所展示或出现以及不将该作品广播以及通过有线电缆向公众传播。参见《英国版权、外观设计与专利法》第 85 条。

③ 这种增设只有形式意义，因为即便是立法未明确复制权可以控制数字化复制，但实际上均承认复制控制数字化复制。

一、权利配置主体的二元结构

创作者作为主体与投资者作为主体是著作权法中主体制度一直坚持的二元结构。应以该种二元结构为基础，依据创作者主体与投资者主体不同的利益诉求配置不同的权利。

（一）创作者作为主体

创作者作为著作权的主体并非完全理所当然。至少在著作权诞生的初期，作为创作者的作者对于其所创作的作品并不关心是否享有著作权，主要通过保守他们的专有技艺维持他们的地位或接受富人的资助以获取生活所需。[①]作者作为著作权的主体具有一定的偶然性。1695 年《英国许可法》废除之后，出版产业遭遇盗版之苦。出版商初始的策略是寻求通过管制印刷与出版的立法以恢复其对出版产业的重新控制，出版商游说政府立法的提案名称充分说明了这一点：1697 年的提案名为《规制印刷与印刷 - 出版的法案》、1698 年的提案名为《更好规制印刷者和印刷出版的法案》以及 1703 年的提案名为《阻止出版产业无规制状态的提案》。[②] 这些提案的根本目的是恢复出版产业在《英国许可特许法》时期的有序状态。

在前述关于印刷与出版管制的提案失败之后，出版商开始寻求策略上的改变，要求对作者或作者手稿的购买者给予财产权保护，提出侵犯这种财产权，最终挫伤这些有学问的人撰写对公众有巨大益处作品的积极性。[③] 正因为如此，世界上第一部现代意义上的著作权法，即英国《安妮女王法》早期的提案是以鼓励学术（encouraging learning）为名。[④] 表面上，书商的努力只

---

① See Judith Perani, Norma Hackleman Wolff, Cloth, Dress, and Art Patronage in Africa, Berg Publishers, 1997, p. 49.

② See Lyman Ray Patterson, Copyright in Historical Perspective, Vanderbilt University Press, 1968, p. 140 – 142.

③ See Lyman Ray Patterson, Copyright in Historical Perspective, Vanderbilt University Press, 1968, p. 142.

④ See Mark Rose, Authors and Owners: The Invention of Copyright, Harvard University Press, (1993), p. 43.

是为作者争取到一种权利，似乎把对出版产业的控制拱手让给了作者。实则不然，那个时代印刷技术设备的成本高昂，使得作品必须依赖传播中介，即书商才能向公众传播。学界几乎公认，书商以作者的名义诉求权利，这是出版商在以管制为主题的提案被拒绝之后所转变的策略，目的依然是确保其对产业的控制，因为其充分考量了那个时代作者必然将权利转让给出版商的实践经验。[①] 尽管书商需要从作者手中购买权利以获得出版的授权，但相对于出版产业所遭受的盗版之苦而言，向作者购买著作权显然是书商愿意承担的成本。更何况，还存在作者自愿倒贴出版费用以出版其作品的情况。[②] 因此，将创作者（作者）作为著作权权利主体的制度安排，不但为著作权寻求到了“劳动财产说”上的正当性[③]——因为作品作为作者智力劳动的成果，自然应该赋予作者对作品的财产权，[④] 而且由于作品传播成本的高昂，作者不得不将作品出版等方面的权利转让给出版商，亦契合出版产业继续由出版商控制的初衷。或者在某种程度上说，是因为出版产业自身的发展，需要在著作权主体制度中，将创作者（作者）作为著作权的当然主体。

创作者作为主体亦可以延伸到邻接权领域，比如表演者作为表演的权利主体，其制度的逻辑基础与作者作为主体的逻辑基础基本一致。确立表演者作为表演的权利主体，不仅仅是基于表演者对其表演享有权利的利益诉求，更是基于表演者权构建演艺产业竞争秩序的需求。

（二）投资者作为权利主体

出版产业作为版权产业的最初投资者，由于其缺乏创作所必须的自然条

---

① See Benjamin Kaplan, An Unhurried View of Copyright, Law Book Exchange, Ltd (2008), p. 8.

② 即便当今这个时代，我国依然有作者愿意倒贴出版费用的方式出版自己的作品。

③ “只要他使任何东西脱离自然所提供的和那个东西所处的状态，他就已经掺进他的劳动，在这上面掺进他自己所有的某些东西，因而它成为他的财产”。[英] 约翰·洛克：《政府论》（下篇），叶启芳译，商务印书馆 1964 年，第 19 页。洛克的劳动财产理论，被修正为作品作为作者智力劳动的成果，自然应该赋予作者对作品的财产权，这种观点被广为引用论证著作权的正当性。

④ See Edward W. Ploman & L. Clark Hamilton, Copyright: Intellectual Property in the Information Age, Routledge & Kegan Paul Books (September 18, 1980), p. 17.

件而不应是著作权的原始主体，但其通过从创作者处受让著作权成为著作权的继受主体。而随着出版产业的发展，出版者开始在著作权法上寻求获得法定的专有权利，我国1990年《著作权法》为出版者规定的专有出版权就是很好的例证。随着传播技术的发展，投资者从著作权诞生之初的出版者，发展成今天包括雇主、委托人、演出单位、电影作品的制片者、录制者以及广播组织等等。投资者需要成为著作权法上的主体，通过享有和行使著作权与邻接权以实现收回投资与获取营利的目的。

投资者安排为著作权的主体，不但符合投资者收回投资与实现营利的需要，亦是降低交易成本的制度选择。正如论者所言，鉴于投资者在著作权市场中的地位及其身份，将权利配置给投资者并将其视为著作权人，无疑符合经济学中的帕累托改进（Pareto improvement），是实现著作权激励机制的有效途径。[①] 首先，创作、传播过程中参与主体的复杂化，使得投资者在现代作品的创作中具有越来越重要的意义，投资者需要著作权以收回其投资。诸如电影等视听作品、录音录像的制作者与广播电视组织等，这些作品或邻接权客体的创作与传播并非作为创作者的单个自然人可以轻易完成。作为鼓励投资的著作权法，自然应该通过制度安排使投资者以获取著作权的方式以收回投资与获取利益。其次，对于集体创作的作品，参与创作主体构成复杂，将著作权通过立法的方式赋予投资者，有利于降低交易成本，如电影作品。如果不在制度上对著作权归属进行直接安排，则会存在应该由谁享有和行使著作权的争议，必然导致因权利归属不明而降低交易效率、增加交易成本。正如波斯纳所认为，当交易成本较高时，法律作为一种促进资源有效配置的手段时，应该改变权利的配置，以模拟交易成本为零的资源配置以降低交易成本。[②]

---

① 参见熊琦：《著作权法中投资者视为作者的制度安排》，载《法学》2010年第9期，第87页。

② 参见［美］理查德·A·波斯纳：《法律理论的前沿》，武欣等译，中国政法大学出版社2003年版，第42页。

二、权利配置内容的二元结构

（一）人身权的配置逻辑

人身权初始或表面的目的在于声誉积累与保护，但更深层次的目的是因为传媒产业需要对作者的声誉进行积累与保护。这也表明，人身权的制度设置，应该以不超过作者声誉积累与保护所需要的限度。

1. 人身权设置的目的为声誉积累与保护

无论作者权体系国家著作权法还是版权体系国家著作权法，实质上均存在人身权制度。然而，人身权制度却在国内学界遭遇强烈的诟病。比如有学者认为，著作人格权制度有下列假设前提，即（1）发表权之假定：作品是思想或情感的外化，作者有权决定是否与公众交流其思想或情感，控制作品的发表是人格利益；（2）署名权之假定：作品体现人格，因此不得切断作者与作品的关联，作者与作品的客观联系应当得到尊重；（3）保持作品完整权之假定：作品反映了作者的人格，作品应当与作者的思想、情感保持一致，破坏作品的完整性即破坏了人格的完整；该学者通过论证认为，该三种假设前提存在如下两个问题：（1）前提假定与一般社会观念的冲突；（2）前提假定与市场规则的冲突。从而认为，著作人格权制度终究难逃式微的命运。①还有学者认为，经济进步与科技发展，为作者精神权利带来了严峻挑战，并认为，中国秉承大陆法系传统，将精神权利视为人身权，这使它在版权贸易中面临尴尬境地。② 实际上，认定人格权存在困境的主要原因是人身权的不可转让性、不可放弃性与不可继承性，③ 从而导致作品在交易的时候出现困

① 参见李琛：《质疑知识产权之“人格财产一体性”》，载《中国社会科学》2004 年第 2 期。

② 参见杨延超：《精神权利的困境——两大法系版权立法比较分析》，载《现代法学》2007 年第 4 期。

③ 参见李琛：《质疑知识产权之“人格财产一体性”》，载《中国社会科学》2004 年第 2 期。

境，即“版权贸易中面临尴尬境地”。[①] 然而，这种理论上的不可转让性与实践中对转让的需要，并非著作权人身权独有的问题，在传统民法领域，至少姓名与肖像都存在许可他人使用的现象，[②] 但未见讨论姓名权、肖像权式微的问题，亦未见理论与实务中出现多大的困境。实际上，著作权中的人身权非但不会式微，不仅仅是因为著作权中人身权本身可以从浪漫主义对主体地位的尊重获得正当性，[③] 更为重要的是，其本质上巧妙地契合了产业发展的需要。

作者创作作品的目的并非寻求其作品被交易之后的经济利益，至少可以说，只有极少数作者创作的直接目的是经济利益。哲学领域的研究成果认为，创作是一种“精神本能”，[④] 诚如梁漱溟先生所言，“生命本性可以说就是莫知其所以然的无止境的向上奋进，不断翻新”。[⑤] 创作甚至是人类的一种本能，即便是没有经济激励，人类同样会创作。因此，作者创作作品的目的并非因为其作品的著作财产权可以获得经济收益。不过，无论作者创作作品基于何种目的，对其创作作品产生声誉的评价却是极其看重。“无论是实用艺术作品、事实作品、科学作品还是纯艺术作品的作者，他们都有对声望的追求，这是无可否认的事实。”[⑥] 作者或许不在乎其创作的作品是否可以获得著作权保护，但其肯定在乎因为其作品的利用对其声誉产生的影响。即便是认为作者已经死亡的 Roland Barthes 亦认为，作者是一个现代的角色，是我们社会的产物，其出现于伴随英国经验主义、法国理性主义以及大革命个人信

---

① 参见杨延超：《精神权利的困境——两大法系版权立法比较分析》，载《现代法学》2007 年第 4 期。

② 明星、名人的姓名与肖像许可他人使用的现象比比皆是。

③ 浪漫主义对人的主体地位的尊重和个性的要求成为大陆法系“个人智力创作”原则和“个性印记”标准的思想渊源，也是精神权利产生的思想养料。参见张建邦：《精神权利保护的一种法哲学解释》，载《法制与社会发展》2006 年第 1 期。

④ 参见赵汀阳：《论可能生活：一种关于幸福和公证的理论》，中国人民大学出版社 2004 年版，第 160 页。

⑤ 梁漱溟：《人心与人生》，上海人民出版社 2005 年版，第 75 页。

⑥ 梁志文：《变革中的版权制度研究》，法律出版社 2018 年版，第 105 页。

仰的中世纪，其发现了个体的声誉所能显然存放的人。[①] 在没有现代意义上著作权法的年代，作者、作曲家、发明者、艺术家以及其他类似的主体——自从希腊与罗马时期就已经面对因为盗窃和盗版其作品保护与身份识别的问题。[②] 这表明，在古希腊和古罗马时期，已经开始面对作者的身份识别问题，而且那个时代的西方教会，已经开始对破坏署名的行为进行规制。比如传说中6世纪修道士科伦巴抄录了属于修道院院长的诗篇，德尔米德国王命令将未经许可的抄本返还给修道院院长，国王认为："牛犊属于母牛，抄本归属作者。"[③] 学者考证认为，知识产权所有权的精神概念从希腊和罗马进入早期的基督教会，犹太教和基督教都将剽窃看作是对摩西戒律的违反，即"不可盗窃"。[④] 王室与宗教对这种作品归属上主张的承认，实际上就是对作者声誉的一种保护。这种没有任何经济赔偿的保护，本质上就是一种声誉的保护。即便是不在著作权立法中对著作人身权提供特别保护的版权体系国家的早期，比如英国与美国，实际上是通过普通法对任何有损其声誉行为的规制实现保护。实际上，版权体系的英美法，即便是在著作权立法中未对著作权人身权明确予以保护，其依然在普通法中对大陆法系有关著作人身权进行保护，英国在1952年提交给版权委员会的报告认为，"我们认为部分大陆国家有特别的立法延伸保护到作者的荣誉与声誉。在不同的法定条款之外，英国的该种保护由普通法提供"。[⑤]

作者声誉的保护，首先需要通过对作品的署名以建立其声誉，其次需要保护作品的完整以防止其声誉遭遇减损，而著作权法设立的署名权与保护作

---

① Roland Barthes, The Death of the Author, Image, Music, Text, Fontana, 1977, p. 142 - 143.

② See Harold C. Streibich, The Moral Right of Ownership to Intellectual Property: Part I - From the Beginning to the Age of Printing, 6 Mem. St. U. L. Rev. 1, 1975, p. 4.

③ 参见［美］保罗·戈斯丁：《著作权之道：从古登堡到数字点播机》，金海军译，北京大学出版社2008年版，第33页。

④ Harold C. Streibich, The Moral Right of Ownership to Intellectual Property: Part I - From the Beginning to the Age of Printing, 6 Mem. St. U. L. Rev. 1, 1975, p. 4.

⑤ The Report of the Copyright Committee of 1952, presented by the President of the Board of Trade to Parliament by Command of Her Majesty, October, 1952.

品完整权则是对应保护的制度设置。《伯尔尼公约》于1928年罗马修订会议所设立的人身权制度,[①] 正是对应这两个方面设立署名权与保护作品完整权,并在第6条之二的规定中,明确表明独立于作者的著作权,即便是著作权转让之后,作者仍然有权主张作品的署名权以及反对任何有损其名誉或声誉的扭曲、毁损以及其他任何修改的行为。[②] 而作者决定其作品是否公开以及公开的时间,也是由作者自己对声誉判断的权利。“允许其作品以作者的名义出版或向公众表演的事实,必然影响他的声誉与地位,以及由此损害或提高其将来获取收入的能力。”[③] 比如法国早期(1900年)的判例中,就认为,艺术家有权拒绝交付其不满意的作品。该案中,Lord Eden委托一位美国的艺术家为其妻子创作肖像以陈列在公共场所,艺术家以对该作品不满意而拒绝交付。[④] 因此,著作人身权的保护本质在于对作者与作品联系的声誉,几乎所有作者都在乎这种声誉。作者声誉基本上驻留在署名、作品完整与发表等几种方式,其并不会随传播方式的变化发生根本性的变化,这也是人身权在传播技术历次变革之后,依然大致保持署名权、保护作品完整权与发表权不变的根本原因。

2. 传媒产业发展对作者声誉保护的需要

既然著作人身权保护的本质是作者与作品相联系而产生的声誉,表面上看,与传媒产业并无本质上的关系,作者原本就是出版产业的需要所催生著作权的一个被借用者,传媒产业的发展更无需人身权制度,甚至会导致前述

① 当然,在《伯尔尼公约》1928年罗马修订会议将人身权纳入公约保护之前,根据学者考证,欧洲内部和外部的国家著作权法,都已经先后规定了著作人身权,比如哥伦比亚(1885)、叙利亚(1922)、瑞士(1922)、罗马尼亚(1923)、意大利(1925)、波兰(1926)、捷克(1926)、葡萄牙(1927)、芬兰(1927)等。参见[荷]威廉·高斯黑德:《精神权利》,载[英]埃斯特尔·德克雷主编:《欧盟版权法之未来》,徐红菊译,知识产权出版社2016年版,第194页。

② See William Strauss, The Moral Right of the Author, The American Journal of Comparative Law, Vol. 4, No. 4 (Autumn, 1955), p. 507.

③ Martin A. Roeder, The Doctrine of Moral Right: A Study in the Law of Artists, Authors and Creators, Harvard Law Review, Vol. 53, No. 4 (Feb., 1940), p. 563.

④ See Raymond Sarraute, Current Theory on the Moral Right of Authors and Artists under French Law, the American Journal of Comparative Law, Vol. 16, No. 4, (Autumn 1968), p. 467.

学者所谓的“前提假定与市场规则的冲突”的结果。[①] 实则不然，只有少数作者在乎基于著作财产权所获得的经济利益，但几乎所有作者都在乎对其声誉的影响。如果没有人身权为作者声誉提供保护，比如连署名、发表以及作品完整的权利都未能在著作权法得到规定；或者署名、发表以及作品完整不能获得任何法律的保护，在绝大部分作者不关心以财产权换取经济利益的前提下，至少大部分作者无任何创作作品的理由或动因。没有新的作品产生，这对于出版产业乃至整个传媒产业而言，都失去发展的根本前提。此外，传媒产业必须依赖畅销作品带动发展，以书籍出版为例，有学者研究认为，中国的书业已经逐步进入畅销书经济时代，其基本标志是畅销书在出版社的出书品种中所占的比重虽然不大，一般占20%左右，但产生的销售收入和利润却要占到80%左右，而且畅销书还能向电影、游戏等相关的产业延伸。[②] 署名权的保护是畅销作品得以产生的基本前提，大部分畅销作品必须以高知名度作者的署名为前提。或许会认为，诸如署名的保护实际上可以通过大陆法系民法姓名权或普通法中反欺诈侵权制度予以实现，但无论是民法上的姓名权，还是普通法上的反欺诈侵权制度，都无法像著作权法那样给作者的声望以如此具体明确的保护。况且，无论是大陆法系上的民法，还是普通法上的反欺诈侵权制度，都难以在制度的表述上明确保护作品完整权与发表权的具体内容。

本质上著作人身权是对作者声誉的保护，在大部分作者并不关注财产权收益的前提下，如果没有人身权对作者声誉的积累与保护，所有作者将缺乏创作的动因与理由，出版产业乃至整个传媒产业将失去发展的根本。因此，著作人身权的制度设定，本质上契合产业发展对署名、作品完整与发表保护的需要；反过来，也可以说是传媒产业发展需要对署名、作品完整与发表的保护，以保护作者的声望。而制度的应然设计上，应以作者声誉获得足够保

---

① 该种观点的详细论证请参见李琛：《质疑知识产权之“人格财产一体性”》，《中国社会科学》2004年第2期，第76、77页。

② 参见朱胜龙：《畅销书：从单本效益向产业经济链拓展》，载《出版参考》2003年第6期。

护为限度，避免过度保护障碍产业的发展。

（二）财产权的配置逻辑

著作财产权的演进是传播技术推动的结果，但著作财产权设立的逻辑基础不但是传媒产业需要著作财产权为投资者建立自身的竞争秩序，而且也是新旧传媒产业之间平衡的需要。这种平衡，本质上还是建立竞争秩序。

1. 财产权的制度演进与传播技术之间的时间关系

当代著作权法中的权利实际不是一个单一的权利，而是一个权利束，已经从《安妮女王法》中的单一复制之权发展成今天庞大的权利束，包括复制与传播等诸多方面的权利，以中国《著作权法》为例，第10条从人身权到财产权明确了16项权利之外，还以兜底条款的方式规定应该由著作权人享有的其他权利，以及视听作品享有电视播放的专有权。邻接权主体的权利同样如此，在我国《著作权法》上，即便是享有权利最少的出版者也有版式设计权与专有出版权；表演者有表明表演者身份、表演形象不受歪曲、现场直播与传送、录制、录制后的复制、发行、出租以及信息网络传播权等诸多专有权利；录制者享有复制、发行、出租、通过信息网络向公众传播等专有权，录音制品的录制者享有机械表演与远程传送的报酬权，录像制作者还享有电视播放的专有权；广播组织享有有线或者无线方式转播、将其播放的广播、电视录制、复制以及将其播放的广播、电视通过信息网络向公众传播等方面的权利。除著作权人身权的内容基本保持1928年《伯尔尼公约》罗马修订会议所提出的内容外，各国著作权法中的财产权制度都已经演变为当今包含庞大内容的权利束，传播技术则是这种演变进程的直接推动力。根据考察，传播技术与著作权的诞生及演变之间的时间关系如下：① 雕版印刷技术广泛应用于书籍印刷的时间是953年，中国第一个禁止雕版复刻的政府命令颁发的时间是1068年，期间相隔115年；活字印刷技术广泛应用的时间是1450年，

① 参见刘铁光：《论著作权权项配置中兜底条款的废除——以著作权与传播技术发展的时间规律为中心》，载《政治与法律》2012年第8期。

意大利第一个保护翻印令的时间是1469年，之间间隔19年；而第一部现代意义上的著作权法，即《安妮女王法》诞生的时间是1709年，与活字印刷技术相隔的时间是260年；八音盒广泛应用的时间是19世纪上半叶，1908年《伯尔尼公约》柏林文本规定了音乐机械复制权，时间上相隔大约70年；录音机广泛应用的时间是1936年，标志着表演者权与录音制作者权在全球建立的《罗马公约》诞生于1961年，时间上相隔25年；[①] 广播广泛应用的时间是1920年，1961年《罗马公约》规定了广播组织权，时间上相隔41年；因特网广泛应用的时间是1981年，向公众提供权确立于1996年的“因特网条约”，时间上相隔15年。从变迁上的时间规律来看，著作权财产权制度的演进相对滞后于传播技术的变革，其中除“权项配置立法滞后于传播技术发展的时间规律在公众利益、传播技术发展与利益平衡的实现等方面具有正当性”外，[②] 传播技术所引致的新产业需要一定时间方可对旧产业产生影响。也可以说，是因为传播技术所引致的新传媒产业需要一定时间方可需要新的权利配置，以应对新产业出现的竞争。

2. 财产权的配置是产业竞争秩序与新旧产业之间平衡的需要

著作权法因图书贸易而生，并随版权产业的丰富和繁荣而不断发展，所以著作权法始终以保障版权产业的利益为首要立法目标。[③] 著作权的诞生本来就是传播技术推动产业发展需求的结果，因为“印刷机无可挽回地改变了作者的作品在道德主张与经济主张之间的平衡”。[④] “在传媒技术和市场使盗

---

① 在1961年之前，部分国家通过国内立法保护表演者与录音制作者，德国（1910）、英国（1911）、奥地利（1920）、瑞士（1922）、意大利（1941）等国家的著作权法相继开始保护表演者与录音制作者的权利。See Stephen M. Stewart, ed, International Copyright and Neighboring Rights (2nd ed.), London: Butterworths, 1989, p. 222.

② 参见刘铁光：《论著作权权项配置中兜底条款的废除——以著作权与传播技术发展的时间规律为中心》，载《政治与法律》2012年第8期，第112页。

③ 参见熊琦：《Web 2.0时代的著作权法：问题、争议与应对》，载《政法论坛》2014年第4期。

④ ［美］保罗·戈斯汀：《著作权之道：从古登堡到数字点播机》，金海军译，北京大学出版社2008年版，第32页。

版成为有利可图时著作权才有诞生的可能。”① 标志著作权诞生的英国1710年《安妮女王法》，就是出版产业应对盗版而以作者的名义所诉求的结果。② 而作为著作权法核心制度的著作财产权，其诞生、发展与变革更是为了维护传媒产业的发展。印刷技术催生了出版产业，使出版产业需要复制权以维护其产业内的竞争秩序，防止因为盗版所致的恶性竞争与循环，著作权的诞生体现了出版产业与盗版产业之间的博弈，也可以说是，出版产业内需要著作权以建立其内部的产业竞争秩序。而随着表演相关技术（比如舞台灯光等）的发展，不但使代表作者的出版产业开始觊觎演艺产业的利益从而寻求著作权法上的表演权，而且表演权也是演艺产业建立自身产业内秩序的需要；与此同时，代表表演者的演艺产业诉求表演者权，以希望能从伴随录音技术而出现的录音产业以及伴随广播技术而出现的广播电视产业中分享利益；表演权与表演者权在著作权法中的确立，本质上是出版产业、演艺产业、录音产业与广播电视产业之间博弈的结果，也是各自产业内部竞争秩序规则建立的需要。录音录像制作者权以及广播组织权则是录音录像产业与广播电视产业自身秩序建立的需要；而作者、表演者、录音录像制作者所享有的信息网络传播权则是代表作者的出版产业、代表表演者的演艺产业以及代表录音录像制作者的录音录像产业与互联网产业之间博弈的结果。著作权财产权的制度演进传播技术所致的新旧产业之间平衡的结果。而财产权制度的应然设计上，必然以产业发展的需求为前提，应该根据产业发展的需要为旧产业配置权利，在不障碍新产业发展的基础上，保障新产业所必须依赖的旧产业利益，以平衡新旧产业之间的利益。

---

① Paul Edward Geller, Copyright History and the Future: What’s Culture Got to Do with It?, Journal of the Copyright Society of the USA, 2000, 47: 210.

② 英国17世纪，由于出版审查特权随着1695年《英国许可法》的废止而寿终正寝，书商公司开始饱受盗版之苦时，因为真正的盗版使未经专利人许可而重印专利图书的情况更加恶化。在游说恢复《英国许可法》的努力失败后，书商转而借助作者利益与图书财产权之名，于1707年2月向议会提出法案，主张通过立法保护作者或其被授权人，或原稿的购买者的“文学财产权”。See John Feather, Publishing, Piracy and Politics: A History Study of Copyright in Britain, Mansell Publishing Limited, London, 1994, p. 21.

传播技术变革只是财产权演进的表面动力，更为深层次的逻辑基础是产业自身需要一种权利配置以建立产业内部的竞争秩序，以及因为传播技术变革引致新的传媒产业与旧传媒产业之间的利益博弈，博弈的结果同样是通过权利配置建立竞争秩序。或者说，随着传媒产业不断分化发展，必然不断的需要新的权利，以使新的产业可以建立新的竞争秩序以及平衡新旧产业之间的利益。

3. 投资者的利用诉求与无障碍利用的权利配置

著作权法上投资者作为主体主要表现为如下几种类型：（1）邻接权领域，通过立法直接将著作权法上所有的权利配置给法定权利主体，主要表现为录音录像制作者、广播组织以及出版者。录音录像与广播电视都需要一定甚至是巨额的投资，录制者与广播组织需要法定的专有权收回投资与实现营利。当然，也包括录音录像制作者委托他人录音录像之后，通过合同约定获得录制者主体依法应该享有的权利。尽管出版者可以通过受让或许可而取得著作权人的复制权与发行权，以保护其在出版市场的利益，但著作权法还是通过直接赋予专有出版权以实现其利益。（2）在著作权领域，投资者主要表现为委托创作作品的委托人；汇编作品的汇编人，比如对数据进行独创性的选择与编排的汇编人是该种数据库的投资者；视听作品中，尤其是电影作品与电视剧作品的制片者是投资者；职务作品中的单位作为雇主，自然也是该种作品的投资者。

对于投资者而言，无论其以什么方式参与作品或邻接权客体的制作，都需要对作品或邻接权客体的利用以收回投资并实现营利。这种权利配置，应不阻碍投资者对其投资所产生的作品或邻接权客体的自由使用。理论上，应该将著作权法上的所有财产性权利均配置给投资者。当然，对于私有领域的权利配置，创作者与投资者对于财产权的约定自然优先适用，无论立法是否立法有规定。

三、《著作权法》权利主体二元结构的契合性检证

著作权法确立主体制度的二元结构，即创作者作为著作权主体与投资者

作为著作权主体，我国《著作权法》主体制度亦体现这种二元结构。如前所述，2020 年修正的《著作权法》对主体制度进行的调整，使其更加契合主体制度二元结构及其权利配置规则，具体表现为以下几点：其一，第 9 条分两款规定著作权人包括作者与其他依照本法享有著作权的自然人、法人或者非法人组织；作者为创作者；其他依法享有著作权的自然人、法人或非法人组织是指作者之外的著作权主体，是指依据《著作权法》规定享有著作权的自然人、法人或其他非法人组织，一般为可以解释为投资者主体。其二，第 11 条、第 12 条规定著作权归属于作者，作者分为三种类型：（1）创作作品的自然人；（2）法人作品的作者为法人；（3）如无相反证明，在作品上署名的自然人、法人或者非法人组织为作者。其三，从第 13 条到第 21 条规定特定情况下著作权的归属规则或者行使规则。其中分别涉及作者作为主体和投资者作为主体的制度安排，至于这些规定是否契合主体的二元结构及其权利配置原理，以下分别予以检证。

（一）创作者主体及其权利配置制度的检讨

对于创作者作为著作权主体的制度安排，《著作权法》第 11 条规定，创作作品的自然人是作者，再结合第 9 条作者为著作权主体的规定，辅以第 12 条第 1 款推定为作者的制度，《著作权法》基本上契合创作者作为著作权主体的制度安排。尤其是 2020 年《著作权法》新增的第 40 条，[①] 将职务表演的人身权配置给表演者，使创作者作为主体的基本原理得以在《著作权法》中得到很好的贯彻。实际上，如果严格适用《著作权法》有关创作者作为著作权主体的制度安排，基本上实现创作者作为著作权主体的制度目的。这与当前世界主流国家著作权法有关著作权主体制度的规定基本一致，比如《德国著作权法》第 7 条规定，创作作品的人应该被认定为作者；以及该法第 10

① 根据《著作权法》第 40 条的规定，演员为完成本演出单位的演出任务进行的表演为职务表演，演员享有表明身份和保护表演形象不受歪曲的权利，其他权利归属由当事人约定。当事人没有约定或者约定不明确的，职务表演的权利由演出单位享有。职务表演的权利由演员享有的，演出单位可以在其业务范围内免费使用该表演。

条第1款有关作者推定的规定，即在没有相反证据的情况下，在出版作品复制件上或者在艺术作品原件以符合惯例的方式指明为作者的人视为作者，该规则同样适用于熟知的笔名或者艺术家的签名。

不过，遗憾的是，最高人民法院相关的司法解释却违背了创作者作为著作权主体的基本原理。《关于审理著作权民事纠纷案件适用法律若干问题的解释》（法释〔2020〕19号）第13条规定，除《著作权法》第11条第3款规定的情形外，由他人执笔，本人审阅定稿并以本人名义发表的报告、讲话等作品，著作权归报告人或者讲话人享有。著作权人可以支付执笔人适当的报酬；同时，该解释第14条规定，当事人合意以特定人物经历为题材完成的自传体作品，当事人对著作权权属有约定的，依其约定；没有约定的，著作权归该特定人物享有，执笔人或整理人对作品完成付出劳动的，著作权人可以向其支付适当的报酬。这种安排，显然不契合创作者作为著作权主体的原理。首先，如果由他人执笔，本人审阅定稿并以本人名义发表的报告、讲话等作品，单纯地发生两个自然人之间，“本人审阅定稿”的表述表明本人对作品的最后形成具有决定权，这里可以区分两种情况：一是本人最后对作品进行了修改，最后的定稿与执笔人撰写完成的作品具有差异性，但应该不能区分两个主体的创作内容，或者说，两个主体创作的作品不能相互独立，这种情况下的作品实际属于合作作品；二是本人最后对作品并未进行任何修改，但是本人的意志决定了作品的最后状态。因此，本人对作品创作的意志实质上已经融入最后定稿的作品之中，本质上也是合作作品。对于合作作品，《著作权法》第14条已经规定合作作品由合作作者共有，该司法解释这种安排明显违背创作者作为主体的基本原理。即便是执笔人创作的目的不在于经济利益，制度安排上至少应该保留作者提升与积累声誉的署名权。其次，至于当事人合意以特定人物经历为题材完成的自传体作品，既然是合意的方式以特定人物经历为题材完成的自传体作品，实际属于委托作品，著作权的归属首先依据当事人之间的约定。该司法解释在没有约定的前提下，将著作权在法律上配置给特定人物享有，这与《著作权法》第19条所规定的委托作品的著作权归属规则相悖，因为根据该条规定，在没有约定的情况下，著作权应该归受托人。该司法解释在没有论证这种特殊委托作品著作权归属的正当性前提下，应该按照《著作权法》的规定予以处理。这表明，该司法解释实质上违反了立法的明确规定。当然，至于委托作品的著作权是应该配置给委托人还是受托人，则应该重新判断。

（二）投资者主体及其权利配置制度的检讨

对于投资者作为著作权人的制度安排，主要表现为《著作权法》第 11 条第 3 款所规定的法人作品、第 15 条所规定的汇编作品、第 17 条所规定的电影作品以及电视剧作品、第 18 条所规定的职务作品、第 19 条所规定的委托作品，以及邻接权除表演者外的全部主体制度。相对而言，除表演者中的个人表演之外，演出单位、出版者、录音录像制作者以及广播组织都是投资者。邻接权制度中，2020 年《著作权法》增加了第 40 条关于职务表演的规定，该条将职务表演的财产权配置给演出单位，人身权则配置给了演员。这种制度安排，可以说是投资者作为著作权主体的完美诠释。加上将录制者、广播组织作为著作权主体的制度安排，邻接权制度贯彻了投资者作为主体及其权利配置的基本原理。

然而，在狭义著作权制度中，投资者作为主体的原理却未能得到很好的贯彻。首先，法人作品与职务作品的规定广受诟病。法人作品规定在《著作权法》第 11 条第 3 款，2020 年《著作权法》只是将其他组织调整为非法人组织，其构成条件没有发生变化，即由法人或者非法人组织主持，代表法人或者其他组织意志创作，并由法人或者非法人承担责任的作品，法人或者非法人组织视为作者。法人并不具有创作作品的自然条件——人脑，该种作品同样必须由具备创作自然条件的自然人创作。然而，《著作权法》将这种情况下所有的著作权均配置给法人，创作者没有包括人身权（尤其是署名权）在内的任何权利。而根据 2020 年《著作权法》第 18 条的规定，特殊职务作品的构成条件分为两种情况：（1）主要是利用法人或者非法人组织的物质技术条件创作，并由法人或者非法人组织承担责任的工程设计图、产品设计图、地图、示意图、计算机软件等职务作品；（2）报社、期刊社、通讯社、广播电台、电视台的工作人员创作的职务作品。根据该规定，创作者对该类作品享有署名权，其他有关作品的所有权利都归属于雇主。由此所导致的问题是，法人作品与特殊职务作品之间在构成要件上难以区别，所谓法人作品也可以归于特殊职务作品，而特殊职务作品也可以纳入法人作品。比如，某软件公司的工程师甲，在工作范围内完成的计算软件，其自然会利用公司的计算机等物质条件，其可以归属于特殊职务作品；但同时，其所创作的软件自然代表公司的意志，如果发生侵权等法律责任，亦是公司承担，该作品也可以归属于法人作品。如果将该作品认定为法人作品，甲便没有任何权利，包括署名权；如果认定为特殊职务作品，甲便有署名权。这种安排存在两个问题：其一，法人作品中，创作者被剥夺了声誉积累的署名权；其二，法人作品与特殊职务作品没有本质区别的前提下，却区分对待，导致在两种相同类别的投资类作品中，创作者享有的权利不同，从而导致立法上权利配置的不公平。

《著作权法》第15条规定汇编作品的著作权归属于汇编人所有，汇编人在现实中主要表现为投资人。[①] 比如，举办晚会的电视台与数据库的编制者。制作晚会的电视台，可以委托他人制作，故此种情况下的汇编作品可以纳入委托作品之中，也许正因为如此，有学者认为应该将汇编作品直接纳入委托作品著作权归属规则中；[②] 但数据库的编制者一般表现为法人或非法人组织，具体从事编制的自然人一般为雇员，因此，这种情况下的汇编作品，实际上又是职务作品或法人作品。当然汇编作品的汇编人也可以是自然人，比如将鲁迅的作品以一种具有独创性的方式汇编在一起，该自然人也可以享有汇编作品的著作权，其既不是委托作品，也不是职务作品。因此，汇编作品也可以是独立存在的一种作品类型，汇编人可以在委托作品与职务作品之外独立

① 2020年修正《著作权法》时，未对汇编作品的著作权归属进行调整，只是条文的顺序由之前的第14条调整为第15条。

② 熊琦教授认为，将原有的电影作品、汇编作品条款并入委托作品中，统一作为委托作品看待，电影作品的制片人与汇编作品的汇编者视为委托人。参见熊琦：《著作权法中投资者视为作者的制度安排》，载《法学》2010年第9期。

作为一种著作权归属的主体。如果汇编作品是以职务作品或委托作品出现，自然应该适用委托作品与职务作品的规则。因此，《著作权法》中有关汇编作品的规定可以继续保留。

至于《著作权法》第17条规定的视听作品中的电影作品与电视剧作品，是相对较为复杂的一种情形。2020年《著作权法》将该两类作品的著作权配置给制作者，其他参与人享有署名权。同汇编作品一样，电影作品可以是以委托作品或职务作品的方式出现，其自然也可以适用职务作品与委托作品的规则。《著作权法》将电影作品与电视剧作品的著作权直接配置给制作者，目的在于避免该类作品因为著作权主体配置的繁琐导致交易成本过高。这种安排保护了其他参与创作主体比如编剧、导演、摄影、作词、作曲等作者所享有的署名权，电影作品为了能够使用这些作为其组成部分的作品，必须通过协议的方式从这些主体受让相关权利。因此，对于电影作品与电视剧作品著作权的主体以及权利配置，是完全契合创作者作为主体与投资者作为主体及其权利配置的基本原理。不过，第17条第2款将该两类作品之外的视听作品，允许参与人进行约定，没有约定的适用与电影作品、电视剧作品相同的规定。由此导致的疑问是，同为视听作品，为什么只有电影作品与电视剧作品应做这样的安排？无论是电影作品还是电视剧作品，如果不涉及投资人，直接适用创作者作为主体的规则即可；如果涉及投资人，还是应该将投资人作为著作权主体，保留创作者的署名权，投资者对视听作品的利用不得侵害创作者的声誉。即便是立法上对权利进行如此配置，作为私法领域的视听作品，无论是否为电影或电视剧作品，自然应该允许当事人对权利配置进行与立法不同的安排。

至于《著作权法》第19条所规定的委托作品，在没有约定的情况下，立法将权利配置给受托人，表面上看是对创作者的尊重，但结果并不一定如此。首先，委托人一般会通过合同约定的方式，将著作权约定归委托人所有。这种情况下，受托人连署名权都没有，由此导致受托人失去了基本亦是最为关注的对声誉激励的署名权。其次，现行立法的规定，导致《关于审理著作权民事纠纷案件适用法律问题若干问题的解释》（法释〔2020〕19 号）中有关他人执笔作品与特定人物经历的作品违反立法规定。如果将委托作品的著作权配置给投资者，该司法解释确立的规则便符合立法。当然，由于立法可以直接适用，实际上并不需要该司法解释。实际上，无论立法如何规定，当事人都可以对财产权进行不同于立法规定的约定。

四、《著作权法》权利内容二元结构的契合性检证

中国《著作权法》将狭义著作权的权项统一规定在第 10 条，邻接权的权项内容则散见于不同条款之中。① 2020 年《著作权法》，对财产权的相关规定进行了调整，但对于人身权的规定未进行调整。未予调整的人身权制度与调整之后的财产权制度，是否与其逻辑基础相契合，需要进行全面的检证。

（一）人身权不可转让与许可超过对声誉保护的需要

人身权最为首要的问题是人身权的内容问题，由于人身权的制度目的在于对作者进行声誉激励，现行立法主要规定了署名权、发表权、修改权与保护作品完整权，这也是大部分国家著作权法对人身权的基本配置。除却修改权与保护作品完整权之间存在重合与交叉，可以只保留一个之外，基本实现了对作者的声誉激励。至于在《著作权法》新近轮次修正过程中有关增加追续权规定的提议，并不是作者声望激励所必须的权利。尽管追续权在性质上存在人格权说、财产权说、“人格权与财产权”混合说、报酬请求权说、债权说等，② 但无论如何，追续权涉及艺术作品原件拍卖时作者利益分享的权利，对作者声誉激励无关，难以纳入版权人身权的范围。中国有学者甚至认

---

① 包括《著作权法》第 33 条对出版者所享有的专有出版权、第 37 条出版者对版式设计所享有的复制权、第 39 条对表演者所赋予的权利、第 44 条对录音录像制作者所赋予的权利、第 45 条对录音制作者规定的报酬权、第 47 条对广播组织所赋予的权利，以及录像制作者与视听作品的著作权人根据第 48 条享有的电视播放权。

② Pierredon－Fawcett，Liliane de，The droit de suite in literary and artistic property：A comparative law study，translated from the French by Louise－Martin－Valiquette；general editor John M. Kernochan，New York，NY：Center for Law and the Arts，Columbia University School of Law，1991.

为其都不属于著作权，纳入著作权法范围只是一种政策选择的结果。① 而且追续权本身与传播技术的进步无关，本质上确实与著作权无关，不是著作权法之权利制度体系应该讨论的问题，至于其是否应该作为一种政策选择的结果纳入著作权制度，则应该以充分的市场调查为前提。根据周林研究员的调查结论，追续权至少不宜在当前纳入中国《著作权法》的权利制度体系。② 不过，原国务院法制办2014年公布的《著作权法（修订草案送审稿）》却在第14条中规定这一权利。令人欣慰的是，2020年全国人大常委会法制工作委员会公布《著作权法修正案（草案）》又删除这一规定。在2020年修正的《著作权法》中并未在人身权中规定追续权。

其次，人身权还有一个重要的问题就是人身权的放弃、转让、许可的问题。对于许可，《著作权法》并未明确禁止人身权的许可，这似乎表明，既然《著作权法》并未明确禁止许可，人身权应该是可以许可使用的。至于转让，《著作权法》第27条第1款明确规定所有财产权均可转让，但并未明确人身权不可转让。但可以肯定的是，对于人身权是否可以放弃、转让与许可，《著作权法》未明确规定。根据《著作权法实施条例》的部分条款规定来看，在特殊情况下，人身权可以由他人行使。比如该条例第13条规定，作者身份不明的作品，由作品原件的所有人行使除署名权以外的著作权。作者身份确定后，由作者或者其继承人行使著作权。这表明，作者身份不明的作品的发表权、修改权与保护作品完整权，都可以由原件所有人行使。不过，理论上，至少当前主流教材的观点认为，著作人身权不可转让，但可以许可他人使用。③ 本质上，著作权法上的人身权毕竟是与作品相联系的一项权利，与民

---

① 周林研究员认为，版权是基于复制产生，无复制即无版权。但追续权仅涉及作品载体（物）的转卖，与复制无关。一些国家把它纳入版权法保护范围，纯粹是国家的一种政策选择，其本身仅具有政策基础。参见周林：《论信息时代的版权立法——以追续权立法为例》，载《美术研究》2018年第1期。

② 参见周林：《追续权立法及实施可行性调研报告》，载《中国知识产权》2014年第3期。

③ 参见王迁：《知识产权法教程》，中国人民大学出版社2016年版，第107页；还有观点认为，著作权人身权与作者不可分离，专属于作者，换言之，著作权人身权不可转让。参见吴汉东主编：《知识产权法》，法律出版社2014年版，第72页。

法意义上的人格权并不相同。对于署名权而言，其不但担负对作者最为基本的声誉激励，而且担负着防止欺诈公众的重任，自然不应该允许转让与许可。假如允许莫言将其名字许可他人在不是其创作的小说上署名，必然对公众构成欺诈。当然，放弃署名是可以的，前提是只要不欺诈公众即可。其实，不署名也可以解释为放弃署名的一种方式。但对于发表权、修改权与保护作品完整权则不同，著作权人自己发表、修改，许可他人发表、修改或者将发表权、修改权转让给他人由他人行使发表权、修改权，只要不会导致欺诈公众，本质上亦不应该禁止；保护作品完整权同样如此。2020 年修正的《著作权法》对这一问题亦未明确。因此，立法不明确人身权转让许可的范围，实际上超过人身权制度配置所需要的声誉保护限度。如果司法实践中完全按照主流教材的观点，则会严重障碍相关传媒产业对作品发表与修改的实际需要。

（二）财产权不能完全满足产业发展的需要

如前所述，财产权制度的逻辑基础是传媒产业及其分化发展对竞争秩序的需要，或者说，财产权制度应该以满足传媒产业及其分化发展的需要为原则。中国《著作权法》第 10 条第 1 款第 5 项到第 17 项规定了 12 种财产权制度，几乎涵盖了作品公开利用与传播的全部方式。由于中国《著作权法》的制定与 2020 年之前的修改是出于外在压力，比如 2000—2001 年期间的中国《专利法》《商标法》《著作权法》的修正，其主要原因之一是国际压力，[①] 所以中国《著作权法》2001 年修正时基本是以《伯尔尼公约》的权利制度体系为模板并增加 TRIPs 的要求所为的修正，以使其能完全符合加入 WTO 的要求。比如 2001 年《著作权法》第 10 条规定了复制权、发行权、出租权、展览权、表演权、放映权、广播权、信息网络传播权、摄制权、改编权、翻

① 比如吴汉东教授认为，国际社会的压力是我国知识产权制度快速发展的原因之一。其认为，随着中国对外开放和对外贸易的发展，双边、多边知识产权冲突不时发生。1992 年《中美知识产权谅解备忘录》的形成，客观上加快了知识产权修法进程。而在“国际贸易知识化”的体制下，知识产权保护成为国际经贸领域的基本规则，中国不得不顺应“知识产权国际化”的潮流，在参加 WTO 的同时加入 TRIPS。参见吴汉东：《中国知识产权法制建设的评价与反思》，载《中国法学》2009 年第 1 期。

译权、汇编权以及应该由著作权人享有的其他权利；而《伯尔尼公约》第8条规定了翻译权，第9条规定了复制权（录音录像视为复制），第11条规定了戏剧作品、音乐戏剧作品和音乐作品的现场表演权、机械表演权以及各种手段播送表演权（戏剧作品或音乐戏剧作品的作者享有翻译权），第11条之二规定了广播权（包括无线直播、有线转播以及设备的公开播放，对广播权允许进行法定许可即报酬权），第11条之三规定了文学作品的公开朗诵以及通过各种手段授权播送其朗诵的权利，第12条规定了文学艺术作品的改编权（改变、音乐改编与其他改动），第14条规定了摄制权（将作品改编和复制成电影以及发行经过如此改编或复制的作品，以及公开表演、演奏以及向公众有线传播经过如此改编或复制的作品）、第14条之三规定了追续权（赋予了艺术作品原件和作家与作曲家的手稿转卖时分享利益）。对比而言，《伯尔尼公约》所规定的权利除追续权外基本上在中国《著作权法》中得到了体现，甚至有部分的权利几乎完全照抄了公约的规定，比如广播权。部分权利的赋予甚至超过了公约的范围，比如中国《著作权法》所规定的表演权，是针对了所有类型的作品，但《伯尔尼公约》只是为戏剧作品、音乐剧作品与音乐作品；还规定了《伯尔尼公约》所没有的汇编权；并根据TRIPS的要求为电影作品、计算机软件赋予出租权；等等。2020年《著作权法》的修正完全是中国自主与主动为之，对财产权的调整主要表现为：（1）将相关权利中有关“电影和以类似摄制电影的方法创作的作品”的规定调整为“视听作品”；（2）明确复制权可以控制的复制包括数字化，即在《著作权法》第1条第1款第5项中的“翻拍”后增加“数字化”，这种修改只具有立法上明确的意义，实际上在2020年修正《著作权法》之前的复制权均可以控制数字化的复制；（3）将2001年广播权的控制范围从无线直播、有线转播与设备的公开播放调整为有线与无线直播、转播与设备的公开播放，但明确不包括交互式传播；（4）增加一条，即第45条，明确录音制品制作者在“录音制品用于有线或者无线公开传播，或者通过传送声音的技术设备向公众公开播送”情况下，享有报酬权；（5）为表演者增加出租权，即将2001年《著作权法》第 37 条第 5 项“许可他人复制、发行录有其表演的录音录像制品，并获得报酬”调整为“许可他人复制、发行、出租录有其表演的录音录像制品，并获得报酬;”（6）为广播组织增加信息网络传播权，即对 2001 年《著作权法》第 44 条增加一项调整为 2020 年《著作权法》第 47 条第 1 款第 3 项，即“将其播放的广播、电视通过信息网络向公众传播”。该次调整之后，著作权法的权项体系更为契合其应该促进传媒产业发展的逻辑基础，但是否完全契合，则需要进一步检证。

尽管从财产权的制度体系上看，中国《著作权法》所规定的制度体系基本上符合公约的要求，但是《著作权法》中财产权制度体系并不完全契合产业对竞争规则需要的逻辑基础，表现在如下几个方面：

其一，财产权之间的体系不协调是《著作权法》权利制度体系的一个问题。首先，其表现为不同财产权之间存在重叠，导致个别财产权实际上并无存在的必要。这主要表现在复制权与汇编权，由于汇编权必须以复制他人作品为基础，实际上复制权完全可以控制他人对作品的汇编。因此，汇编权没有存在的必要。立法者在 2020 年修正《著作权法》轮次的过程中，曾经考虑过删除汇编权。2014 年原国务院法制办公布的《著作权法（修订草案送审稿）》删除了汇编权。不过，遗憾的是，2020 年全国人大常委会法制工作委员会公布《著作权法修正案（二次审议稿）》在第 10 条又恢复了有关汇编权的规定，这也成为 2020 年《著作权法》的最后版本。其次，其表现为《著作权法》第 48 条视听作品单独规定的电视播放权，该权利不是规定在著作权的权利制度体系中，而是规定在广播组织义务制度中。对于视听作品，依据 2001 年《著作权法》有关广播权的规定，仅控制无线直播、有线转播与设备的公开播放，如果是有线直播电视的播放，广播权则不能控制该种行为。因此，2001 年《著作权法》第 45 条对电影作品和以类似摄制电影的方法创作的作品赋予独立的电视播放权，确实是完全必要的。但 2020 年《著作权法》所规定的广播权，控制有线与无线直播、转播与设备的公开播放，《著作权法》第 48 条即便是不为视听作品赋予独立的电视播放权，广播权也可以控制任何方式的电视播放，除非未来出现有线与无线之外的电视播放方式。不过，如果没有第48条为视听作品赋予专有的电视播放权，视听作品必然受《著作权法》第46条规定的法定许可的限制，因而第48条规定的主要目的是将视听作品从法定许可中解放出来。即便如此，这种安排在制度的逻辑体系上存在问题，因为所有电视播放方式已经被2020年《著作权法》新调整的广播权纳入控制范围，第48条为视听作品单独规定了电视播放权，完全是一种立法的重复，可以有更好的体系安排。

其二，权项配置必须契合该种客体的市场需求，如果与市场需求不符，则这种配置不具有任何意义。2020年《著作权法》第20条第1款所规定的“美术、摄影作品原件的展览权由原件所有人享有”。对于美术作品原件所有人而言，展览美术作品原件确实具有非常重要的意义。正如论者所言，“美术作品的创作具有一过性、不可回复性，作者的灵感、作者的个性于彼时彼地通过作者的笔触一次性地凝结于其画稿之上，由此完成美术作品的创作并形成美术作品的原始载体——美术作品原件。因此，美术作品与美术作品原件不可分离。同时，美术作品原件因其承载着作品全部的视觉信息而产生了绝对意义上的特定性，它不能为任何复制品或其他相同主题的再创作所替代。”① 因此，美术作品原件的展览与复制件的展览具有完全不同的意义。在美术作品著作权人与原件所有人分离的情况下，如果著作权法将美术作品展览权继续保留在著作权人手中，而原件所有人又基于所有权而拒绝展览，将导致具有重要价值的美术作品原件无法实现其价值，本质上与促进作品传播的著作权立法宗旨相悖。因此，美术作品原件的展览权确实需要配置给原件的所有人。

然而，摄影作品与美术作品完全不同，摄影作品原件的展览不具有任何意义。可以区分传统摄影与数码摄影进行讨论。传统的摄影通常包括三个步骤：第一步，使景物形态通过透镜在感光片上曝光，构成潜影；第二步，将

① 唐昭红：《论美术作品著作权对美术作品原件所有权的限制》，载《法商研究》2003年第3期。

曝光后的感光片经显影和定影等化学处理，得到明暗程度与景物相反或色彩与景物互成补色的负像，即底片；第三步，用感光纸（或拷贝片）通过底片曝光再经显影和定影等化学处理而得到明暗程度与被摄景物一致的正像，即照片（或透明正片）；也有使用反转片拍摄的经显影和定影等化学处理后，直接得到正像（或透明正片）。[①] 因此，作为传统摄影作品的原件，即潜影实际上不具有展览的意义。当前的数码摄影也包括三个步骤：第一步，先把存储卡中的 RAW 文件[②]导入 RAW 转换器程序。由于 RAW 不是图像，不能直接查看，通过 RAW 转换器软件生成可编辑的图像文件。第二步，用 RAW 转换器设置全图调整的数值，然后把处理后的文件保存为一般的图像格式，例如 TIFF 或 PSD（这个阶段类似于显影后准备用于扩印的底片）。第三步，在 Adobe Lightroom、Adobe Photoshop、Apple Aperture 等图像编辑软件中打开或用于扩印。[③] 与传统摄影不同的是，储存于 RAW 文件上的图像可以通过对应软件在数字终端打开，诸如以幻灯、投影、电视以及互联网等方式将摄影作品原件进行直接展示，但这种展示是著作权法意义上的放映权、广播权与信息网络传播权的控制范围，与展览权无关。我国《著作权法》将“展览”限定为“公开陈列”，数码摄影作品原件实际上无法“公开陈列”，或者无法产生具有视觉效果的“公开陈列”。唯一可能的“公开陈列”便是将在附载已打开图像的数字终端进行“公开陈列”，比如展览拍摄照片的手机、数码相机等，而且该图像还必须是最初储存 RAW 文件的储存卡，这样既“公开陈列”了摄影作品原件，又“公开陈列”了诸如照相机、手机以及平板电脑等数字终端，而这种展览在现实中几乎不存在。因此，数码摄影的原件同样不可能展览，或者说不具有展览的意义。无论是传统摄影，还是数码摄影，摄影作品原件都不具有可展览性。立法强行将摄影作品原件的展览权配置给

---

① 参见《辞海（第六版）》第三卷，上海辞书出版社 2009 年版，第 1999 页。

② RAW 文件包含的传感器数据包括 ISO、曝光以及其他信息（元数据），保存在相机的存储卡中，可以还原为照片。

③ 参见［美］Bruce Barnbaum：《摄影的艺术》，樊智毅译，人民邮电出版社 2012 年版，218 页。

原件所有人，不具有任何意义。

其三，过于固守权利控制作品传播技术的细节，导致只要传播行为不符合作品传播的技术细节，立法上的权利便无法控制该种传播行为。当然，互联网技术催生一种交互的作品传播方式，这种新的传播方式通过对作品的传播形成一种新的产业，即互联网产业。著作权人希望通过控制互联网这种交互式的传播方式以从互联网产业的发展中获取利益，与此同时，互联网产业同样需要新的权利以建立其自身的产业规则，而向公众提供权（the right of making available to the public）就是在这种背景下应运而生。向公众提供权缘于 1996 年 WIPO “互联网条约”，即 WCT 和 WPPT，而在签订该两个条约过程中，由于数字技术使复制权、发行权与向公众传播权之间的界限模糊，将“按需传播权”应该放在哪个权利下进行保护，产生很大争议。美国认为应该放在发行权下进行保护，而欧盟则认为应该通过扩大传播权的范围对其进行保护。最后形成 WCT 第 8 条规定的向公众提供权，被称之为伞形解决方案：各国有义务授予权利人一项或多项专有权，以授权通过按需传输/传送作品和其他受保护的客体，或者将授权在此种传输/传送过程中从事某些行为。学者评价认为，这是以一种尽可能中立方式作出的规定，既不涉及任何专门的法律特征，又同时规定了一些合理的例外；至于授予的权利，无论是多个享有权利的结合以及尽可能的扩张，还是一项新的专门权利的法律性质，都由各国国内法规定。①

欧盟基本上把 WCT 和 WPPT 中所提出的伞型权利（umbrella right）规定在《欧盟信息社会版权指令》第 3 条中，即把 WCT 的第 8 条和 WPPT 的第 10 条和第 14 条转移到《信息社会版权指令》第 3 条。②《信息社会版权指令》第 3 条第 1 款为著作权人规定了任何方式向公众传播的权利，包括公众

① 参见［匈］米哈依·菲彻尔：《版权法与因特网》，郭寿康等译，中国大百科全书出版社 2009 年，第 291 – 294 页。

② See Inrini Stamotoudi & Paul Torremans, Christophe Geiger and Franciska Schonherr (article 5 and 6), The Information Society Directive, in Irini Stamatoudi, Paul Torremans, EU Copyright Law, A Commentary, Edward Elgar Publishing Limited, 2014, p. 407.

成员可以选择地点和时间获取作品方式向公众公开传播作品，向公众传播应作广泛的解释，包括所有非有体方式；第 2 款为表演者及其被固定的表演、录音制作者及其录音制品、电影首次固定的制作者以及其电影原件与复制件、广播组织以及广播的固定（无论其广播是通过有线，还是通过电缆与卫星）赋予向公众提供的权利。作为履行 WCT 与 WPPT 义务的 1998 年《数字千年版权法（DMCA）》，直接用其 1976 年《美国版权法》所规定的公开表演权与展览权涵盖。其第 101 条明确规定：（1）在任何对公众开放的场所，或者任何超过正常家庭及其社交关系范围的相当数量人聚集的地点表演或展览作品；或（2）利用任何装置或方式向（1）所规定的地点或向公众传送或以其他方式传播作品的表演或展览，无论公众是否可以在同一地点或不同地点以及是否可以在同一时间或不同时间接受到该表演或展览。[①] 因此，该规定实际上已经将所有非有体方式的作品传播行为都纳入规制范围，自然无需在 DMCA 中再规定向公众提供权。《日本著作权法》第 23 条亦以“向公众传送权”的规定将通过互联网向公众提供权纳入在内，其第 1 款规定，作品的作者享有向公众传送的专有权（包括将作品提供给向公众传播，如果作品通过自动公共传播向公众传送）；第 2 款规定，作品的作者享有通过接受者将正在传送给公众的作品传送公众。[②] 显然，通过互联网向公众提供作品的权利可以包含在《日本著作权法》所规定的“向公众传送权”之内。

2001 年中国《著作权法》第 10 条所规定财产权体系，基本是以作品的利用方式与作品利用、传播的技术特征为基础配置权利，前者如复制权、发行权、出租权、展览权、汇编权、改编权、翻译权等基本上是以作品利用方式诸如复制、发行、出租等方式利用作品，财产权以控制这些作品的利用方式为基础进行赋权；后者诸如表演权、广播权、放映权以及摄制权等是以作品利用与传播的技术特征为基础进行赋权，比如表演权包括现场表演与机械表演，广播权则以《伯尔尼公约》1948 年布鲁塞尔会议修订时期的广播技术

---

① See Article 101 of DMCA.

② See Article 23 of Japanese Copyright Act (2018).

条件为基础进行赋权，即以控制无线直播、有线转播与设备的公开播放等作品传播行为进行赋权。[①] 沿袭这种著作财产权赋权的逻辑路径，为应对新媒体技术，作品在互联网技术条件下这种交互式传播，中国《著作权法》在2001年修正时选择赋予新的权利即“信息网络传播权”。当然，这也与中国《著作权法》的权利配置严格以传播技术特征为基础有关，1990年《著作权法》第10条规定的是播放的权利，[②] 而1990年《著作权法实施条例》第5条第3项将播放解释为，通过无线电波、有线电视系统传播作品。显然不能通过解释播放权，将互联网这种交互的传播方式纳入其中。2001年修正《著作权法》选择将《伯尔尼公约》有关广播权的规定直接予以复制，即广播权控制无线直播、有线转播以及设备的公开播放；[③] 而将放映权的客体限定为摄影作品、电影作品（包括类电作品）与美术作品，并且将传播的技术限制为“通过放映机、幻灯机等技术设备公开再现”；而将表演权的传播方式限制为现场表演与机械表演。因此，互联网这种交互方式的传播无法纳入广播权、放映权与表演权所控制的最为类似传播技术，只能继续选择以传播技术的特征为基础赋予新的权利，即“信息网络传播权”，将其界定为“以有线或者无线方式向公众提供作品，使公众可以在其个人选定的时间和地点获得作品的权利”。但实际上，传播技术只是提供一种作品传播的模式或条件的可能，传播者自然可以改变或部分改变传播的条件以传播作品。于是，便出现公众个人不可以选定时间和地点的方式获得作品，比如网络定时播放则无法纳入信息网络传播权的控制范围，只好依赖于2001年《著作权法》第10条

---

① 广播权是《伯尔尼公约》在1928年罗马会议修订所新增加的一项权利，当时权利的名称为“radio - diffusion right”，解释为授权作者通过无线电向公众传播作品的权利。该权利到1948年《布鲁塞尔文本》演变为，通过电视广播、有线转播与通过扬声器等设备的公开传送。这也是有当时广播的技术特征所决定的。See Sam Ricketson & Jane C Ginsburg, International Copyright and Neighboring Rights, The Berne Convention and Beyond（2ed）, Oxford University Press, 2006, p. 108, 117.

② 1990年《著作权法》第10条第5项规定，使用权和获得报酬权，即以复制、表演、播放、展览、发行、摄制电影、电视、录像或者改编、翻译、注释、编辑等方式使用作品的权利；以及许可他人以上述方式使用作品，并由此获得报酬的权利。

③ 对比我国《著作权法》第10条第1款第11项所规定的广播权与《伯尔尼公约》1971年巴黎文本第11条之二的规定完全一致。

第1款第17项的兜底款项。比如在“央视国际网络有限公司诉百度公司”一案中，法院认为对有线广播的网络实时转播行为不具有交互性的特点，从而认为不侵犯“信息网络传播权”，根据该兜底款项作为判决的依据。[①] 因此，正是由于信息网络传播权与广播权对传播技术细节的严格固守，产生了实务中网络实时传播与网络定时播放是否应该纳入网络信息传播权控制的争议；[②] 此外，还产生了加框链接是否构成信息网络传播权所控制提供行为的争议。[③] 因此，固守以传播技术的特征为基础配置权利，导致无法规制故意改变或绕开技术特征的传播行为，从而使权利人未能获得充分的保护。实际上，2001年《著作权法》严格固守传播技术细节配置广播权，亦是一个不契合产业发展需求的典型例子。2001年《著作权法》所规定的广播权，直接将《伯尔尼公约》广播权的规定引入《著作权法》中，将广播权界定为，以无线方式公开广播或者传播作品，以有线传播或者转播的方式向公众传播广播的作品，以及通过扩音器或者其他传送符号、声音、图像的类似工具向公众传播广播的作品的权利。从而使广播权控制三个行为，即无线直播、有线转播与通过设备的公开播放，这种规定严格固守广播的技术细节，因而无法控制后来出现的有线直播。因此，在2020年《著作权法》中，扩大了广播权的控制范围，表述为“即以有线或者无线方式公开传播或者转播作品，以及通过扩音器或者其他传送符号、声音、图像的类似工具向公众传播广播的作品的权利，但不包括本款第十二项规定的权利”。因此，广播权可以控制有线、无线的直播与转播。然而，2020年《著作权法》虽然调整广播权控制范围，使其可以控制广播电视产业需求的有线直播与无线转播，但并未根本性改变以传播

① 参见北京市第一中级人民法院民事判决书（2013）一中民终字第3142号。

② 比如在北京天盈九州网络技术有限公司与北京新浪互联信息服务有限公司侵犯著作权及不正当竞争纠纷案件中，一审法院认为，就涉案的转播行为，尽管是在信息网络的条件下进行，但不能以交互式使得用户通过互联网在任意的时间、地点获得，故该行为不属于我国《著作权法》所确定的信息网络传播权的范畴，但仍应受我国《著作权法》的保护，即属于“应当由著作权人享有的其他权利”。参见北京知识产权法院民事判决书（2015）京知民终字第1818号。

③ 参见北京知识产权法院民事判决书（2015）京知民终字第796号；上海知识产权法院民事判决书（2015）沪知民终字第276号等。

技术细节为基础配置财产权的方案，完全有可能导致行为人通过改变财产权所控制的传播技术细节，以逃逸著作财产权的控制。

其四，财产权权项的开放模式问题。著作权因应印刷技术的广泛应用而诞生并伴随传播技术的进步而扩张，进而与传播技术形成如影随形般的姻缘历史。著作权权项配置立法滞后于传播技术发展的时间规律在公众利益、传播技术发展与利益平衡的实现等方面具有正当性，在立法上通过知识产权法定主义得以实现。然而，《著作权法》自1990年首次颁布到2020年《著作权法》的三次修正，一直通过兜底方式的开放模式，未坚持严格的权利法定原则。1990年《著作权法》第10条第5项规定："使用权和获得报酬权，即以复制、表演、播放、展览、发行、摄制电影、电视、录像或者改编、翻译、注释、编辑等方式使用作品的权利。"2001年、2010年以及2020年修正的《著作权法》，均在第10条第1款第17项明确规定了"应当由著作权人享有的其他权利。"通过2020年《著作权法》的修正，广播权可以控制有线与无线的直播、转播与设备的公开播放，司法实践中几乎不会出现专有权不能控制的公开传播行为。王迁教授对2020年《著作权法》，依然坚持这种兜底式权利的立法模式进行批评，认为，"兜底权利"的存在的确有一定理论与实践依据，但随着新著作权法的实施其合理性与正当性将逐步削弱。同时著作权法与传统民法存在一定差距，其适用自然权利理论的空间较小，"兜底权利"的存在也有悖著作权法定原则。比较法上虽然有在作者权利体系中持开放式立法的国家，但"开放式"立法与我国"兜底权利"的内涵有较大不同，直接利用"兜底条款"保持著作权法弹性的国家较少。同时"兜底权利"在实践中导致法院怠于适用类型化权利规制侵权行为，滥用"兜底权利"的情况也有待解决。① 因此，这种财产权配置的兜底条款等同于放弃知识产权法定主义，无视著作权与传播技术发展之间的时间规律。②

① 参见王迁、闻天吉：《论新著作权法中的"兜底权利"》，载《南都学坛（人文社会科学学报）》2021年第3期。

② 参见刘铁光：《论著作权权项配置中兜底条款的废除——以著作权与传播技术发展的时间规律为中心》，载《政治与法律》2012年第8期。

（三）邻接权权利制度体系的配置部分背离产业发展逻辑

我国《著作权法》作为作者权国家体系著作权法的承继者，自然也沿袭了对邻接权主体权利的歧视性配置传统。此外，随着新媒体技术的广泛应用，权利配置导致以传统媒体产业与互联网产业为代表的新媒体产业之间的不平衡日益凸显。

1. 对邻接权歧视性权利配置的沿袭

作者权体系国家著作权法已经形成著作权与邻接权的二元结构体系，理论上根源于邻接权对作品传播“劳动与资金”投入保护的观念。但历史上，作品的传播者曾经获得狭义著作权的保护，比如1910年《德国著作权法》、[①] 1936年《奥地利著作权法》[②] 都将表演者视为对作品的改编给予保护；1920年《日本著作权法》将“演奏歌唱”作为著作权的作品进行保护。[③]《伯尔尼公约》的历次修订之所以拒绝为表演者、录制者与广播组织提供保护，[④] 其根本原因在于《伯尔尼公约》修订的主导者们认为邻接权主体的活动或活动的成果不具有创造性，为维护《伯尔尼公约》保护“创造性”客体的纯洁性，这些主体的权利当然不应该纳入公约进行保护。1961年《罗马公约》

① See STEWART，STEPHEN M.，ed. International Copyright and Neighboring Rights（2nd ed.）[M]. London：Butterworths，1989. 434.

② 参见［西班牙］德利娅·利普希克：《著作权与邻接权》，中国对外翻译出版公司，联合国教科文组织2000年，第271页。

③ ［日］半田正夫、纹谷畅男：《著作法五十讲》，魏启学译，法律出版社1990年版，第394页。

④ 1908年《伯尔尼公约》的柏林修订会议上，英国提出将录音制作者纳入《伯尔尼公约》进行保护，不过被大会拒绝了，其原因是“该客体处于工业产权和著作权之间，其更适合工业产权。”1928年《伯尔尼公约》罗马修订会议中，意大利政府提出在《伯尔尼公约》中保护表演艺术家，以反对广播组织传播其表演以及改编其音乐用来机械乐器复制，最为重要的是，其提议当这种乐器用于公开表演与广播时，表演者可以要求“公平报酬权”；该提议认为太新奇而没能进入《伯尔尼公约》，大会要求各国政府仔细研究该问题；1939年伯尔尼局主席M. Fritz Ostertag起草一项与《伯尔尼公约》相联系的国际公约计划，该计划将著作权纳入信息产权中，包括追续权、表演者权、录音制作者权与广播组织者权，这样其认为就可将表演者权、录音制作者权与广播组织权纳入《伯尔尼公约》保护。See Stephen M. Stewart，ed. International Copyright and Neighboring Rights（2nd ed.），London：Butterworths，1989，p. 221－222.

“终结了著作权与邻接权划分的理论追问”,[①] 直接推动著作权与邻接权的二元结构，这至少为作者权体系国家著作权法广泛接受。《罗马公约》第 1 条规定“本公约下的保护不触动和不影响文学艺术作品的著作权保护。因而，本公约的条款不能做有害这种保护的解释”。该条被 WIPO 所公布的《罗马公约》文本称之为著作权固有的保障（Safeguard of Copyright Proper）。作为公约目的条款的第 1 条，直接表明向著作权让步或妥协的态度，本质上确立著作权与邻接权之间的等级关系。西班牙著作权法学者德利娅·利普希克直接指出该条所表明的是著作权高于邻接权的等级立场，认为公约第 1 条的声明使人认为“如果表演、录制和广播的作品的作者的专有权的行使受到了《罗马公约》规定的权利的障碍，作者权利的保护应优先考虑”。[②] 学者 Frotz 将该条形象的解释为“著作权与邻接权位处同一艘船，而更好的位置属于著作权”。[③] 法国著作权法专家克洛德·科隆贝也认为“如果对著作权和邻接权的地位的高低不确定，就不能排除争议。当然，只能肯定著作权凌驾于邻接权之上”。[④] 有学者甚至认为《罗马公约》为献媚于作者，将自身附属于著作权公约。[⑤]

《罗马公约》所确立的著作权与邻接权之间的等级关系，直接导致立法对传播主体进行歧视性的权利配置。在国际公约的影响下，各国著作权法基本上在权利配置上对邻接权主体进行了歧视性的制度安排。即便是美国这种完全不接受邻接权制度体系国家的版权法，亦被其学者认为，由于《美国版

---

① 参见李琛:《论知识产权法的体系化》，北京大学出版社 2005 年版，第 93 页。

② ［西班牙］德利娅·利普希克:《著作权与邻接权》，中国对外翻译出版公司、联合国教科文组织 2000 年版，第 650 页.

③ 转引自 Wilhelm Nordemann, Kai Vinck, Paul W. Hertin, International Copyright and Neighboring Right Law: Commentary with special emphasis on the European Community, English Version by Gerald Meyer, VCH Verlagsgesellschaft mbH. D – 6940 Weinheim (Federal Republic of Germany), 1990, p. 349.

④ ［法］克洛德·科隆贝:《世界各国著作权和邻接权的基本原则——比较法研究》，高凌瀚译，联合国科教文组织、上海外语教育出版社 1995 版，第 188 页。

⑤ See Wilhelm Nordemann, Kai Vinck&Paul W. Hertin, International Copyright and Neighboring Right Law: Commentary with special emphasis on the European Community, English Version by Gerald Meyer, VCH Verlagsgesellschaft mbH. D – 6940 Weinheim (Federal Republic of Germany), 1990, p. 334 – 335.

权法》缺乏诸如《罗马公约》系统和连贯的邻接权的法理架构，美国对表演、录音制品与广播的保护不可预见、没有逻辑和不完整，只是美国版权的一块补丁（patchwork）。[①] 由此导致美国学者所言的“歌曲的著作权人拿走了全部的表演许可费，即使歌曲的成功归因于音乐家或艺术家的诠释以及录音制品中表演的录制技术”。[②]《著作权法》的邻接权体系是2001年以履行国际条约义务为主要目的所进行修正所建立的，尽管2020年进行部分调整，但在权利配置体现了对邻接权主体这种歧视的精神。其对邻接权主体的歧视性权利配置依然表现在如下几个方面：

其一，《著作权法》有关邻接权的权利配置中，只有表演者享有人身权，即除表明表演者身份与禁止歪曲表演形象的权利之外，其他诸如出版者、录音录像制作者与广播组织均未能配置人身权，包括署名权。由于邻接权的四类主体中，表演者与狭义著作权中主体最具有相似性，表演者表演的目的在某种程度上也具有多样性，既有单纯自娱自乐的，也有直接以经济利益为目的的，但无论表演者表演的目的是什么，至少都需要通过表明表演者身份积累声誉。因此，表演者需要表明表演者身份与表演形象不受歪曲的权利。而邻接权主体中除表演者之外的其他三类主体，都属于投资者，其主要希望通过财产权利以收回投资与获取利益。在传统媒体时期，著作权法提供的其他保护可以在某种程度上对署名权进行保护。比如对于版式设计而言，如果未经许可直接在出版的图书上使用他人的版式设计，可以通过复制权予以控制；直接修改他人录音录像制品上的署名，著作权法为权利管理信息提供的保护可以禁止该种行为；广播组织权对截播和录制禁止的实质亦可以对广播组织者的署名权提供保护。因此，传统媒体时期的著作权立法对新闻出版者、录制者与广播组织主体不配置人身权具有合理性。然而，在新媒体时代，邻接

---

① See United States of America, by Barbara Ringer and Hamish Sandison, Graig Joyce, William Patry, Marshall Leaffer, Peter Jaszi, Copyright Law, Lexis Publishing, 2000, Fifth Edition, p. 574.

② See Graig Joyce, William Patry, etal., Copyright Law, Lexis Publishing, 2000, Fifth Edition, p. 573.

权人的署名存在不能通过著作权法前述财产权实现保护的情况。比如在互联网环境中，行为人提供一个署名为自己的链接，未对链接进去之后的录音或录像制品上的信息进行任何改变。这种情形下，既没有复制，也没有修改权利管理信息，现行立法所提供的复制权、权利管理信息的保护与信息网络传播权均不能禁止该种行为。在当前的新媒体时代，只要有信息流动便可以产生利益，这种仅搬运他人内容便可以获取利益。例如，行为人在自己的网站上提供一个署名为自己直播体育比赛的链接，对外广泛宣传为自己提供特定比赛的直播，但实质上并未提供任何体育比赛的直播，但点击链接之后，进入他人的直播平台，即行为无法纳入广播组织权的控制，但该种行为确实可以为行为人获取广告宣传的利益。聚合类平台是该种传播模式的典型例子，在当前无法通过著作权法予以规制的前提下，只能依赖不正当竞争实现保护。但反不正当竞争的保护毕竟属于个案保护，必然具有不确定性。因此，《著作权法》对邻接权主体署名权配置的缺失，导致邻接权主体在当今新媒体时期的聚合平台传播模式下，难以获得充分与确定的保护。

其二，2001 年《著作权法》在第 10 条为词曲作者配置了表演权与广播权，但对于表演者、录音录像制作者均没有配置表演权与广播权。《著作权法》立法者已经开始意识到这个问题，在 2020 年修正《著作权法》时，为录音制作者赋予了特定条件下远程传播与机械表演的报酬权，新增第 45 条规定，将录音制品用于有线或者无线公开传播，或者通过传送声音的技术设备向公众公开播送的，应当向录音制作者支付报酬。根据该条规定，“有线或无线公开传播”是指远程传播，因为有线或无线公开传播，一般是远程传播，比如《著作权法》中第 10 条的广播权、信息网络传播权以及第 47 条所规定广播组织的转播权，均规定为以“有线或者无线”方式向公众传播。因此，“有线或者无线公开传播”，主要是指类似于广播、信息网络传播的远程传播。而“通过传送声音的技术设备向公众公开播送”则是机械表演，比如超市、餐厅等公共场所通过各种设备播放录音制品的行为。这样录音制品制作者尽管只是获得报酬权，但至少在利益上获得与作者平等的地位。然而，表演者与录像制作者却依然不具有表演权与广播权，无法从其表演被机械表演与广播的市场上获取任何利益，依然与作者所获得的权利配置不平等。但实际上，表演者与录像制作者是机械表演与远程传播市场最为关键的贡献者，若无表演者与录像制作者，有关录像制品的机械表演与远程传播便是无源之水。《著作权法》对邻接权歧视性权利配置的现状不仅不具有正当性，而且不利于表演与录像相关产业的发展。

其三，广播组织的权利配置不契合市场需求。广播组织的权利配置在理论界一直存在争议，尤其是广播组织权到底是保护其所播放的广播电视节目，还是其播放广播电视节目的信号，一直未有定论。1990 年《著作权法》将“广播电台、电视台对其制作的广播、电视节目”作为广播组织权的客体，① 这表明广播组织权的客体是其所制作的广播、电视节目，该广播、电视节目不是其所制作的，只是其所播放的则不受该权利的保护，完全忽视了广播组织实质上的传播者地位。2001 年《著作权法》将其保护对象调整为“广播电台、电视台将其播放的广播、电视”。② 将广播组织权的客体调整为广播组织所播放的广播、电视，这是一种进步，尽管还存在其到底是保护传播信号还是传播节目的争议，但将保护的客体从所“制作的广播、电视节目”，调整为其“播放的广播、电视”，至少表明，立法已经开始明确广播组织作为传播者的主体身份。正如学者所言，这表明立法已经逐渐接受以广播信号作为广播组织权保护的客体，并且将广播节目与广播信号等同看待，防止出现因技术上的差异和学术上的争论而带来的混淆。③ 实际上，如果广播组织所制作的广播电视节目，符合著作权保护的前提条件，即其属于文学艺术与科学

---

① 1990 年《著作权法》第 42 条规定，广播电台、电视台对其制作的广播、电视节目，享有下列权利：（1）播放；（2）许可他人播放，并获得报酬；（3）许可他人复制发行其制作的广播、电视节目，并获得报酬。前款规定的权利的保护期为五十年，截止于该节目首次播放后第 50 年的 12 月 31 日。被许可复制发行的录音录像制作者还应当按照规定向著作权人和表演者支付报酬。

② 2001《著作权法》第 44 条规定，广播电台、电视台有权禁止未经其许可的下列行为：（1）将其播放的广播、电视转播；（2）将其播放的广播、电视录制在音像载体上以及复制音像载体。前款规定的权利的保护期为五十年，截止于该广播、电视首次播放后第 50 年的 12 月 31 日。

③ 参见梅术文：《著作权法：原理、规范和实例》，知识产权出版社 2014 年版，第 227 页。

领域、是表现形式、具有独创性以及是人的智力成果等四个条件，自然可以获得著作权保护。当然这种条件下的广播组织是著作权人而非邻接权人，如果他人未经许可广播其作品，其自然可以著作权人的身份主张权利。广播组织的权利同样应该契合符合市场需求的逻辑基础。广播组织市场运营的基本模式是，广播电视、电视台向市场提供内容，通过内容所附载的广告以获取利益，而无论所提供的内容是否受著作权保护。侵犯广播组织利益的方式，主要是以截取播放信号，以附载自己的广告方式转播广播组织所播放的广播电视节目。广播组织的权利配置必须将该种行为纳入控制范围。如果广播组织除了可以控制信号外，还可以控制其所播放的节目，则会存在保护的正当性问题：（1）如果广播组织所播放的节目已经超过著作权的保护期限，但经过其播放之后，使该广播组织重新获取了权利，而且在广播组织有保护期限的前提下，其可以重新获得50年的保护，而广播组织只是贡献了一次播放而已；（2）如果广播组织所播放的电视节目是他人享有著作权的作品或邻接权的客体，其原本对该作品或客体不享有任何权利，但通过其播放之后，则享有了立法所赋予的权利。广播电视产业的营利模式主要是通过提供内容所附载的广告予以实现，广告价值的高低主要以受众人数的多少予以衡量。只要在其播放节目时不被截取信号从而防止该节目的受众被不正当的分流，单纯对所播放的节目录制本身对广播组织的利益并不构成实质性的损害。因此，广播组织实际上只需控制播放节目的信号即可，所以可以认为，“邻接权体系下立法者只关系信号不关心节目内容”。[①] 同时，传播信号的即时性，保护期限的赋予并不具有实际意义。2020年《著作权法》第47条不但继续保留广播组织对其所播放的节目享有复制权与转播权，而且还赋予了信息网络传播权。这便导致已经超过著作权保护期限的作品，广播组织因为广播而获得已经进入公有领域之作品的复制权与信息网络传播权。尽管公众通过其他渠道获取广播组织所广播的作品或邻接权客体，广播组织无权主张权利，但当该

① 参见崔国斌：《著作权法：原理与案例》，北京大学出版社2014年版，第531页。

种作品或邻接权客体仅可以从广播组织广播渠道获取的前提下，便导致该种作品或邻接权客体被广播组织通过广播予以控制。为此，广播组织因为广播而被赋予对所广播作品或邻接权客体的复制权与信息网络传播权，并不具有正当性。

2. 新闻出版者面临应因新媒体商业模式的生存危机

传统媒体时期，一般而言，除著作权法已经赋予邻接权的特定传播者，对其所传播的客体应享有权利外，传统媒体时期的传播者对其所传播的客体并不存在赋予新权利的产业需求。这主要是因为：第一，传统媒体时期传媒产业可以充分利用领先时间（lead time）。[①] 传统媒体时期以纸质媒介为主进行信息传播，信息的传播速度与新媒体时代无法相提并论，相对于在后不改变受众的完全复制型传播而言，在先传播者具有很长的领先时间。以新闻报纸为例，当一家以新闻传播为主的报纸在市场开始发行之后，如果另外一家报社从市场购买该报纸后，全盘复制该份报纸再投入市场，公众已经基本知悉第一家报社报纸的内容，后一家报社的报纸在市场流通的价值会大幅度的降低。因此，领先时间足够为作为前一家报社的传播者获取充分的利益提供保障，其并不需要对其所传播的作品获取额外的权利配置以获取二次传播方面的禁止权。第二，传统媒体时期并不存在二次完全重复利用首次传播者传播客体的市场，因为全部重新利用的市场价值基本可以忽略。在后使用者只有与在先使用者的受众不同，诸如传统报纸的剪报，杂志的文摘等在后使用者方可具有存在的市场价值，此外不改变受众的完全重复利用者，在后使用者一般不会构成对在先使用的竞争。因此，在先使用者无需权利配置控制在后使用。总之，传统媒体时期，除具有重复利用价值内容的传播主体已经获得著作权与邻接权的保护外，其传播内容的二次利用，不会对首次利用主体构成市场竞争，首次传播者无需获得额外的立法赋权，以从二次传播者获取

① 创新经济学认为，领先时间是指领先于竞争对手，从而更直接创造利润或获取更优竞争地位，包括产品的率先市场化和持续创新等措施。参见赵皎卉、蔡虹：《技术创新专有化手段交互作用的实证研究》，载《管理科学》2004 年第 1 期。这里的领先时间，是指在先传播作品的产业主体，相对于复制其所传播作品的在后传播主体而言，具有一定的领先时间。

额外的利益。诸如新闻出版者并不需要新的权利以控制其传播的客体，尤其对不受著作权保护之时事新闻的二次利用。

然而，以互联网、通信与数字技术为代表的新媒体时代，则完全改变传统媒体依赖领先时间获取利益的产业生态。数字技术与互联网导致在先的传播方不再具有领先时间，或者即便是有领先时间，也相对传统媒体缩短了许多。再以新闻报纸为例，在先报社发行报纸投向市场之后，他人可以非常迅速将报纸电子化后通过互联网向公众传播，其传播的速度比传统报纸的传播速度更快，甚至会比在先发行的报纸更快达到全部受众。尤其是在当今公众获取信息出现网络路径依赖的条件下，在先传播者在传统媒体时期所具有的领先时间，完全可以忽略不计。而且互联网平台可以单纯依赖公众上传作品无需为著作权权项下的行为便可以形成新的产业。或者说，互联网通过广告等第三方付费的模式吸引规模化的用户群体，依赖单纯用户上传作品便创造营利模式。同时随着传播技术的发展，提供消息定位与搜索服务成为互联网产业一种新的商业模式。再以新闻报纸为例，当前搜索引擎所提供聚合新闻服务，将定位与推荐信息发展成为一种新的商业模式。由此便导致报纸受众的减少而影响其销售的数量与广告的收入，使传统生产新闻的产业难以通过传统的方式，即报纸上的广告实现其营利，甚至收回其投资。由于传统新闻报纸的报社除通过职务作品或授权获得其传播之部分客体著作权外，对其自身所发行的时事新闻并不享有著作权法上的任何权利，从而并不具有充分的权利阻止类似新闻聚合模式对其所提供内容的利用。《欧盟单一数字市场版权指令》认为，新闻出版在线的广泛获取性已经产生新的在线服务，诸如新闻聚合与媒体监管服务，该种服务对新闻出版的再次利用构成其商业模式的重要部分以及收入来源。而新闻的出版者正在面临向前述服务提供者销售在线使用的困难，从而难以回收其投资。[①] 实际上，“互联网产业已完全独立于

① European Parliament legislative resolution of 26 March 2019 on the proposal for a directive of the European Parliament and of the Council on copyright in the Digital Single Market（COM（2016）0593 – C8 –0383/2016 –2016/0280（COD））, See whereas, at（45）.

传统产业的范畴，不再依附于内容”[①] 的观点并不成立，互联网产业必然以提供内容为基础，没有内容产业便没有互联网产业。当前著作权法的权利配置，并未为传统媒体产业提供内容的主体，尤其是新闻出版者予以充分的考虑。实质上互联网“免费午餐”式的发展，是以牺牲传统媒体产业为代价的。这正是于2013年8月1日修订生效的《德国著作权法》增加新闻出版者权的原因，[②] 也是欧盟2019年通过《欧盟单一数字市场版权指令》为新闻出版者赋予数字化利用权的原因。[③] 然而，我国2020《著作权法》在2020年修订时间，却未能充分考虑这个问题，使传统新闻出版者与新媒体的利用者之间处于严重不平衡的状态。

五、权利制度体系的调适

前述检证部分表明，中国《著作权法》中有关权利制度体系无论是在权利主体二元结构的逻辑基础方面，还是对权利内容二元结构的逻辑基础方面，均需要进行契合性调适。

（一）主体制度体系的调适

如前所述，《著作权法》在经过2020年修正之后，依然有部分规定不符合权利主体二元结构与权利配置的基本原理，需要在将来的《著作权法》修订中予以调整。

1. 创作者主体及其权利配置的制度调整

对于创作者作为主体的制度在经过2020年《著作权法》修正调整之后，尤其是将“公民”的概念调整为“自然人”之后，除《关于审理著作权民事纠纷案件适用法律若干问题的解释》相关规定违背创作者作为主体的基本原

---

① 参见熊琦：《互联网产业驱动下的著作权规则变革》，载《中国法学》2013年第6期。

② 参见范长军：《新闻出版者权——德国著作权法的新修改》，载《知识产权》2015年第1期。

③ See Article 15（Protection of press publications concerning online uses）of the Directive of the European Parliament and of the Council on copyright in the Digital Single Market（COM（2016）0593 – C8 – 0383/2016 – 2016/0280（COD））.

理之外，基本契合创作者作为主体的基本原理。不过，在投资者作为权利主体的制度中，未能为创作者配置署名权是依然存在的缺陷。为此，著作权法及其相关司法解释的未来修订应该做如下安排：其一，删除最高人民法院《关于审理著作权民事纠纷案件适用法律若干问题的解释》第13条与第14条的规定，直接适用《著作权法》的规定确定相关情形作品的著作权主体，确保该司法解释本身的合法性；第13条的规定应该适用合作作品的规定；第14条的规定应该适用委托作品制度的规定。其二，法人作品、职务作品、视听作品与委托作品中，都应保留创作者的署名权；并规定投资者对作品的利用不得损害创作者的声誉，要求修改者表明其身份。

2. 投资者主体及其权利配置的制度调整

其一，无论是法人作品中的法人，还是职务作品中的雇主，都属于作品的投资者，应该直接将该法人或雇主视为著作权人，但不得视为作者，否则会违背有且只有自然人才具备创作自然条件的客观事实。如此，才不会剥夺创作者的署名权，这是作者应该获得的声誉激励。因此，应将法人作品与职务作品可以合并为一种情况，删除《著作权法》第18条的规定，将第11条调整为三款：其中第1款规定，创作作品的自然人是著作权人，但自然人完成法人或非法人组织工作任务的所创作的作品，除另有约定外，著作权归属于该法人或非法人组织，完成作品的自然人享有署名权；第2款规定，在作品上署名的自然人、法人或非法人组织为著作权人，但完成作品的自然人享有署名权；第3款规定，著作权人对作品的利用不得侵害作者的声誉，修改作品者应该表明其身份。

其二，应该直接将委托作品的著作权配置给委托人，是否为委托作品以合同约定为前提，并允许作为创作者的受托人享有署名权。从而使委托作品、电影作品等视听作品以及相关司法解释所规定特殊作品的著作权主体制度在体系上的一致性。具体而言，《著作权法》的第19条应该修改为：除另有约定外，委托作品的著作权由委托人享有；完成作品的自然人享有署名权；委托人对作品的利用不得损害作者的声誉；对作品有修改的，修改者应该表明身份。

其三，应该规定所有类型的视听作品的著作权由投资者享有，参与创作的主体享有署名权，将《著作权法》第17条第1款、第2款合并为一款，规定为：除另有约定外，视听作品中的著作权由制作者享有，但编剧、导演、摄影、作词、作曲等作者享有署名权，并有权按照与制作者签订的合同获得报酬。

（二）明确部分人身权的可转让与可许可性

对于人身权，调适的方面主要有：其一，修改权与保护作品完整权只需要保留一个。《著作权法》2020年修正轮次中曾经有只保留一个的方案，2014年原国务院法制办公布的《著作权法修订草案送审稿》只保留了保护作品完整权，放弃了修改权，这种方案在未来修订《著作权法》时应该予以坚持。2020年全国人大常委会法制工作委员会公布的《著作权法修正案（草案）》改变2014年原国务院法制办公布的《著作权法修订草案送审稿》的安排，依然保留现行立法中修改权与保护作品完整权并存的做法，这也成为2020年《著作权法》的最后版本。其二，人身权中，由于署名权作为对作者最为基本的声誉积累激励及其防止欺诈公众的功能。因此，署名权不应该允许转让与许可。但对于发表权、修改权与保护作品完整权，应该允许权利人许可与转让，以使前述“版权贸易中面临尴尬境地”① 得到有效破解。因此，应在《著作权法》第10条增加一款规定，本条规定的人身权（署名权、发表权与保护作品完整权）中的署名权不得转让与许可他人使用，发表权与保护作品完整权②可以转让与许可，但修改者应表明其身份。这样不但使修改者作为新的作者，可以获得声誉积累激励，而且还可以避免修改之后的作品构成对公众的欺诈。

（三）财产权制度对传媒产业发展的契合性调整

对于财产权，调适的制度包括如下几个方面：其一，基于复制权与汇编

① 杨延超：《精神权利的困境——两大法系版权立法比较分析》，载《现代法学》2007年第4期。

② 由于建议《著作权法》未来修订中，修改权与保护作品完整权只需要保留其一。因此，此处的建议不再涉及修改权。

权在控制内容上的重叠，汇编权没有保留的必要，应该删除《著作权法》第10条中有关汇编权的规定。其二，调整摄影作品原件转移之后展览权的配置方案。2001年《著作权法》第18条只规定了美术作品展览权，在原件转移后由原件持有人享有展览权，但摄影作品的原件持有人则不得展览摄影作品。2014年原国务院法制办公布的《著作权法（修订草案送审稿）》允许摄影作品原件持有人展览摄影作品原件，2020年《著作权法》在第20条第1款再一次明确，摄影作品原件的展览权由原件所有人享有。但如前所述，对于摄影作品，展览原件没有现实意义。因此，对于美术作品与摄影作品，应该尊重著作权人的意思自治，允许其在转让原件时明确表达是否允许对其美术作品与摄影作品进行展览；在著作权人不禁止原件持有人展览美术与摄影作品的前提下，允许原件持有人可以展览美术和摄影作品，而不仅仅是原件。因此，应该借鉴《德国著作权法》的规定，尊重著作权人是否允许对其作品进行展览的愿望，在著作权人没有明确禁止展览的前提下，允许美术作品原件、摄影作品原件所有人可以展览该美术作品、摄影作品，而不只是展览原件。未来《著作权法》的修订，应该将第20条修订为：美术作品和摄影作品在原件转移时，著作权人未禁止转移的美术作品和摄影作品展览的，原件持有人可以展览该美术作品与摄影作品。其三，视听作品电视播放权的更优安排。如前所述，由于2020年《著作权法》所规定的广播权，即控制有线与无线直播、转播与设备的公开播放，《著作权法》第48条即便是不为视听作品赋予独立的电视播放权，广播权也可以控制任何方式的电视播放。第48条规定的主要目的是将视听作品排除在法定许可之外。但由于所有电视播放方式已经被2020年《著作权法》调整的广播权纳入控制范围，第48条为视听作品单独规定电视播放权，完全是一种立法的重复，权利制度体系的配置显然不协调。最优的方案是将视听作品排除在法定许可之外，即对《著作权法》第46条增加一款，规定为：前款规定不适用于视听作品。其四，权利兜底项的废除与财产权的包容式界定。权利制度体系的兜底项违背知识产权法定主义原则。为此，《著作权法》的修订应该删除权项配置中的兜底项，当然，应当通过修改现行财产权制度中部分权项固守传播技术细节的模式，采用更为包容的界定方式，使每一个权项制度在司法适用时保持解释上的张力，而不是通过权利制度体系的兜底项克服已有权利制度体系本身的不足，更不应该通过兜底项将新的传播技术在立法中没有控制的前提下，通过司法实践的解释将其纳入规制。中国《著作权法》所规定的部分权利制度，严格以传播行为的技术特性为基础定义各种权利，从而导致立法所赋予的权利无法控制改变传播技术特征的行为。这主要表现在各种方式的公开传播，比如广播、表演、展览、放映等，《著作权法》均以传播技术特征为基础赋予其权利。实际上，只要构成向公众传播作品，无论其技术的细节上是否完全一致，都应该纳入控制范围。《美国版权法》对有关公开传播方面权利的包容式界定是其中的典范，1976 年的《美国版权法》所构建宽控制范范的权利内容，使其可以将伴随新媒体技术出现的交互式传播等新的传播方式纳入控制范围，并无必要在互联网技术出现之后通过立法修改予以实现。这样既可以将具有新的技术特征的传播行为纳入权利的控制，又可以避免过多的适用类似《著作权法》第 10 条第 1 款第 17 项所规定之兜底式权利。熊琦教授在评价信息网络传播权侵权中的服务器标准认为，信息网络传播权所具备的排他性，决定了将“服务器标准”视为唯一认定方法的司法解释片面地以侵害行为的技术手段限制了法律上的权利安排。[①] 为此，有必要对《著作权法》所规定有关传播方面的权利进行包容式界定，以使其能够控制那种故意避开权利定义中技术特征的行为。具体方案为：将表演权、广播权、展览权、放映权与信息网络传播权统一设定为向公众提供权，可规定为：以任何方式或手段向公众提供作品的权利，但向公众提供图书借阅的行为除外。如此一来，向公众提供权将现行立法上的表演权、广播权、展览权、放映权与信息网络传播权所控制的行为纳入向公众提供权控制。并且以但书的方式，将图书借阅这种一直未纳入著作权控制的行为通过例外的方式

① 参见熊琦：《中国著作权立法中的制度创新》，载《中国社会科学》2018 年第 7 期。

排除在权利控制之外。

（四）实现邻接权主体获取充分保护与新旧传媒产业之间平衡的权利配置

如前所述，邻接权的权利体系主要存在对邻接权主体的歧视性权利配置以及新旧传媒产业之间的不平衡，《著作权法》未来的制度调整也应该朝着这两个方向调整。

1. 邻接权主体充分保护的权利配置

对于邻接权主体获得与作者基本平等的权利配置，应该朝着如下三个方向调整。

其一，对于全部邻接权主体赋予署名权或表明身份的权利。可以选择在《著作权法》第4章设专节对“邻接权的一般性规定”予以规定。赋予邻接权主体身份权之后，聚合性平台必须标明其所聚合邻接权的主体身份，在聚合平台获得流量利益的情况下，邻接权主体获得身份宣传的利益，为邻接权主体提供更为充分与确定的保护，实际上是一种双赢的局面。

其二，应该为表演者、录像制作者配置机械表演与远程传播的权利，以控制机械表演和远程传播行为，使表演者、录像制作者可以获得与作者相同的权利配置，从对录有其表演之录制品、录像制品的机械表演和远程传播中获取利益。具体可以采用2020年《著作权法》第45条规定的方案，对录制表演的录音录像制品远程传播与机械表演时，表演者享有报酬权，即直接在第45条中增加表演者作为权利主体，从而第45条的规定应调整为：将录音录像制品用于有线或者无线公开传播，或者通过传送声音的技术设备向公众公开播送的，应当向表演者与录音录像制作者支付报酬。由于有线或者无线公开传播可以包括电视播放，这样《著作权法》有关录像制品电视播放权的第48条不再具有存在的价值，应该予以删除。

其三，广播组织的权利配置应该向契合市场需要的方向调适。在2020年《著作权法》修改过程中，立法曾经明确广播组织权的客体应为广播节目的信号。原国务院法制办2014年公布《著作权法（修订草案送审稿）》将广播组织权的保护客体界定为信号，即第 41 条所规定的“本法所称的广播电视节目，是指广播电台、电视台首次播放的载有声音或者图像的信号”。然而，该草案送审稿第 42 条第 1 款第 2、3 项将 2010 年《著作权法》第 45 条第 1 款第 2 项的内容进行拆解，但实际上继续保持 2010 年《著作权法》为广播组织赋予的录制以及录制后复制的权利。如果仅仅是对信号的录制与复制，实际上呈现的仍是广播节目本身，明确对信号的录制本身没有意义，前述正当性问题依然没有解决。2020 年全国人大常委会法制工作委员会公布的《著作权法修正案（草案）》第 45 条虽然将广播组织权的客体限定为信号，即该条第 1 款规定为，广播电台、电视台对其播放的载有节目的信号享有下列权利。但对于该信号，立法却依然赋予许可录制以及录制后复制的权利。如此信号与节目之间的关系同样没有厘清，因为无论是录制者还是录制后的复制者，所利用的都是节目本身，而不是信号。如果广播组织对其所广播的电视节目本身没有著作权，仅仅因为是由其进行了广播，便可以获得对节目的控制权，前述正当性的问题依然没有解决。因此，2020 年《著作权法》又回归到了 2001 年《著作权法》对广播组织权客体是信号还是节目不予明确的模式。不过，第 47 条第 1 款第 1 项规定调整的最为成功，即“将其播放的广播、电视以有线或者无线方式转播”，只要将转播行为解释为任何技术条件下的转播，无论是有线或是无线，无论其公众是否可以选定的时间或地点获取该信息，都应该受转播权控制。这种界定，使广播组织权可以控制互联网技术带来的网播（Webcasting）。由 WIPO 版权及邻接权常设委员会主席编拟的《关于保护网播问题的备选和非强制性解决方案》将网播界定为：“以有线或无线的方式，通过计算机网络，使公众能基本同时得到所播送的声音，或图像，或图像和声音，或图像和声音的表现物。”① 根据 WIPO 的进一步解释，网播情况下，公众可以在某一特定时间登陆节目信息流，并接收传送来的任何内容，

---

① See WIPO. Additional and Optional Protocol on the Protection in Relation to Webcasting to the WIPO Treaty on the Protection of Broadcasting Organization Alternative Solution 3, Article 2. http://www.wipo.int/edocs/mdocs/copyright/en/sccr_12/sccr_12_5_prov.doc, 2019－05－18.

但不能以其他方式影响该节目信息流。[①] 从该界定来看，WIPO 所界定的网播实际依然是一种广播，与传统有线、无线广播不同的只是传播媒介的不同，网播是通过计算机网络进行的广播，受众登录接收网播内容，与观众打开电视机或听众打开收音机并无差别。但实际上，当前传播技术条件的“网播”，公众可以在选定的时间或地点获取广播组织提供的内容。这便需要在立法中，明确转播权实际上可以控制通过网络的转播。2014 年原国务院法制办公布的《著作权法（修订草案送审稿）》已经将转播权规定的立法表述调整为“许可他人以无线或者有线方式转播其广播电视节目”，其目的是将网播行为纳入转播权的控制范围。至于网播所控制的具体范围，在解释上自然应该包括司法实践中已经开始出的现直播、回播以及延时播放等。[②] 此外，2020 年《著作权法》第 47 条直接为广播组织对其播放的电视节目赋予信息网络传播权，但该种方案导致广播组织可以控制通过其广播但不受著作权保护的客体，并不具有正当性，也不契合广播组织权应该控制以信号为客体配置权利的基本原理。因此，应该考虑另外一种方案，在未来修订《著作权法》时，第 47 条只需要保留第 1 款第 1 项。如此一来，广播组织可以直接控制对其播放的广播、电视通过任何方式的转播，即将“网播”予以控制，但任何转播行为，均以广播组织提供负载节目的信号基础，并不存在脱离负载节目信号的录制、复制或信息网络传播权。在对广播组织的界定上，尽管《著作权法》及其实施条例都未对广播组织进行界定，但一般都把广播电台、电视台认定为广播组织，而广播电台、电视台之外的传播主体，一般不会被认定为广播组织，从而导致互联网传播平台在进行诸如体育赛事直播的情况下，无法通过《著作权法》对广播组织所赋予的权利予以保护。论者在分析体育赛事直播画面是否可以纳入广播组织权保护时认为，广播组织转播权的主体必须是

---

① SeeWIPO. Additional and Optional Protocol on the Protection in Relation to Webcasting to the WIPO Treaty on the Protection of Broadcasting Organization Alternative Solution 3, Article 2. http: // www. wipo. int/edocs/mdocs/copyright/en/sccr_12/sccr_12_5_prov. doc, 2019 - 05 - 18.

② 参见北京知识产权法院民事判决书，(2015) 京知民终字第 1324 号。

广播电台或电视台，司法实践所发生案例的全部原告，都不具有这一权利主体必须具备的身份条件。[①] 因此，可以在《著作权法实施条例》的定义条款中，将广播组织界定为：通过有线或无线从事定时传播的广播电台、电视台等其他组织。

2. 平衡新旧传媒产业发展的权利配置

如前所述，随着互联网与数字技术的发展，催生了新闻聚合等新的商业模式，导致作为传统媒体典型代表之新闻出版的受众被大量分流，依赖基于受众数量广告营利的传统新闻出版生存堪忧。正因为如此，《欧盟单一数字市场版权指令》为新闻出版赋予一种新的权利，即数字化利用权。2020 年《著作权法》并未充分考量这一问题。为此，未来对《著作权法》的修订，需要在邻接权客体制度中增设新闻出版，并赋予数字化利用权，确保为作为传媒产业重要构成部分的新闻出版等内容提供产业，可以分享新媒体产业利用其所提供内容的利益。

（1）新闻出版者生存危机解决的欧盟之道

欧盟版权规则现代方案认为，数字技术正在改变创造性内容的生产、传播与获取的方式，其为创意产业、作者和艺术家、教育与研究团体、网络服务提供者（包括搜索引擎和内容提供者）、远程传播的运营者、文化遗产机构、个人用户以及数字经济中的其他主体，既创造了机会，同时也提出了挑战。[②] 欧洲版权规则协调所需要的高度是这些作品新的使用机会连同跨界的数字网络一并所提出的核心问题。通过欧盟委员会（European Commission）、欧洲委员会（Council of Europe）、欧洲经济社会委员会（the European Economic

① 参见刘铁光、赵银雀：《体育赛事直播画面侵权案件法律适用的规范研究——基于新近案例的实证分析》，载《体育科学》2018 年第 1 期。

② 有关欧盟版权规则现代化的内容，主要根据欧盟委员会如下报告翻译与整理，即 COMMISSION STAFF WORKING DOCUMENT IMPACT ASSESSMENT on the modernization of EU copyright rules Accompanying the document Proposal for a Directive of the European Parliament and of the Council on copyright in the Digital Single Market and Proposal for a Regulation of the European Parliament and of the Council laying down rules on the exercise of copyright and related rights applicable to certain online transmissions of broadcasting organizations and retransmissions of television and radio programmes.

and Social Committee）以及欧洲地区委员会（European Committer of Regions）的沟通与交流，最终于 2015 年 6 月形成《欧洲数字单一市场战略》,[①] 倡导处理欧盟版权框架中有碍数字单一市场功能发挥的问题，并且宣布立法将减少不同成员国之间的版权制度差异，以使全欧盟的用户可以通过互联网获取作品。欧盟的评估报告认为，欧盟需要现代的版权规则契合数字时代。欧洲委员会为确保消费者与创造者能够充分利用数字世界的版权而提出立法建议。该建议所评论的欧盟版权规则包括单一数字市场的版权条例与指令，以及在欧盟立法中实施《马拉喀什条约》的条例与指令。[②] 欧盟委员会于 2016 年 9 月 14 日公开了针对欧洲数字单一市场版权规则现代化的一揽子建议,[③] 即欧盟版权规则现代化的动议。《欧盟单一数字市场版权指令》是该动议的重要构成部分，其中该指令为新闻出版所赋予的数字化利用权，便是欧盟应对新媒体给传统新闻出版等内容提供主体带来危机的应对策略。

《欧盟单一数字市场版权指令》旨在确保作品与其他客体的利用有一个良好运行的市场，其中为新闻出版的发行者创建新的权利便是该专题中的主要内容，其主要目的在于应对随着技术发展出现的新闻聚合等新的商业模式，因为新闻聚合商业模式使新闻出版产业链条上主体之间出现利益失衡。该指令在第 2 条定义条款中，将新闻出版（press publication）界定为，主要具有杂志性质的文字作品构成的集合体，该集合还包括其他作品或客体，以及①构成期刊或在单一标题下的有定期更新的出版物中的单个作品，诸如报纸、普通或特别领域的杂志；②具有向普通公众提供与新闻或其他主题相关信息的目的；③出版在由服务提供商主导、负责编辑和控制的任何媒体上。以科

① 该战略的详细内容请参见，https：//eur - lex. europa. eu/legal - content/EN/TXT/？uri = COM：2015：192：FIN，最后访问日期：2023 年 8 月 20 日。

② 有关欧盟单一数字市场版权规则现代化的详细内容，请参见 https：//digital - strategy. ec. europa. eu/en/library/impact - assessment - modernisation - eu - copyright - rules，最后访问日期：2023 年 8 月 23 日。

③ 欧盟委员会所提出的整套有关版权规则现代的建议及其背景性文件，可以从如下网址获取：https：//ec. europa. eu/digital - single - market/en/modernisation - eu - copyright - rules，最后访问日期：2023 年 8 月 20 日。

学与学术为目的出版诸如科学期刊不属于本指令的新闻出版。该指令用一章专章规定了出版者权（Rights in publications），在第 15 条规定了对新闻出版有关数字使用的保护，为新闻出版者赋予一种特殊的权利，即为中国媒体广泛报道的“链接税”。[①] 第 15 条第 1 款第 1 段规定，成员国应为设立于成员国的新闻出版者对信息社会的服务提供者数字化利用其新闻出版授予 2001/29/EC 指令第 2 条（复制权）以及第 3（2）条（向公众传播权与向公众提供权）；前款所规定的权利不适用于个人私人和非商业目的对新闻出版的使用；第 2 段规定，第 1 段所赋予的权利，不适用于超链接行为；第 3 段规定，第 1 段所规定的权利不适用于新闻出版的单个词汇和非常短的摘要。第 2 款规定，第 1 款第 1 段所规定的权利不应该影响作者和其他权利人依据欧盟法律基于其发表在新闻出版中的作品或其他客体所享有的权利，第 1 款第 1 段所赋予的权利不得用于对抗作者和其他权利人，尤其不应该剥夺作者与其他权利人单独利用新闻出版中作品和其他客体的权利；该款还规定，当一个作品或其他客体可以以非独占许可的方式进入一个新闻出版，第 1 款第 1段所规定的权利不应该用于禁止其他被授权使用者使用；第 1 款第 1 段所规定的权利不应该用于禁止作品或其他客体因为保护到期之后的使用。第 3款规定，2001/29/EC 指令第 5 条到第 8 条[②]以及《欧盟孤儿作品版权指令》进行适当修改之后适用第 1 款所规定的权利；第 4 款规定，第 1 款第 1 段所规定的权利在新闻出版发表之后 2 年失效，从出版之日第 2 年的 1 月 1 日开始计算；第 1 款第 1 段不适用本指令生效前已经出版的新闻出版；第 5 款规定，成员国应该确保作者从新闻出版者因新闻出版被信息社会服务提供者使用的收入中获取适当的份额。

---

① 参见如下新闻报道：《欧盟拟征“链接税” 谷歌威胁关闭当地“谷歌新闻”》，https：//tech. qq. com/a/20181119/002375. htm，最后访问日期：2023 年 8 月 23 日；《欧盟初步通过争议性〈版权指令〉：或开征“链接税”》，http：//finance. sina. com. cn/world/gjcj/2018 - 09 - 13/doc - ihiycyfy0588390. shtml，最后访问日期：2023 年 8 月 23 日。

② 《欧盟信息社会版权指令》第 5 条所规定的是版权的限制与例外，第 6 条所规定的是有关技术保护措施的义务，第 7 条规定的是有关权利保护信息的义务，第 8 条所规定的是有关处罚与赔偿。

《欧盟单一数字市场版权指令》第 15 条，即 2018 年 9 月 12 日公布的《欧盟单一数字市场版权指令建议稿》第 11 条的规定，被国内媒体报道为“链接税”。该规定对于网络服务提供者而言，将面临新的制度挑战。然而，从最终生效版本的第 15 条来看，情况也许没有想象的那么严重。首先，该指令确实为传统新闻出版赋予一个新的权利，即内容被网络服务提供者数字化利用所关涉的使用行为享有专有控制的权利。其次，该指令将新闻出版的范围界定为包括报纸与非学术类杂志，无论新闻出版中的内容是否具备著作权保护的独创性条件，在其被信息社会服务提供者（网络服务提供者）数字化使用时都享有第 15 条所规定的权利。因此，该种权利主要针对信息社会服务提供者对新闻出版内容的数字化使用,① 包括《欧盟信息社会版权指令》所规定的复制权、向公众传播权与向公众提供权。这就使网络服务提供者在复制新闻出版的内容、向公众以非交互式（广播、电视）与交互式（互联网）向公众传播新闻出版内容时，需要获取新闻出版者的授权并向其支付公平合理的费用。该规定的主要目的在于适当遏制互联网服务提供者完全免费的发展状态，为处于困境中的传统新闻媒体提供新的制度出路，平衡传统新闻媒体与互联网服务提供者之间的利益。表面上，该权利似乎成为网络服务尤其是搜索引擎发展的制度障碍。但实际上，由于该规定不仅仅是赋予了权利，同时也规定了限制，实际上为私人、网络服务提供者尤其是搜索引擎的发展保留了制度空间。其一，为保证个人为私人与非商业目的的数字化使用。根据前述规定的限制，新闻出版的信息依然可以在个人和非商业目的的自媒体上进行自由传播。其二，所规定的权利不适用于个别单词与非常短的摘要，这实际上为非人为编辑而是自动搜索的链接行为提供了制度空间。如果新闻聚合模式要为公众推送信息，或者通过完整新闻标题链接信息，其必须通过人工的编辑才能在技术上实现；如果只是单个词汇的随机链接行为，新闻聚

① 在欧洲被认为主要是针对“谷歌新闻”，从而被直接称之为“谷歌税”。《欧盟“链接税”到底是什么》，http://www.xinhuanet.com/mrdx/2018-09/18/c_137475683.htm，2018/11/21，最后访问日期：2023 年 10 月 18 日。

合模式则无需获得许可。这实际上为新闻聚合模式中搜索引擎行为提供继续自由运行的空间。其三，该权利不适用于超链接行为，也就是说允许搜索引擎自动搜索的链接行为。其四，《欧盟单一数字版权指令》还为该种权利设置了较短的保护期限，即2年，自新闻出版发表之后第2年1月1日开始计算，比之前《欧盟单一数字版权指令（建议稿）》所规定5年大幅度地缩短。其五，《欧盟信息社会版权指令》第5－8条涉及对网络服务提供商基本信息及其相关信息的提供以及《欧盟孤儿作品版权指令》对孤儿作品的利用规定，予以必要修正之后对第15条所规定的网络服务提供者予以适用。因此，该部分的规定为新闻出版的私人与非商业性使用以及网络服务商，尤其是搜索引擎的发展保留了适当的制度空间。

（2）新闻出版数字化利用权的中国化

前已述及，新媒体带来了新的商业模式，尤其是各种聚合模式，大幅度转移传统媒体时期新闻出版者的受众群体，导致依赖受众群体数量以获取广告收入的传统新闻出版者陷入生存危机。在这种背景下，欧盟通过的《欧盟单一数字市场版权指令》为新闻出版者赋予了数字化利用权。未来对《著作权法》的修订，应该借鉴《欧盟单一数字市场版权指令》有关新闻出版者特殊权利的规定，构建这种新的特殊权利。

尽管《欧盟单一数字市场版权指令》有关新闻出版者特殊权利的制度设计，使新闻聚合模式运行的前提与基础非常明朗，也有利于促使新闻聚合模式的运营者必须与传统新闻媒体通过协商的方式获取授权，以平衡新闻聚合模式运营者与传统新闻媒体之间的利益，但是该种权利制度设计中的缺陷是新闻出版者所享有的是一种专有权，对新闻聚合模式运营者数字化利用其新闻出版内容享有绝对的控制权。然而，这种制度设置有可能因新闻出版者拒绝许可而导致新闻聚合模式难以运行，还有可能导致新闻聚合模式巨头运营者通过获取大量传统新闻出版者该种特殊权利的独占许可权或受让该种特殊权利，产生新闻聚合行业的垄断，阻止新型或专业型新闻聚合模式运营者进入新闻聚合的市场。因此，在制度上，应对新闻出版者的权利通过法定许可予以限制，网络服务提供商只需要依据规定支付相关费用，就可以对新闻出版的内容进行数字化利用，以克服专有权的制度设计可能出现的前述弊端。具体而言，新闻出版的数字化利用权应该按照如下方案设计。

第一，在权利的制度设计上，应该明确该权利的主体、客体与权利范围：①主体为新闻出版者，即新闻产品的制作者，是指为新闻的出版提供经济、组织及技术保障，对新闻出版负直接责任的主体；②客体为新闻出版物，是指由出版者或新闻机构定期更新的、以任何载体固定的具有新闻性质的汇编物，包括报纸与非学术类杂志，无论其内容是否受著作权保护（比如时事新闻），亦无论其内容是否具备著作权保护的前提条件，即独创性；③权利的内容为复制权、广播权与信息网络传播权，即赋予新闻出版者就其所提供的内容对网络服务提供商（包括网播组织）进行数字化利用予以控制的权利。

第二，对新闻出版者权规定明确的权利限制制度。①为保证个人合法和非商业目的使用新闻出版内容的自由，借鉴《欧盟单一数字市场版权指令》的规定，允许个人合法和非商业目的对新闻出版的数字化利用，允许个人非商业目的的自媒体传播；②为搜索引擎自动搜索保留运行的空间，借鉴《欧盟单一数字版权指令建议稿》的规定，该权利不延及仅伴随个别词汇的超链接行为。

第三，对新闻出版者权规定保护期限。《欧盟单一数字市场版权指令》最后为新闻出版者权给予了 2 年的保护期限，自新闻出版发表之后第 2 年 1 月1 日开始计算，中国《著作权法》所规定的新闻出版的数字化利用权也不应该超过 2 年的保护期。

第四，为了防止传统新闻媒体拒绝授予新闻聚合模式运营者对所提供内容的数字化利用，以及防止新闻聚合模式运营者获取太多传统新闻媒体的独家授权或受让该种特殊权利而导致新闻聚合领域的行业垄断。《著作权法》应对新闻出版者该种权利规定法定许可。既然为新闻出版者特殊权利设置了法定许可制度，还必须为这种模式设立配套的费用决定机制，使得聚合类媒体向传统媒体所支付的费用，既能保障传统新闻媒体的利益，又能为该种新商业模式的发展留有空间与余地。理想的费用决定机制应该由著作权主管部门主导双方行业代表进行充分协商，协商不能确定费用的，可以由著作权主管部门召集相关行业的专家组成专家委员会在综合各方意见的条件下进行裁决。对该种裁决不服的主体，可以提起行政诉讼的方式获得司法途径的救济。

第五，为防止新闻出版行业所赋予的新权利影响著作权人对于其在新闻出版中的作品所应获得的保护，还应该规定，如果著作权人已经与出版商通过合同约定了其作品后续利用的报酬分配，从其约定；如果没有合同约定，仍有权对其受著作权保护的作品在新闻出版者获取数字化利用的报酬中，向新闻出版者主张合理的份额。具体份额的确定，可以参照前述法定许可费用确定的机制予以确定。

基于新闻出版者权的上述内容，中国《著作权法》在制度上应该做如下具体设计：在邻接权制度中，增加一节，专门规定新闻出版者权。其中第1条规定新闻出版者权的内容与保护期限，第1款规定为，新闻出版者对其制作的新闻出版物，享有许可他人复制和通过信息网络向公众传播并获得报酬的权利；第2款规定，前款规定的新闻出版者，是指新闻产品、连续出版物的制作者，即为新闻的出版提供经济、组织及技术保障，对新闻出版负直接责任的主体；第3款规定，第1款规定的权利的保护期为2年，自新闻出版发表之后第2年的1月1日开始计算。第2条规定权利的限制，即本节第1条规定的权利不影响个人用户对新闻出版的合法和非商业目的的使用，不延及仅包含新闻出版中的个别词汇的超链接行为。第3条规定作者的权利，即本节第1条规定的权利不影响作者和其他权利人就新闻出版物中的作品和其他内容所享有的任何权利，新闻出版者不得援引该权利对抗作者和其他权利人。如果作者已经与新闻出版者通过合同约定了其作品后续利用的报酬分配，从其约定；没有约定的，作者仍有权对其受著作权保护的作品在新闻出版者获取数字化利用的报酬中主张合理的份额。第4条规定法定许可，新闻出版物发表后，除新闻出版者声明不得被数字化利用之外，他人可以对该新闻出版物进行数字化利用，但应当按照规定向出版者支付报酬。第 5 条规定付酬机制，其中第 1 款规定，本节第 4 条规定的报酬的确定，由版权行政管理部门组织使用者与新闻出版者进行协商，协商不成的，由版权行政管理部门组织版权及其相关产业专家委员会进行裁定；第 2 款规定，版权及其相关产业专家委员会的构成，由版权行政管理部门另行制定的规则予以确定；第 3 款规定，新闻出版者与数字化利用者对专家委员会确定的报酬不服的，可以依法提起行政诉讼。当然，由于《著作权法》第 5 条第 1 款第 2 项将单纯事实消息排除在著作权保护之外，为保持立法体系的逻辑性，将该条第 2 款调整为“单纯事实消息，但依据本法享有规定保护的除外。”

由于无论新闻出版是否具有独创性，是否属于时事新闻，其都应该被赋予数字化利用权，在性质上属于邻接权。如此一来，新闻出版者可以从应因新媒体发展出现诸如“聚合”等新的商业模式中获取部分利益，从而使其获取继续生存的制度空间。因此，中国《著作权法》新一轮修订时，应该为新闻出版赋予数字化利用权。

六、结语

权利配置的制度逻包括主体的二元结构与内容的二元结构，《著作权法》2020 年修正之后的权利制度体系，无论对主体二元结构的逻辑基础还是对内容二元结构的逻辑基础，均存在不契合之处，需要进行契合性调整。

著作权法主体制度应该坚持创作者作为主体与投资者作为主体的二元结构，在权利配置上，根据创作者声誉积累的需要，在与投资者共同构成著作权法主体制度中，应保留创作者的署名权；而投资者则关注对其作品或邻接权客体的利用，权利配置上应坚持不阻碍其利用原则，除署名权之外的财产权都应该配置给投资者，但应该要求修改者表明其身份。学者在评价《美国音乐现代化法案》时认为，“在制度调整过程中，有必要强调的是，版权制度的核心是创作主体，而非作品的传播主体”。[①] 在任何情况下，保留创作者的署名权，是坚持“版权制度核心为创作主体”观念的一种表现。我国2020年《著作权法》对主体及其权利配置制度进行调整后，依然需要在投资者作为主体的场合保留创作者的署名权，将法人作品与职务作品制度合一，保留法人作品，著作权配置给法人，并明确创作者享有署名权；在委托作品的制度中，直接将著作权配置给投资者，即委托人，但明确完成作品的创作者享有署名权；直接规定所有类型的视听作品，著作权由投资者享有，参与创作的主体享有署名权；在法人作品、委托作品、视听作品的制度中，规定涉及作品修改的，应当表明修改者身份，并不得损害创作者的声誉。当然，所有这些情形，都允许关涉主体对著作权的归属进行约定，但在任何情况下，都应该保留完成作品之自然人的署名权。

尽管2020年《著作权法》的修正对权利制度体系进行了一定的调整，但依然在某些方面不契合当今融合传统媒体与新媒体融媒体时期作品创作、传播与传媒产业发展的逻辑基础。未来人身权制度体系的调整方案应该为：除删除与保护作品完整权重复的修改权之外，应该明确除署名权外，发表权与保护作品完整权均应该明确允许转让与许可，但应该表明修改者身份。财产权制度体系的调整方案为：（1）应该删除与复制权规制行为内容重复的汇编权；（2）删除兜底权项，并将广播权、展览权、放映权、信息网络传播权、表演权统称为向公众提供权；（3）允许摄影作品、美术作品原件所有人可以展览摄影作品与美术作品，而不仅仅是原件；（4）删除多余的视听作品电视播放权，将视听作品排除在广播权法定许可之外。邻接权制度体系的调整方案为：（1）应该赋予出版者、录音制作者与广播组织表明身份权；（2）赋予表演者、录音录像制作者机械表演与远程传播的报酬权；（3）广播组织权仅需要保留转播权，且无需保护期限；（4）为新闻出版者配置以法定许可的方式配置数字化利用的报酬权。

---

① 李晶、张靖辰：《〈音乐现代化法案〉对我国版权制度的启示——著作权集体管理组织、音乐数据库、版税计算》，载《贵州师范大学学报（社会科学版）》2021年第1期。

第五章 著作权限制制度的逻辑与变革

一、问题的提出

正如外国学者所言，“围绕现代著作权制度规定的著作权‘例外’或‘抗辩’或‘允许的行为’或‘使用者权’所包含不致侵权的特许行为，产生很多的争议”。[①] 而消除这种争议的通常做法，便是为著作权限制寻求正当性。为限制制度寻求到正当性之后，便可以消除理论的争议与实践的抵制。尽管也有学者认为，一个国家著作权法中的限制与例外制度似乎是一个聚合不同目的的大杂烩（hodgepodge），其政策本身的正当性实际上很难识别，[②] 但是汗牛充栋的理论文献与立法理由表明，无论对著作权限制寻求到的正当性如何表述，其最终都可以归结为公共利益。国内主流的教材均认为，著作权的限制制度是为了社会公共利益：或者认为，“知识共享与权利的独占是一对矛盾，为了协调著作权人的利益和社会公众的利益，需要对著作权做必要的限制”[③]。或者认为，“所谓著作权的限制，通常是对著作权人专有权利行使的限制，其功能在于通过对著作权的适当限制，平衡创作者、传播者和使用者的利益，确保公众能接触和使用作品，以促进整个社会科学文化事业

---

① Robert Burrell & Allison Coleman, *Copyright Exception: The Digital Impact*, Cambridge University Press, 2005, p. 1.

② See Pamela Samuelson, *Justification for Copyright Limitations and Exceptions*, in Ruth L. Okediji, Copyright Law in an Age of Limitations and Exceptions, Cambridge: Cambridge University Press, 2017, p. 12.

③ 刘春田主编：《知识产权法》，中国人民大学出版社2009年版，第127页。

的进步”[①]。外国学者亦从公众获取信息，尤其是后来者从获取信息的自由与保障创作自由的角度为著作权限制制度尤其是合理使用寻求正当性：或者认为作为规制信息的著作权法，必须保障“信息追求的是自由”（information wants to be free）；[②] 或者认为“信息只有在流转中才能增值，信息需要自由流动以供后来者在创作中利用”[③]。或者将著作权限制制度的正当性归纳为三种：即保护基本自由（比如表达自由、隐私利益）、实现公共利益（比如图书馆例外、为残疾人的例外）与矫正市场失灵（比如强制许可）。[④] 但实际上，这三种正当性都可以归结为公共利益。因此，中外著作权学界对于著作权限制制度的研究主要关注于该种制度的正当性，认为著作权限制制度是为了特定高于权利人利益的公共利益。这种观点主导了著作权限制制度的理论发展。或许正是因为“公共利益”的强势立场，著作权限制制度无论是在国际公约还是主流国家的著作权法中，历经上百年的发展都屹立不倒。

然而，在人类进入新媒体时期以来，[⑤] 著作权限制制度的变革遭遇了前所未有的争议，甚至是直接的抵制，“公共利益”作为著作权限制制度正当性与逻辑基础的主导，似乎难以完成其应该承担的历史使命。比如，在理论上我国新近对于著作权法定许可制度便产生了两种不同的观点，有学者认为，法定许可是对著作权排他性的弱化，虽然能够降低交易成本，但同时也剥夺了著作权人对交易条件的决定权，直接导致定价效率的丧失，认为应该逐步

---

① 吴汉东主编：《知识产权法》，法律出版社2014年版，第99页。

② See Stewart Brand, *The Media Lab: Inventing the Future at M. I. T.*, Reed Business Information, Inc. (1988), p. 202.

③ Tarleton Gillespie, *Wired Shut: Copyright and the Shape of Digital Culture*, M. I. T. Press (2007), p. 27.

④ See P. Bernt Hugenholtz, *Fierce Creatures: Copyright Exceptions: Towards Extinction?* Keynote Speech at Ifla/Imprimatur Conference on Rights, Limitations and Exceptions: Striking a Proper Balance (Oct. 30, 1997), in 2 Intellectual Property Right: Critical Concepts in Law 232 (David Vaver, ed, 2006), p. 237 – 238.

⑤ 传播学认为人类已经进入新媒体时期，并将新媒体界定为，“依托数字技术、通信技术、网络技术等向公众提供信息服务的新兴媒体”。参见官承波主编：《新媒体概论》，中国广播电视出版社2007年版，第2页。

淘汰法定许可制度，并以完善的集体管理制度予以替代。[①] 也有学者认为，我国《著作权法》上所规定的法定许可在权利人选择退出的制度设计上具有优越性，应该予以坚持。[②] 而实践中，限制制度的变革在我国2020年《著作权法》轮次修正中遭致了直接的抵制，尤其是《著作权法》修改草案[③]第46条所规定的法定许可，[④] 高晓松、刘欢、小柯等知名音乐人签署联名书信，呼吁修改“新草案”，认为该条款没有尊重作者的权利。[⑤] 中国音乐文学学会甚至认为，有关法定许可的规定将导致著作权人的私权利被公权化，其创作的作品被轻易地、合法地转化为了公共财产；中国音像协会唱片工作委员会与中国音协流行音乐学会就《著作权法修改草案》在北京举行媒体通气会，音乐人周亚平直呼“如果著作权法修改草案第46条不删除，我们唱工委将集体从音著协退会”。[⑥] 对于该种抵制，著作权立法主管部门在公布2020年9月《著作权法修正案》（草案二次审议稿）时，便将该条予以删除。2020年《著作权法》最终选择继续保留2010年《著作权法》第40条第3款的规定，只是条款的顺序调整到第42条第2款。这表明，部分权利人似乎并不买“公共利益”的账，试图否定以公共利益为主导的限制制度。而主管部门似乎也

---

① 参见熊琦：《著作权法定许可的正当性解构与制度替代》，载《知识产权》2011年第6期。

② 参见梁志文：《版权法上的“选择退出”制度及其合法性问题》，载《法学》2010年第6期。

③ 我国于2011年7月启动《著作权法》的修正工作，国家版权局分别于2012年3月、2012年7月和2012年10月，公布了《著作权法》（修改草案）第一稿、第二稿和第三稿，并向社会公开征求意见。草案一经公布，产生了巨大的反响，引起广泛的争议。正如王迁教授在《华东政法大学学报》组织有关《著作权法》修改的专题研讨中认为，迄今国家版权局和原国务院法制办共公布了三稿修改草案以征求意见，引起了巨大的社会反响。对于有些问题，争论之激烈，权利人、产业界和学界参与面之广，在我国的立法与修法历史上是罕见的。参见王迁：《〈著作权法〉修改：问题与探索》，载《华东政法大学学报》2015年第2期。

④ 该条规定，“录音制品首次出版三个月后，其他录音制作者可以依照本法第四十八条规定的条件，不经著作权人许可，使用其音乐作品制作录音制品”。

⑤ 参见《版权局回应著作权法修改草案两大争议》，chinanews. com/cul/2012/04 - 10/3809321. shtml，访问日期，2023年6月18日。另一大争议是《著作权法》修订草案第68条，即网络服务提供者为网络用户提供存储、搜索或者链接等单纯网络技术服务时，不承担与著作权或相关权有关的信息审查义务。

⑥ 参见《音著协建议删除著作权法草案部分争议条款》，http：//www. chinanews. com/fz/2012/04 - 23/3839351. shtml，最后访问日期，2023年6月18日。

没有底气以公共利益之名继续坚持。如果限制制度的正当性与逻辑基础都是纯粹的公共利益，部分权利人的这种反对必然遭致社会的谴责。然而，社会各界对于音乐界知名人士对限制制度变革的这种抵制，既极少出现谴责的声音，也极少出现任何支持的声音。

尽管不可否认的是，著作权限制制度目的有公共利益的成分，但其在传统媒体时期成为主流国家著作权法中重要构成部分的根本原因，并不是或者至少不单纯是公共利益，而是其赖以成立并运行的逻辑基础，也就是传播技术引致的产业环境以及该种产业环境中的各方利益状况。而以数字化、互联网与通信技术为表征的新媒体，已经改变了传统媒体时期著作权限制制度的逻辑基础，制度变革成为必然。不过，不可否认的是，传统媒体时期的传媒技术与产业并未完全退出当今这个时期，广播电视媒体、报纸、杂志、纸质出版以及电影院线等传统媒体时期的产业依然占据重要一席。因此，当今所处的依然是一个混合媒体的时期。这里的混合媒体指的是一种传统媒体与新媒体并存的静态环境，也是当前“融媒体”必然存在的状态。这个时期著作权限制制度的变革，亦应该契合该时期传播技术所引领产业发展的逻辑基础，否则，与依然坚持传统媒体时期著作权限制制度的效果无异：或者被弃而不用，或者会成为产业发展的障碍，或者导致“赢者通吃”，或者如我国2020年《著作权法》修正轮次一样，有关限制制度的修改一经公布便遭遇产业或权利人的抵制。为此，本章分析传统媒体时期的著作权限制制度的逻辑基础及其在当今融媒体时期所发生的变化，以此为基础，提出著作权限制制度在这个传统媒体与新媒体混合时期应该变革的具体内容，对2020年《著作权法》有关限制制度的修正进行评价，对《著作权法》限制制度的未来修改提出建议。

二、传统媒体时期著作权限制的制度逻辑

著作权的诞生本来就是传播技术推动产业发展需求的结果，因为“印刷

机无可挽回地改变了作者的作品在道德主张与经济主张之间的平衡”①。“在传媒技术和市场使盗版成为有利可图时著作权才有诞生的可能。”② 标志著作权诞生的英国1710年《安妮女王法》就是出版产业应对盗版而以作者的名义所诉求的结果。③ 实际上，著作权制度的发展一直追随其诞生的制度逻辑：即传播技术分化新的产业，新的产业催生新的权利制度与限制制度。比如录音技术与音乐传播技术推动音乐产业的发展，而音乐产业催生了录音制品二次使用的报酬权与音乐作品再录制的法定许可或强制许可；广播电视技术推动广播电视产业的发展，而电视产业催生了广播权与作品广播的法定许可；互联网技术推动互联网产业的发展，而互联网产业则催生了向公众提供权④与避风港制度。因此，著作权限制制度作为著作权法制度的构成部分，契合特定时期传播技术引领下传媒产业发展是其必须遵循的基本规则。任何产业的发展必然围绕产权的供给与交易，⑤ 产权的供给取决于创作成本以及作品的利用需求，而其交易取决于产权的交易成本，所有这些应该是著作权限制制度的逻辑基础。而且，以庇护公共利益为名的限制制度，自然应契合公共利益与产业利益之间所应处的关系状态。

（一）法定（强制）许可契合传播中心化下的交易成本与行业垄断

在互联网传播技术到来之前的传统媒体时期，由于作品传播技术、设备、

---

① ［美］保罗·戈斯汀：《著作权之道：从谷登堡到数字点播机》，金海军译，北京大学出版社2008年版，第32页。

② Paul Edward Geller, Copyright History and the Future: What's Culture Got to Do with It? Journal of the Copyright Society of the USA, 2000, 47: 210.

③ 英国17世纪，由于出版审查特权随着1695年《英国许可法》的废止而寿终正寝，书商公司开始饱受盗版之苦时，因为真正的盗版使未经专利人许可而重印专利图书的情况更加恶化。在游说恢复《英国许可法》的努力失败后，书商转而借助作者利益与图书财产权之名，于1707年2月向议会提出法案，主张通过立法保护作者或其被授权人，或原稿的购买者的“文学财产权”。See John Feather & Publishing, *Piracy and Politics: A History Study of Copyright in Britain*, Mansell Publishing Limited, London, 1994, p21. p. 56.

④ 我国《著作权法》第10条所规定的信息网络传播权。

⑤ See Andy C. Pratt and Rick Ball, Industrial Property, Policy and Economic Development, in Industrial Property Policy and Economic Development, Edited by Rick Ball, Andy C. Pratt, Routledge, 1994, p. 1.

制作等方面的高成本以及国家对作品传播中介的管制，[①] 一般的个人无法成为传播中介，作品的传播难以从作者到用户，也难以从用户到用户，而是必须通过诸如出版机构、广播电视电台、电影制作机构等传播中介的桥梁作用，作品方可从权利人到用户，即作品传播的中心化模式。在这种作品传播模式下，由于传播中介的设立成本与管制，作者自身无法成为传播中介，只能依赖传播中介予以传播作品。因此，虽然著作权的原始权利人是作者，作者却只能选择将权利转让或许可给传播中介。

在作品传播中心化模式下，传播中介通过作品的传播形成传媒产业；而传播技术的进步分化出新的传播中介并形成新的传媒产业。[②] 传播技术催生的新传媒产业与最初的出版产业不同，出版产业必须与作者磋商作品出版，否则其无从知晓作品的内容而无法利用作品，所以最初的出版产业需要就作品的出版与作者单个磋商。但基于传播技术进步分离出的新传媒产业而言，在利用已经出版的作品时，无需单个磋商便可以利用作品内容。以广播电视技术形成的广播电视产业为例：广播电视技术的发展形成广播电台与电视台，广播电台与电视台对作品的传播形成广播电视产业，其所使用的大量作品一般为已经出版而可以直接利用，而且这种利用是大规模使用（mass use）海量的作品，比如音乐作品。由于著作权法将广播权配置给作者，如果广播电台和电视台需要同每一个权利人通过磋商的方式获得广播权，高昂的交易成本必然导致市场失灵，从而障碍广播电视产业的发展。在这种条件下，著作权法设立了法定许可，采取第三方定价的机制，避免了交易双方围绕定价所进行磋商导致的高成本，使交易成本降低，[③] 从而矫正了市场失灵。与法定许可具有异曲同工之作用的还有强制许可制度，其亦由第三方替代决定价格

---

① 比如根据我国《出版管理条例》的规定，出版单位的设立必须经过国家行政主管部门的审批，而且不是符合该条例基本条件就可以设立出版单位，因为根据第 11 条第 2 款的规定，审批设立出版单位，除依照前款所列条件外，还应当符合国家关于出版单位总量、结构、布局的规划。

② 比如录音技术的发展催生了录音制作者，使录音产业与传统的出版产业分离之后形成新的传媒产业。

③ See Ian Ayres & Eric Talley, *Solomonic Bargaining: Dividing a Legal Entitlement to Facilitate Coasean Trade*, 104 Yale L. J. 1027 (1995), p. 1029 – 1036.

的机制以避免这种市场失灵。作品传播的中心化模式还会导致作为传播中介的主体相对集中。如果任由传播中介自由与权利主体磋商形成权利交易，则必然导致该种传播中介买断权利人的权利或获取独家授权，形成该种权利的垄断市场，从而导致该产业领域竞争不充分。比较典型的如录音产业，如果任由录音制作者与著作权人通过磋商的方式签订复制权、发行权许可与转让合同，必然导致录音制作者买断著作权人关涉作品录音的相关权利，形成录音产业领域的垄断。而著作权法所设立的录音领域的法定许可制度或强制许可制度，则可以有效地预防该种产业领域的垄断发生，因为无论是法定许可，还是强制许可，都不允许传播中介买断权利或者获取独家授权的方式以垄断市场。因为法定许可或强制许可通过著作权市场的替代，即通过构建一个拟制的政府管控市场，避免因为权利买断与独家授权所致的垄断。[①] 美国 1909 年著作权法引入强制许可的目的是防止唱片公司对音乐作品进行机械录制的垄断。[②] 美国国会担心一个生产钢琴卷纸名为“Aeolian”公司的音乐独占许可授权计划将导致“巨大的音乐垄断”,[③] 其不希望一个持有大量知识产权的公司统治一个国家的艺术方向。[④]

此外，对于矫正交易成本所致的市场失灵与行业垄断，著作权集体管理制度具有与法定许可或强制许可相同的功能。集体管理制度通过创造一个传播中介，连接使用者与权利人，从而降低海量作品大规模使用单个磋商的交易成本,[⑤] 与法定许可对降低交易成本上具有相同的功能；与此同时，一般

---

① See Compulsory Video Licenses of Title 17, Hearing Before the S. Comm. on Courts, Intellectual Property, and the Internet Comm. on the Judiciary, U. S. House of Rep. , 113th Cong, 2nd Sess. (2014) (Statement of William J. Roberts, . Jr. , Acting Associate Register of Copyrights and Director of Pubic Information & Education).

② See Oman R. *Compulsory License Redux*: *Will it Survive in a Changing Marketplace*? The Cardozo Arts & Entertainment Journal 37 (1986), p. 5.

③ See *Recording Industry Assoc. v. Copyright Royalty Tribunal*, 662 F. 2d 1, 17 (D. C. Cir. 1981), p. 4.

④ See Robert J. Morrison, *Derivers' Licenses*: *An Argument for Establishing a Statutory License for Derivative Works*, 6 Chi. – Kent J. Intell. Prop. 87 (2006 – 2007), p. 97.

⑤ See David Sinacore – Guinn, *Collective Administrative of Copyright and Neighboring Rights*: *International Practices*, Procedures and Organizations. , London: Little, Brown and Company Boston Toronto, 1993, p. 258.

国家著作权集体管理的立法都规定对于符合条件的使用申请，[①] 集体管理组织不能拒绝，在许可使用上实际上等同于法定许可或强制许可，亦能有效避免该产业领域权利转让或独家授权而导致的垄断。

总之，无论是法定许可或强制许可，以及具有类似作用的著作权集体管理制度，其赖以存在的逻辑基础是在作品传播中心化模式下，矫正单个权利磋商的高交易成本所致市场失灵以及权利买断或独家授权所致的产业领域垄断。

（二）限制制度契合作者身份固化下的作品传播与利用的需求

作品传播中心化模式产生的原因是传播成本与传播中介设立的政府管制，这必然导致作者的身份相对固化，如果作者要自己传播作品，其必须成为传播中介。而对于一般作者而言，传播成本之高昂使其不可能成为传播中介。在该种前提下，绝大部分作者必须将其作品上的相关权利转移给传播中介，方可实现其作品的传播与利用，这使得权利人对作品的利用处于被动地位。与有体财产不同的是，著作权的价值取决于其所依附作品之作者的影响力，而作者的影响力又取决于作者之前作品的被利用状况，作品的被利用频次与该作者的影响力成正相关关系。从这种意义上看，作品的被动利用是一种常态，与传播技术并无本质上的联系。著作权限制制度却实质上增加了作品的利用渠道，因为无论限制制度中的合理使用还是法定许可或者强制许可，本质上改变了权利人作品的利用方式，使原本只能由权利人授权方可使用其作品的单一渠道，变成可以无需授权无需付费（合理使用）、无需授权需要付费（法定许可）以及需要授权需要付费（自主授权）三种利用作品的渠道。因此，著作权限制制度在对权利限制的同时，实质上也扩宽了作品的利用渠道，在作者身份相对固化的条件下，在某种程度上契合作者对其作品被利用的需求。这可以根据创作主体的不同类型予以分别考察，以检证这种结论的正确性。

---

① 比如我国《著作权集体管理条例》第23条第3款规定，使用者以合理的条件要求与著作权集体管理组织订立许可使用合同，著作权集体管理组织不得拒绝。

作者是否以经济利益需求为目的创作作品，对其作品利用的利益诉求完全不同。因此，是否以经济利益诉求为目标，可把作者分为非经济利益需求型创作主体与经济利益需求型创作主体。首先，哲学领域的研究成果认为，创作是一种“精神本能”，[①] 非经济利益需求型创作主体至少在创作主体中占绝大多数。比如学术类的创作主体，不依赖作品上权利的交换获取利益以维持生计。[②] 该类主体中或者是为了自我价值的实现，或者是为了扩大其在特定领域的影响力，作者的影响力是与作品利用的广泛程度成正比的，作品被利用越广泛，其影响力越大。比如学术领域，一般是根据作品的被引频次来评价作者的影响力。[③] 由于作者的身份固化，其自身无法利用与传播其作品。对该种类型的创作主体，任何以保留其署名的方式对其作品的利用行为，其非但不反对这种使用，甚至对该种使用求之不得。[④] 但如果没有诸如合理使用与法定许可等限制制度所提供的作品利用渠道，那么停止侵权与损害赔偿的侵权风险，必然会减少权利人作品的利用概率。因此，对于该类权利人而言，著作权限制制度所创造的作品利用渠道，恰好契合作品传播中心化模式所致身份固化下的作品利用需求。

其次，产业的发展催生了以经济利益需求为目的的创作主体，其创作作品的目的是获得经济利益。最为典型的诸如专业的小说、电影、广播电视节目等的创作主体。该类主体还可以分为优势主体与弱势主体，该两类主体对其基于作品所享有的著作权是否可以交易出去，处于完全不同的地位。优势

---

① 参见赵汀阳:《论可能生活：一种关于幸福和公正的理论》，中国人民大学出版社2004年版，第160页。

② 实际上，学术类创作者也无法通过学术作品上权利的交换以获取经济利益，中国当下的学术类创作者，创作作品主要目的是职称晋升、学术奖励以及课题结题，而不是通过作品上的权利交换以获取经济利益。

③ See Stephen M. Lawanil & Alan E. Bayer, *Validity of citation criteria for assessing the influence of scientific publications*: *New evidence with peer assessment*, Journal of the American Society for Information Science Volume 34, Issue 1, pages 59 – 66, January 1983, p. 59.

④ 最为典型的是，某个学者发表在学术期刊上的文章，自然希望被他人引用，亦希望其论文能被《人大报刊复印资料》复印、被《中国社会科学文摘》转载、被《新华文摘》全文转载或摘编，这种现象恐怕在学术界，应该是无人否认。

主体诸如文学领域的畅销书作者、音乐领域的知名词曲作者以及电影界的知名导演等，由于其作品在特定领域具有市场优势，自然希望可以通过完全自主的方式交易其作品上的权利，也就不希望其作品上的权利受到太多的交易限制。当然，对于不影响其经济利益的利用，由于会扩大作品的影响，自然不会反对甚至是欢迎这种使用。由于合理使用制度一般会要求保留署名权，[①]而且作为反限制的“三步测试法”会保障其经济利益，合理使用不但不会影响其经济利益，甚至还会扩大作品的影响，该类主体一般不会反对其作品被合理使用。反之，如果没有合理使用，基于侵权风险的考量，他人便不会利用合理使用制度允许的行为利用其作品。合理使用所创造的作品利用渠道，实际上契合该类创作主体对其作品的利用需求。而保留其报酬权的法定许可或强制许可，一般限于特定领域，对于经济利益需求型中优势型创作主体，一般不产生实质性影响，比如我国《著作权法》所规定的法定许可限于以下四个领域：已经发表作品的转摘、已录音之音乐作品再录制、义务教育教材与国家规划教材汇编的法定许可以及广播的法定许可。对于一般的作品而言，法定许可所允许下的利用行为本身对其经济利益的影响不大，对于广播、电视的利用会对作品经济利益造成较大影响的电影作品与录像制品，根据2010年《著作权法》第46条的规定，[②] 则被排除在广播的法定许可之外。况且除广播的法定许可外，其他三种法定许可，都允许权利人事先退出，权利人可以根据自己的需要进行判断，是否接受法定许可的限制。对于该种类型的权利人而言，法定许可所设置的选择退出机制，为其创造了作品更广泛利用的渠道，实质上是契合权利人的需求。同样的道理，如果没有法定许可与合理使用，基于侵权风险的考量，其作品被利用的机会反而会减少。至于该种类型创作主体中的弱势主体而言，由于其作品没有市场优势地位，其作品之上

---

① 比如我国《著作权法》(2010年) 第24条明确规定，必须指明作者姓名与作品名称。

② 《著作权法》(2010年) 第46条规定，电视台播放他人的电影作品和以类似摄制电影的方法创作的作品、录像制品，应当取得制片者或者录像制作者许可，并支付报酬；播放他人的录像制品，还应当取得著作权人许可，并支付报酬。

的相关权利实际难以被市场交易出去。由于作品可以因为更多的利用而增加知名度，从而提升作者的影响力，从而进入优势主体的行列，提升未来作品的市场地位，因此，该类创作主体对著作权限制制度所允许的利用行为，更是求之不得。可以想象，一个没有任何知名度的词曲作者，是何等地希望其作品被知名歌星进行公开表演并被知名电视台予以播放。

无论对于哪类权利主体，亦无论是合理使用，还是法定许可，都增加了其作品被利用的机会，因为如果没有合理使用与法定许可（强制许可），其作品被利用的机会因为侵权责任的威慑而减少，甚至会造成权利人作品利用的“错过市场”（missing market）。① 郑成思教授在论证作品转载的法定许可时认为，在一般情况下，作者的作品能够被更广泛地传播（被多家报刊转载），自己也能够获得更多的报酬，他们是不会反对的。② 而法律经济学研究认为，“如果人们的偏好是有冲突的，私有权或任何其他形式的所有权对任何人都不意味着更多的机会”③。对于作者而言，作品的利用便是作者的机会。在作品上进行著作权的私权安排，实质上并不契合作者创作作品的不同偏好。然而著作权限制制度恰好契合这种创作者的不同偏好，增加了权利人作品被利用的机会。

（三）合理使用契合身份固化下的创作成本及私人与产业利益的一致性

合理使用中的合理引用是主流国家著作权都予以规定的一种著作权限制，

---

① 错过市场（missing market）是市场存在的需求无法实现，也是一种市场失灵。国外学者用来描述孤儿作品的利用现象，由于孤儿作品无法查询到权利主体，使孤儿作品的利用需求无法得到合法的供给，从而产生孤儿作品利用的错过市场。See Dennis W. K. Khong, Orphan Works, Orphan Works, Abandonware and the Missing Market for Copyrighted Goods, International Journal of Law and Information Technology, Volume 15, Issue 1, 1 March 2007, Pages. 54 – 89, p. 54. 那么同样的道理，如果没有著作权限制制度，使著作权人作品的利用需求无法得到合法的实现和供给，同样会形成著作权人“错过的市场”。

② 参见郑成思：《知识产权法》（第 2 版），法律出版社 2003 年版，第 356 页。

③ ［美］A. 爱伦·斯密德：《财产、权力和公共选择——对法和经济学的进一步思考》，黄祖辉等译，上海三联书店、上海人民出版社 2006 年版，第 3 页。

比如《德国著作权与邻接权法》第51条、[①]《日本著作权法》第32条[②]以及我国《著作权法》第24条第1款第2项的规定。[③] 在传统媒体时期，尽管单从符合著作权保护前提，即独创性来讲，几乎所有人都可以成为创作作品的作者，但如果从作品的市场价值来看，作品的创作还是呈创作职业化形态，[④] 绝大多数情况下，只有该部分群体所创作的作品才具有市场价值。而创作的职业化，意味着必须经过一定的专业训练与一定时间积累方可成为职业化的创作者。而作品的一般用户，如果其未能经过专业化训练与一定的时间积累，难以成为职业化的创作者。从用户向作者的身份转化来看，用户的身份同样固化。从创作者必须经历的职业化训练与时间积累的角度看，创作实际上是一种高成本活动。而那些诸如电影等需要巨额资金投入的创作，更是如此。如果任何创作必须完全独立于现有作品，不允许从现有作品中进行任何引用，意味着创作成本更加高昂，甚至违反创作的基本规律。允许合理引用，可以适当地降低高额的创作成本。因此，作者与用户身份固化下的高创作成本是合理引用限制存在的逻辑基础。

合理引用除契合传统媒体时期的高创作成本之外，其本质上亦是传媒产业发展的基石。作为该制度起源的合理节略，就能很好地证明这一结论。当代主流国家著作权法的合理引用缘于合理节略，合理节略后来发展成为著作

---

① 根据《德国著作权与邻接权法》第51条的规定，应该允许下列作品的复制、发行与传播，只要这些作品符合下列三种情形之一，即个人作品在发表之后包含在一个独立的科学作品中用于说明一个其内容；已经发表作品的片段被引用在一个独立的作品之中；在一个独立音乐作品中引用已经发表音乐作品的一个片段。

② 《日本著作权法》第32条规定两种合理引用，其一，允许从一个已经发表的作品中予以引用，只要引用符合公平惯例，而且该引用的程度没有超过诸如新闻报道、批评和研究目的所需要的程度；其二，为报刊和杂志复制情报、调查和统计数据、报道以及其他类似特征的作品，这些作品是由国家机关、地方公共实体为了公众信息的目的制作，而且这些作品已经授权发表，只要这种复制没有明确标示禁止。

③ 我国《著作权法》第24条第1款第2项将“为介绍、评论某一作品或者说明某一问题，在作品中适当引用他人已经发表的作品”规定为一种“合理使用”。

④ 创作职业化是指作者的主要收入来自有价值与大众欢迎的创作作品，通过创作活动以维持生计。See Robert P. Merges, *The Concept of Property in the Digital Era*, 45 Hous. L. Rev. 1239 (2008), p. 1250.

权法中整个合理使用制度，合理引用则成为合理使用制度中的一种。[①] 在作为合理使用制度缘起的案例，即 Gyles v. Wilcon 案中，Hartwicke 勋爵观点背后的实质就是为了契合那个年代出版产业的发展。该案中,[②] 书商 Fletcher Gyles 出版了马修赫尔的《王室诉讼》，该书初次出版不久，出版商 Wilcox and Nutt 雇佣了名为 Barrow 的作者，将该书进行节略重新包装，书名为《现代王室法》。Fletcher Gyles 起诉称其根据《安妮女王法》所享有的权利受到侵害。该案的主要争点在于，节略一本书是否构成版权侵权。Hartwicke 勋爵认为，书的节略可以分为两种类型：创造性节略（true abridgements）与非创造性缩减（colored shortening），创造性节略通过编辑的努力，节略本形成一个新的作品，其不会侵犯原版作品的著作权。经由文学与法律专家决定，Hartwicke 勋爵判定《现代王室法》不是真正的节略本，只不过是违反法律的复制本。该案所确立的合理节略原则，是允许体现编辑劳动的节略呈现，只要该种呈现与初始出版的作品具有显著的不同，该行为便被认为不构成著作权的侵权。[③] 或者换句话说，是否构成不侵犯版权的合理节略，主要在于节略之后的成果是否构成新的作品。而新作品对于当时（1740 年）作品相对匮乏的出版产业尤其重要。当然，合理节略直接目的与表面目的自然是保护创作自由，从合理节略发展而来的合理引用，其目的必然继续坚持保护创作自由，以实现版权法激励创作的目标。因为合理引用对于创作至关重要，美国法官 Story 在 1845 年的案件中评论合理引用的著名评论：“在文学、科学与艺术领域，一般意义而言，几乎没有是严格意义上完全新的或独创的。文学、艺术与科学领域中每一本书，必须从之前著名的与经常使用的书借用或利用许多。”[④] 所以美国学者认为，合理引用对于版权法实现促进公众文化富足的

---

① 一般认为，合理制度起源于英国 1740 年的 Gyles v. Wilcon 案例，后在 Joseph Story 法官的影响和推动下，合理使用制度得以确立。See William F Party, *Fair Use Privilege in Copyright Law*, The Bureau of National Affairs, INC,（1986）, p. 35.

② See Gyles v Wilcox（1740）26 ER 489.

③ See A. T. Carter, *Curiosities of Copyright Law*. 4 L. Q. Rev. 172（1888）, p. 172.

④ Emerson v. Davies（1845）, 3 St. Rep. 78.

目标至关重要。[①] 允许创作者合理引用实质上保证传媒产业的产权供给，是传媒产业的发展基石。

同样，基于传播中介的设立成本与管制的原因，用户的身份同样固化，一般只能是用户，不能成为私人传播者，而且用户接受作品的能力也处于分散状态，即便是单个的受众可以传播作品，其范围也是非常有限。正如论者所言，“在传统媒体时期，创造传播的能力是集中的，而传播本身并不针对特定的受众，接受传播的能力也是非常分散的”[②]。因此，无论如何，用户不可能成为传播中介的竞争对手。允许用户为个人目的使用作品，不会损害传播中介的利益，也就不损害整个传媒产业的利益。个人使用在作品传播中心化的模式下，并不会损害传媒产业的利益，实质上契合该种模式下的产业环境，这也是个人（私人）使用成为主流国家著作权法中限制制度一种的逻辑基础。[③]

（四）限制制度的封闭模式契合用户付费模式

由于传统媒体时期传播中介传播作品类型与方式相对单一，不同传播中介呈分散的方式传播作品，比如出版商通过书籍的发行传播作品，广播电视台通过播放的广播电视传播作品，电影制作者主要通过院线和电视传播其作品，等等。互联网到来前的传统媒体时期，用户如果需要使用、欣赏作品，必须接受传播中介的传播方式，传播中介主要以用户付费的方式实现盈利。[④] 当然，也有个别传播中介诸如广播电台、电视台、报纸以及杂志等，第三方

---

① See Pierre N. Leval, *Toward a Fair Use Standard*, *Harvard Law Review*, Vol. 103, No. 5 (Mar., 1990), p. 1105 – 1136, p. 1116.

② John P. Robinson & Meyer Kestnabaum et al., *Mass Media Use and Social Life Among Internet Users*, Social Science Computer Review, November 1, 2000, p. 490.

③ 主流国家著作权法都规定个人使用是对著作权的一种限制，尽管表述或范围不尽一致。比如《日本著作权法》第 30 条所规定的私人使用的复制、《德国著作权与邻接权法》第 53 条所规定的为私人或其他个人目的复制、2007 年《美国版权法》第 601 条 b 款将个人使用目的的进口作为侵权的例外予以规定以及我国《著作权法》第 24 条第 1 款第 1 项所规定的为个人学习、研究与欣赏目的的使用。

④ 当然，也有个别传播中介是通过第三方付费的方式实现盈利，比如广播电台与电视台，其主要通过第三方，即广告的付费实现盈利。

付费也是其获取收益的一种方式。互联网到来之前，作品的传播采取分类与分散的模式，用户“接受传播的能力也是非常分散的”,[①] 公众获取信息并未形成对特定传播方式的路径依赖，即便是通过第三方付费的方式予以盈利，传播中介传播作品所获取的产业利益，一般也难以与代表用户信息获取的公共利益存在交融。虽然在传播中介传播时事新闻时，传播中介所获取的诸如广告收益第三方付费收益，确实与公众获取信息的公共利益具有一致性，但由于一般国家的著作权法中，都将时事新闻排除在著作权保护的客体之外，不存在权利人在这种传播中主张权利，该问题便无需在著作权法中予以考虑。因此，在以用户付费为主要盈利模式下，以传播中介为代表的产业利益与以用户为代表的公共利益之间界线清晰。

由于传播中介所代表的产业利益与以用户为代表的公共利益之间界线分明，无需考虑产业利益与公共利益交融的立法难题。立法只需对已经确定为公共利益的作品传播与利用方式予以庇护，任何产业利用作品的行为都应该纳入著作权法的规制。因此，传统媒体时期著作权法的限制制度应该采取封闭的立法模式，无需灵活与弹性，以免司法裁量将产业利益解释为公共利益。这就是欧洲主要国家著作权法对限制制度完全采取封闭式立法模式的逻辑基础。[②] 实际上，即便是《美国版权法》规定了要素主义的合理使用制度，其也不是完全的开放模式立法，因为立法基于合理而不是其他特定情形的要素指导法院考量不同的要素。[③] 因此，传统媒体时期著作权法限制制度相对僵化的逻辑基础，便是以传播中介为代表的产业利益与以用户为代表的公共利益之间的清晰界分。

---

① See John P. Robinson & Meyer Kestnabaum et al. , *Mass Media Use and Social Life Among Internet Users*, Social Science Computer Review, November 1, 2000, p. 490.

② 学者总结认为，欧盟成员国的著作权法所规定的著作权限制与例外是封闭式的，详尽列举无需版权人授权使用作品的行为。See P. Bernt Hugenholtz & Flexible Copyright, *Can the RU Author's Rights Accommodate Fair Use*, in Ruth L. Okediji, Copyright Law in an Age of Limitations and Exceptions, Cambridge, 2017, p. 276.

③ See Pamela Samuelson, *Justification for Copyright Limitations and Exceptions*, in Ruth L. Okediji, Copyright Law in an Age of Limitations and Exceptions, Cambridge, 2017, p. 49.

三、传统媒体时期著作权限制的制度逻辑在融媒体时期的转变

如前所述，人类社会已经进入新媒体时期，但作为传统媒体时期传媒产业典型代表的纸媒、纸质书籍、电影院线等①依然占据一席之地。因此，当今依然是一个传统媒体与新媒体交融的融媒体时期。在依然存在传统媒体时期著作权限制制度的逻辑基础前提下，新媒体所带来的对该种逻辑基础的改变，必然演变为一种多重混合的逻辑基础。

（一）作品传播中心化转向中心化与去中心化的混合模式

以互联网为典型特征的新媒体已然成为人类社会生活的一部分，作品通过互联网传播渠道，实现了传统媒体时期无法实现的从作者到用户的直接传播，以及用户之间的相互传播，呈现去中心化的传播模式，即作品不再是由作者将部分权利转移给传播中介，再由传播中介到使用者的单向传播，而是在“去中心化”和“去阶层化”的网络用户之间共享。② 在这种传播模式下，作者与用户可以通过互联网实现单个磋商的方式完成权利交易。这种交易中，可以选择互联网上的格式合同，诸如拆封合同（shrink - wrap license）与点击合同（click - wrap licenses）等，大幅度降低了交易成本。理论上，即便是需要大规模使用海量作品的专业媒体，亦可以通过互联网实现低成本交易。不过，由于传统媒体产业与技术并未完全退出这个时期，依然有作者选择利用传统媒体时期的传播中介传播其作品，诸如出版、广播电视、院线放映等。因此，在融媒体的当今时期，作品传播呈中心化与去中心化的混合模式。在混合模式下，依赖传播中介予以传播作品，即中心化传播模式下，大规模使用海量作品的交易成本依然高昂；而利用互联网这种去中心化的传播模式下，

① 尽管在纸媒、纸质书籍、电影生产与销售的过程中，会利用数字化、通信技术与网络技术，但这些载体向公众提供信息的方式，依然是传统方式，比如选择购买纸质的报纸、阅读纸质的书籍以及去电影院看电影的方式以接受这种信息。

② See Yochai Benkler, *Sharing Nicely: On Shareable Goods and the Emergence of Sharing as a Modality of Economic Production*, 114 Yale L. J. 273 (2004), p. 278.

作品传播的交易成本大幅度下降。因此，在作品传播中心化与去中心化混合模式下，必然导致作品传播的交易成本呈高低混合的态势。

如前所述，由于传统媒体时期作品传播呈中心化模式，传播中介亦呈集中化发展，其可能通过独家授权或买断版权的方式实现行业垄断。在以互联网为典型特征的新媒体技术下，互联网成为无所不能的传播平台，网络服务提供商如果仅仅是作为一个传播平台，作者只是利用该平台传播其作品，其本身不会导致垄断。但网络服务提供商在作为传播平台的同时，其会利用传播渠道优势，以获取版权的方式实现其产业利益，而大规模购买版权或独家授权的前提下，可能导致互联网产业中特定领域的垄断。比如大型互联网公司以其市场优势地位，获取互联网音乐的独家授权，便可能导致在互联网音乐领域的垄断，这也是国家版权局约谈主要网络音乐服务商的原因之一。[①] 在作品传播的去中心化模式下，容易形成互联网产业领域的垄断。因此，在传播中心化与去中心化模式下，传统媒体时期传播中介垄断的可能依然存在，并可能在互联网领域形成新的垄断。

（二）作者身份固化转向身份固化与双重身份的混合模式

如前所述，传统媒体时期，作者的身份固化使其作品的传播与利用处于相对被动的地位。以互联网为代表的新媒体技术使私人间的交互式传播成为可能。作者可以通过互联网以低成本的方式直接传播其作品，从而使作者身份从固化转向双重，即兼具作者与传播中介的双重身份，作者可以通过互联网直接传播其作品，作品的传播可以从被动转为主动。但由于不同类型的作者，其对作品的利用需求不同，再加上传播中介设立的政府管制，使传统媒体时期的传播中介并未完全退出，比如书籍的出版、广播电视等依然是强势的存在，必然存在一部分作者依赖传播中介传播作品。因此，在传统媒体与新媒体混合的当今时期，作品的传播具有双重实现的路径，作者通过互联网

---

① 参见，https：//www. gov. cn/xinwen/2017 – 09/13/content _5224632. htm，最后访问日期：2018/3/5。

实现独自传播，也可以通过传播中介进行传播。

与作品传播不同的是，以互联网为典型特征的新媒体技术并未改变作品被动利用的状况，对于单个作者而言尤为如此。因为除非作者对自己的作品进行利用，比如把自己撰写的小说拍摄成电影，否则，作品的利用依然呈被动状态，以互联网为特征的新媒体亦未根本性改变作品被动利用的局面。因此，在传统媒体与新媒体的混合时期，作者可以利用互联网实现从作者到用户的传播，也可以实现从用户到用户的传播；在传统媒体依然存续的情况下，作品的传播可以继续依赖传播媒介予以实现。然而，作品被动利用的状况，在新媒体环境中并未发生根本性改变。

（三）用户身份固化转向身份固化与多重身份的混合模式

尽管不排除依然有作者坚持以“读—写”模式进行创作，但代表新媒体的互联网技术对作品的创作产生非常深刻的影响。最为典型的便是，用户从传统媒体时期的固化身份转化三重身份，既是用户，又是传播者与创作者。其一，用户与创作者的身份重合，降低作品的创作成本。互联网降低了作品的创作门槛与创作成本，完全改变了传统媒体时期“读—写”的创作模式。从创作方式上看，创作者已不再是一种职业身份，而是所有网络用户的共同特征，其既能轻易修改或改编已有作品，也可独立或协作在线创作新作品。①“微创作”与“协同创作”成为互联网领域的普遍现象。② 用户之间甚至可以通过无意思联络的大规模协作来创作作品。③ 百度公司提供的百度百科就是其中的典型例子，可以由用户进行增加、修改与补充，类似的情况还有维基百科，而且用户可以利用诸如人工智能之类的创作软件，对现有作品进行重

---

① See Robert P. Merges, *Locke Remixed*, 40 UC Davis L. Rev. 1259 (2007), p. 1260 - 1262.

② See Justin Hughes, *Size Matters (or should) in Copyright Law*, 74 Fordham L. Rev. 575, 576 (2005), p. 47.

③ See Le Borgne - Bachschmidt, F., Girieud, S., Leiba, M., de Munck S., Limonard, S., Poel, M., Kool, L., Helberger, N., Guibault, L., Janssen, E., Van Eijk, N., Angelopoulos, C., Van Hoboken, J., Swart, E. (2009), User Generated Content: Supporting a participative Information, Society Study for the European Commission DG Information Society, FinalReport, p. 50 - 53.

新组合、编排，形成重混作品，也是用户自动生成作品的一种典型方式，比如在音乐领域出现的混合录音（mixtapes）。[①] 从而形成重混文化（remixed culture）。[②] 正如论者所言，“粉丝小说与重混文化已经存在，并且会根据可以获取作品的数量与相关性产生爆炸性增长”[③]。这种情况下，用户无需经过创作的专业训练与时间积累，从而大幅度降低创作成本。其二，用户与传播中介身份的重合，导致用户利益与产业利益的分离。在传统媒体时期，用户不可能成为传播者，即便是用户利用合理使用庇护下的使用行为所创作的作品也必须转让或许可给传播中介，方可实现作品的传播。然而，在新媒体时期，用户完成创作之后无需再把作品上的权利转让给传播中介，其自己可以通过互联网所建立的自媒体予以传播，并获取利益。从而使用户低成本创作作品所获取的利益与传播中介的产业利益完全分离，两者之间不再具有一致性，导致合理引用和私人使用在传统媒体时期的逻辑基础发生根本性的变化。

如前所述，传统媒体时期的产业与传媒技术依然在当今时期占据重要地位，用户身份固化在一定范围内依然存在，在无法成为传播中介的前提下，其私人利用作品依然无害传媒产业；同样的道理，如果创作者不利用互联网“自动生成内容”[④] 而是以传统“读—写”模式创作作品，并选择将作品上的权利转移给传播中介予以传播，其利用合理引用庇护创作作品所产生的利益，依然与传媒产业的利益具有一致性。因此，在融媒体的当今时期，由于用户身份的固化与重合并存，创作成本也是高低混合，合理引用与私人利用下的私人利益与产业利益亦存在一致性与分离性的混合。

---

① See Michael Katz, Recycling Copyright: Survival & Growth in the Remix Age, 13 Intell. Prop. L. Bull. 21 (2008), p. 21.

② See Robert P. Merges, Locke Remixed, 40 UC Davis L. Rev. 1259 (2007), p. 1260 - 1262.

③ Steven A. Hetcher, *Using Social Norms to Regulate Fan Fiction and Remix Culture*, University of Pennsylvania Law Review, Vol. 157, No. 6, Symposium: The Foundations of Intellectual Property Reform (Jun., 2009), p. 1869 - 1935, p. 1869 - 1870.

④ Molly Shaffer Van Houweling, *Author Autonomy and Atomism in Copyright Law*, 96 Virginia L. Rev. 549 (2010), p. 551.

（四）用户付费转向用户付费与第三方付费的混合付费模式

同样作为传播技术的互联网技术，其对著作权制度催生的逻辑进路与传统媒体时期传播技术催生的进路完全不同。传统媒体时期传播技术的变革，以对作品内容的直接利用为前提，或复制（比如复印机器），或广播（比如广播电视技术），而互联网技术使该种传播中介无需直接利用作品内容，作品可以是用户直接上传的。而网络服务提供商通过第三方付费的模式赢取利益，即网络服务提供商向用户在线免费提供作品后，再根据用户浏览或点击网页广告的次数向广告商收取费用。① 尽管传统媒体时期，也存在第三方支付的盈利模式，但由于传统媒体时期用户获取作品信息的方式分散，未形成特定的路径依赖。但随着互联网技术的普及，尤其是移动互联网的使用成本降低，导致网络用户的快速增加，用户逐渐形成信息获取的互联网路径依赖。② 美国研究版权变革方向的课题组认为，因为各种原因，版权法在当今遭遇相当大的压力，而最为明显的压力来源是公众信息的获取遭遇根本性的变革，这种变革是由计算与通信技术变革所致的公众通过全球信息网络获取信息。③ 在互联网传播作品第三方付费而不是用户付费的情况下，使传媒产业传播作品的产业利益与以用户获取信息为代表的公共利益具有一致性。最为典型的例子就是谷歌数字图书馆计划，④ 不可否认谷歌公司自然会因为其所聚合的数字图书获取广告收益，但是“谷歌数字图书馆计划会极大提高（greatly increase）公众获取这些图书的可能性”⑤。因此，谷歌数字图书馆计

---

① See Randal C. Picker, The Razors – and – Blades Myth（s），78 U. Chi. L. Rev. 225（2011）. p. 78.

② 当前，越来越多的人通过互联网尤其是移动互联网获取新闻，不再购买报纸；越来越多的人通过互联网购买电子书籍，不再购买纸质的书籍。

③ See Pamela Samuelson and Members of the CPP, *The Copyright Principles Project: Directions for Reform*, Berkeley Technology Law Journal, Vol. 25: 0000, 2010, p. 2.

④ 谷歌数字图书馆项目是谷歌选择主要的图书馆，将图书数字化之后在先储存，谷歌的目的是个人在任何地方利用谷歌搜索引擎都可以搜索这些图书。谷歌图书计划在下一个 10 年，增加 1500 万本书，按照每本 10 美元的数字化成本计算，该项计划超过 1.5 亿美元。See John Markoff & Edward Wyatt, *Google is Adding Major Libraries to Its Database*, 14 N. Y. TIMES, Dec. 2004, p. 1.

⑤ Lisabeth Hanratty, *Google Library: Beyond Use?* 4 Duke Law & Technology Review 1 – 19 (2005), p. 1.

划所代表的产业利益，与对以用户为代表的公共利益，交融在一起。这种产业利益与公共利益在某种程度上的交融性，改变传统媒体时期限制制度僵化的逻辑基础——产业利益与公共利益之间清晰界分。

当今时期依然处于传统媒体与新媒体的混合时期，传统媒体用户付费的模式依然存在。即便是互联网产业，亦有部分盈利依然采取用户付费的模式，比如视频网站的付费电影。因此，当今传媒产业盈利模式是用户付费与第三方付费的混合模式。如前所述，在用户付费模式下，以用户为代表的公共利益与产业利益之间清晰界分；而在第三方付费模式下，以用户为代表的公共利益与产业利益之间交叉融合，立法必然面对公共利益与产业利益同时兼顾的难题。

四、融媒体时期著作权限制的制度变革

在融媒体的当今时期，著作权限制制度必须契合这个时期已经转变的多重混合的逻辑基础，即作品传播中心化转向中心化与去中心化的混合模式；作者身份固化转向身份固化与双重身份的混合模式；用户身份固化转向身份固化与多重身份的混合模式；用户付费转向用户付费与第三方付费的混合付费模式。

（一）允许权利人有限的退出限制制度

在融媒体的当今时期，传统媒体的中心化传播模式与新媒体所带来的去中心化传播模式混合。在中心化传播模式下，作品的传播必须依赖传播中介，限制制度实际上扩展了作品的利用渠道，契合了作品传播与利用的需求。在新媒体技术环境中，基于呈去中心化传播模式，作品实现了从作者到用户以及用户到用户的传播模式。不过，作品被动利用的状态依然没有本质的改变。①

① 当前学术界单纯以著作权法定许可制度是剥夺权利人自主决定作品交易的条件，而提出著作权法定许可制度应该逐渐退出的观点，实际上无视作品被动利用的现实以及不同类型作者创作作品的不同利益需求，如果著作权法完全取消法定许可，反而是剥夺作品被多渠道利用的可能，这并不是所有的权利人都希望的结果。认为应该取消或者部分取消法定许可制度的文献，参见熊琦：《著作权法定许可制度溯源与移植反思》，载《法学》2015 年第 5 期；管育鹰：《我国著作权法定许可制度的反思与重构》，载《华东政法大学学报》2015 年第 2 期。

因此，融媒体时期，应该由权利人自己判断，其作品是否需要限制制度所创造的传播与利用渠道，这就有必要在限制制度中允许权利人事先退出。这亦符合著作权法的变革应该坚持“向创作者承诺其作品有机会向其意欲的读者传播”的原则。①

不过，允许权利人选择退出限制制度必须是有限制的退出，因为限制制度所庇护的特定作品利用行为，有必须予以保护的公共利益。中国2020年《著作权法》对于退出限制制度的安排，基本保持2010年《著作权法》所规定的限制制度。2020年《著作权法》第24条第1款规定了13种合理使用作品的行为，其中第1项所规定的个人使用以及第2项所规定的合理引用，与利用人的创作自由直接相关，本质上是任何立法都应予以保护的内容，自然不应该允许权利人选择退出；第3项所庇护的是新闻报道，目的在于保护新闻自由，最终保护的是公众的知情权，自然亦不应该允许权利人事先退出；第6项所保护的课堂教学、第7项所保护执行公务的需要、第8项规定所保护的图书馆藏、第11项所保护的少数民族以及第12项所保护的阅读障碍者，分别涉及教育、公务与馆藏、特定弱势群体以及少数民族等特定领域必须予以保护的公共利益，亦不应该允许权利人退出限制。而对于余下的合理使用行为，已经有两项行为允许权利人事先退出，即第4项所规定的刊登或播放已经发表的关于政治、经济、宗教问题的时事性作品以及第5项所规定的刊登或播放公众集会上发表的讲话；而第9项所规定的免费表演与第10项所规定公共场所陈列艺术作品的临摹、绘画、摄影录像，尽管该两项对于后来者创作具有一定的意义，但并不是创作无法绕开的行为，允许权利人退出该两项限制制度不致损害特定的公共利益。由于当今是一个融媒体时期，依然有众多的权利人会选择依靠传统媒体时期中心化的传播方式传播其作品，即便

① 美国版权原则规划：版权变革的方向（The Copyright Principle Projects：Direction for Reform）的项目研究认为，应将“向创作者承诺其作品有机会向其意欲的读者传播”作为现代版权法变革的一项基本原则。See Pamela Samuelson & the Member of CPP, *The Copyright Principle Projects：Direction for Reform*, Berkeley Technology Law Journal（Vol. 25：000, 2010）, p. 6.

是赋予权利人在前述情况下有权选择退出限制制度，因为作品被动利用的现象依然存在，不会出现权利人大面积选择退出而致合理使用庇护之下的行为无作品可用的状况。因此，《著作权法》的未来修订，应该允许权利人在免费表演与公共场所陈列艺术作品的临摹、绘画、摄影、录像上事先退出，即将第9项调整为：免费表演已经发表的作品，该表演未向公众收取费用，也未向表演者支付报酬，且不以营利为目的，但作者声明不许免费表演的除外；将第10项调整为：对设置或者陈列在公共场所的艺术作品进行临摹、绘画、摄影、录像，但权利人声明不许临摹、绘画、摄影、录像的除外。

至于法定许可制度，其逻辑基础本来就是在传播中心化模式下，降低产业分化之后特定主体海量使用作品的高交易成本以及行业垄断。由于融媒体时期作品传播呈中心化与去中心化混合模式，交易成本同样呈高低混合模式。当权利人依然选择中心化模式传播作品，采取独立的单个授权，交易成本依然高昂，法定许可制度依然具有继续存在的价值；但权利人如果通过互联网以拆封合同与点击合同为格式合同的方式，绕过传播中介与用户直接发生交易，单个磋商式的交易成本直线下降，则法定许可制度不应再继续存在。因此，应该由权利人自行选择是否接受法定许可的限制，以契合融媒体时期高低交易成本的混合模式。

2010年《著作权法》所规定的法定许可共有四种，分别为第23条所规定的教材汇编、第33条第2款所规定的报刊转载与摘编、第30条第3款所规定“音乐作品的再录制”、第42条第2款与第43条所规定的“作品广播”的法定许可。[①] 2010年《著作权法》中的法定许可，除对作品广播的法定许可之外，都允许权利人事先选择退出。我国有学者将这种“声明保留”类比于美国谷歌数字图书馆案中所提出的“选择—退出”机制，认为我国《著作

① 尽管2010《著作权法》第43条第2款所规定的是对已发表作品的法定许可、第44条所规定的是录音制品的法定许可，但是对于已经发行的录音制品而言，其音乐作品必然已经发表，实际上可归结为一种，即对已经发表作品广播的法定许可。2020年《著作权法》删除了2010年《著作权法》第44条有关录音制品广播法定许可的规定，实际上是对一种多余规定的删除。

权法》法定许可的“选择—退出”制度具有优越性。[①] 虽然在谷歌数字图书馆案中谷歌公司所提出的“选择—退出”只是一种私人主体的倡议，而我国《著作权法》所规定的“声明保留”属于立法上的制度，但两者之间产生的本质效果并无不同。然而，我国《著作权法》法定许可制度中允许权利人“声明保留”的规定却在学术界遭受诟病，认为“大量的作者或出版商已频繁使用其声明保留权，使得该三种‘法定’许可使用制度完全形同虚设”。[②] 这种没有任何实际调研的结论根本不可能正确。如前所述，不同创作目的的主体具有实现目的的相同路径，即作品的利用与传播。与有体财产不同的是，作品著作权的价值取决于创作该作品之作者的影响力，而作者的影响力又取决于作者先前作品的被利用与传播状况，作品的被利用、传播的频次与该作者的影响力成正相关关系。我国2010年《著作权法》颁布后，一直未出现因为这种“声明保留”而致教材汇编、报刊转载以及音乐录制领域无作品可供法定许可之用的状况。如果当时修正的《著作权法》规定广播法定许可亦允许权利人“声明保留”，更不会出现因为权利人大面积“声明保留”而致广播法定许可制度中无作品可供广播的状况，因为基于作品利用与传播作为不同创作目的实现相同路径，权利人愿意接受甚至是欢迎法定许可实际上所增加的作品利用渠道。

而对于广播法定许可未规定权利人可以事先退出，可能是基于允许权利人选择退出会导致无作品可供广播的担心。实际上，这种担心显然是多余的，理由有两点：第一，当今是融媒体时期，依然有权利人选择或依赖传播中介对其作品进行传播，作品利用的被动利用状态依然没有从根本上改变，法定许可实际上是增加了作品被利用的渠道，不会出现权利人大面积地选择退出该种限制的情况；第二，可以预见的是我国在未来很长一段时间，广播电视依然是具有主导地位的作品传播平台，该平台对权利人作品及其权利人本身影响力的扩大，具有至关重要的作用，大部分权利人对于作品被广播电视予

① 参见梁志文：《版权法上的“选择退出”制度及其合法性问题》，载《法学》2010年第6期。
② 参见王清：《著作权限制制度比较研究》，人民出版社2007年版，第280页。

以利用求之不得，不可能出现权利人大面积选择退出，而且在教材汇编法定许可的制度中，一直都有允许权利人退出该限制的规定，但《著作权法》施行近30年来，一直未出现由于权利人大面积选择退出该种法定许可所致教材法定许可中无作品可用的状况。因此，允许权利人退出广播的法定许可，不会出现权利人大面积退出法定许可限制而致无作品可供广播的局面。至于前述《著作权法》修改草案所增加的音乐作品制作录音制品的法定许可，遭致知名音乐人抵制的根本原因是该制度剥夺了知名音乐人选择退出该种限制的权利。知名音乐人就是前述经济利益需求型创作主体中的优势主体，其音乐作品在表演领域具有优越的市场地位，自然不希望被法定许可剥夺其表演市场的定价权。其实，非知名音乐人并不会反对该种新设的法定许可，对于保留其署名权的表演更是求之不得。立法者之所以增加该种新型的法定许可，应该是希望以此促进音乐产业的发展。但其动了经济利益需求型创作者中优势主体表演市场的定价权，遭致该类主体的抵制也是预料之中。如果在该种法定许可中，允许权利人选择退出，由其自主决定是否愿意接受该种限制，或许这种抵制会转变为“热烈欢迎”。

我国2010年《著作权法》法定许可制度原本应该按照如下方案予以调整：（1）继续保留第23条所规定的教材汇编的法定许可、第33条第2款所规定的报刊转载的法定许可以及第40条第3款所规定的音乐录制的法定许可，无需作任何调整。因为该三种类型的法定许可，增加作品利用与传播的机会，而且其所规定的“声明保留”，为权利人在去中心化传播模式中自行利用作品提供了机会，完全契合混合模式中著作权人实现创作目的对法定许可的不同需求。（2）第43条第2款所规定的已出版作品广播的法定许可，应该增加“声明保留”的规定，即调整为：“广播电台、电视台播放他人已发表的作品，可以不经著作权人许可，但应当支付报酬。著作权人声明不许使用的不得使用。”从而使其既契合当今作品传播中心化模式中实现其创作目的对法定许可制度的需求，又契合去中心化混合模式中著作权人无需法定许可便可实现其创作目的的客观实际。（3）删除第44条播放录音制品法定许可的规定，因为我国《著作权法》只为词曲作者赋予广播权，表演者与录音制作者并不享有广播权，对于一个录音制品而言，法定许可实质上也只是对音乐作品词曲作者广播权的限制，第 44 条也只能对音乐作品词曲作者表演权与广播权的限制。其与第 43 条第 2 款对已发表作品广播的法定许可，区别在于：如果是通过播放录音制品对音乐作品广播权的法定许可，必须是已经出版的录音制品；如果不是通过播放录音制品对音乐作品广播权的法定许可，比如找乐队现场演奏，则只要该音乐作品已经发表。对于表演者与录音制品制作者而言，由于均没有表演权与广播权，这种限制没有任何实际意义。对于音乐作品的词曲作者而言，都是对其广播权的法定许可，这种区别亦不具有实际意义。至于第 44 条所规定的“当事人另有约定的除外”，由于著作权是权利主体的私权，当事人自然可以另外约定，即便是立法未作该种规定，也不影响当事人的另外约定。因此，“当事人另有约定的除外”的规定并不具有实际意义。而第 44 条所规定的“具体办法由国务院规定”，主要指法定许可制度中报酬确定问题由国务院另行规定。然而，并不仅仅是广播权法定许可制度，《著作权法》中所有类型法定许可制度中的报酬确定都需要科学合理的配套机制。因此，删除“具体办法由国务院规定”的表述之后，并不影响为所有类型的法定许可确定科学合理的机制。当然，删除之后，应该在《著作权法》中单独规定一条，由国务院为所有类型法定许可的报酬确定制定办法，以为报酬的确定提供科学合理的机制。

然而，遗憾的是，2020 年《著作权法》对法定许可制度的调整未能完全按照上述方案进行，除删除第 44 条播放录音制品法定许可的规定以及继续保留作品转载法定许可的规定具有合理性之外，在第 25 条规定的教材汇编的法定许可中删除权利人可以拒绝的“除作者事先声明不许使用的外”的表述以及未能在规定作品广播法定许可的第 46 条第 2 款增加权利人可以拒绝的“除作者事先声明不许使用的外”的规定，都是未能依据本文论述方案予以调整的遗憾。这些遗憾，剥夺了权利人选择作品利用方式的权利，需要在《著作权法》未来的修订中予以调适。

（二）增加适用《反垄断法》的转致条款

如前所述，法定许可制度在传统媒体时期传播中介相对集中的前提下，可以有效地预防行业垄断。在当今融媒体时期，允许权利人退出法定许可的限制，就可能出现互联网产业在与权利人签订作品利用契约时，要求权利人退出限制制度，从而产生新的行业垄断，即互联网产业中特定领域的垄断。由于我国《著作权法》并未对信息网络传播权规定法定许可的限制，在特定领域就有可能产生新的垄断。比如音乐领域，尽管最终形成的录音制品上有三类主体，即词曲作者、表演者与录音制作者，该三类主体根据我国《著作权法》的规定都享有信息网络传播权，① 理论上网络服务提供商如果需要向公众提供录音制品，需要获得三类主体的授权，但由于传统媒体时期传播中心化模式中的音乐作品，是通过录音制作公司向公众传播，一般而言，录音制作公司便由此获得了音乐作品的所有版权。诸如索尼公司、滚石国际等音乐巨头公司，在传统媒体时期积累了大量音乐作品的版权，自然包括词曲作者、表演者的信息网络传播权，互联网公司只需要从录音制作公司购买相关版权即可。如果互联网公司买断大量音乐作品的信息网络传播权，便可导致基于音乐信息网络传播权产生的行业垄断，可能阻止竞争者进入互联网音乐产业领域。实际上，因互联网需要大量传播作品，当某类作品的信息网络传播权被买断时，都可以导致互联网特定领域的垄断。最近被反垄断处罚的中国知网就是其中的典型例子。② 传统媒体时期为了传媒技术细分的产业利益而对特定类型作品著作权中的特定权利进行限制，③ 以通过事前预防的方式规制行业垄断的逻辑，无法再继续嫁接到新媒体时期的互联网领域。因为互联网平台可以传播所有类型的作品，立法不可能对所有类型作品的信息网络

---

① 参见《著作权法》第10条第1款第12项、第39条第1款第6项以及第44条第1款的规定。

② 中国知网被认定为滥用市场支配地位，以不公平的高价销售数据库服务，被处以罚款8760万元。参见国家市场监督管理总局行政处罚决定书（国市监处罚〔2022〕87号）。

③ 比如在传统媒体时期，为了广播电视产业的利益，从而对广播权进行限制；为了录音产业的发展，对因音乐作品再录制所涉的权利进行限制；为了转载媒体的发展，对作品转载所涉的权利进行限制；等等。尽管这些限制并不针对特定类型作品，但这些限制实际上针对的基本上是音乐作品。

传播权都予以限制。因此，新媒体时期在互联网领域应因版权所产生的垄断，只能适用《反垄断法》的规定予以规制。

尽管我国《反垄断法》第68条对于规制基于知识产权所产生的垄断提供了规定，[①] 但该条存在的歧义是，"滥用"知识产权是前提条件，还是从排除、限制竞争行为反推构成"滥用"知识产权。如果单从文义解释上看，不构成"滥用"，即便是实质上属于排除、限制竞争的行为，也不应该适用《反垄断法》予以规制；如果作此解释，由于现行立法体系对何为"滥用"缺乏明确的界定，该条可能成为"僵尸条款"。这或许是前述版权局仅能通过约谈的方式限制网络音乐独家授权的原因所在。互联网产业通过传播作品以获取收益，如果特定的网络服务提供商全部或大部分拥有某类作品的信息网络传播权，其便有可能阻止他人进入互联网领域的相关产业。因此，互联网领域基于版权的垄断主要是由版权转让或许可协议所产生，反垄断的规制应该放在版权的转让与许可协议之上。如果版权的转让或许可协议将导致他人无法进入互联网产业的相关市场，便应该对该协议进行反垄断调查。实际上，2020年修正的《专利法》增加滥用专利构成垄断的适用垄断法的转致条款，该法第20条第2款规定，滥用专利权，排除或者限制竞争，构成垄断行为的，依照《反垄断法》处理。因此，应该在《著作权法》有关权利转让与许可的规定中，增加转致适用《反垄断法》有关限制与排除竞争协议的条款。

（三）有限弹性的合理使用制度

由于传统媒体时期传媒产业的盈利模式主要为用户付费，从而使传播中介所代表的产业利益与用户所代表的公共利益之间的界限分明，封闭式的限制制度正好契合该种逻辑基础。产业利益由著作权权利制度予以保护，而公共利益则由限制制度予以保护。以此为逻辑基础，为防止以公共利益的名义

---

① 《反垄断法》第68条规定，经营者依照有关知识产权的法律、行政法规规定行使知识产权的行为，不适用本法；但是，经营者滥用知识产权，排除、限制竞争的行为，适用本法。

侵蚀产业利益，著作权的限制制度不能过于灵活，这种逻辑在融媒体时期依然存在。但融媒体时期，以互联网为传播渠道的传媒产业，实现了以第三方付费的盈利模式。由于公众的信息获取开始出现互联网路径依赖，以互联网为代表的产业利益与以用户为代表的公共利益开始出现交叉与融合，如前所述的谷歌数字图书馆就是其中的典型例子。欧洲学者认为，这个案件突出了广义框架下的经济权利与狭义界定的例外之间的不对称：数字化当然是一种复制，但由于信息社会指令中没有适用这样的例外允许书籍搜索项目，对于仍然处于版权法保护的书籍来说，就不存在合法的基础。即使每个人都认同这一项目会提供极有效的搜索工具，并符合社会期望。① 产业利益与公共利益交融的逻辑基础，必然要求限制制度保持合理的弹性，可以由司法机关根据实际情况，允许其在产业利益与公共利益融合并不损害产业利益的前提下，判定特定的使用构成合理使用，以免一律判定不构成合理使用而损害以公众信息获取为代表的公共利益。当然，司法机关必须在司法实践中，逐渐形成构成合理使用的考量因素。这也是当前主流国家一般把方便公众通过互联网获取作品作为版权制度变革的目标，比如欧盟在数字单一市场版权规则现代化的变革中，就将整个欧盟的用户可以更广泛的通过互联网接触作品作为其变革的目标之一。②

以互联网、数字技术为基础，重混创作的模式极大地降低了创作成本，只要掌握创作工具之后，尤其是在人工智能辅助下，创作成本几乎为零。由于互联网用户、作者与传播中介三者之间的身份重叠，用户以重混的方式创作作品之后，便能利用互联网实现传播。如果传播的重混作品，完全是在既存作品的基础上抽取、组合而成，将其所组合的构成部分全部抽走之后，便一无所有。但这种作品照样会通过互联网的传播获取收益。正如论者所言，

---

① ［英］埃斯特尔·德克雷主编：《欧盟版权法之未来》，徐红菊译，知识产权出版社2016年版，第184页。

② See *Modernisation of the EU Copyright Rules*: *Position Statement of the Max Planck Institute for Innovation and Competition*, edited by Reto M. Hilty, Valentina Moscon, Published under Creative Commons by – nc. sa 3.0 Germany Licence, 2017, p. 14.

对既存的要素进行有规律的剪切、粘贴以及混合成新的作品，计算机为这种转变提供便利的转变工具，而互联网则为这个结果供给热心的受众，类似《星际迷航》《西翼》等具有典型特征的电视剧制造成百上千的“粉丝小说”并组建传播的网站。[①] 如果按照《著作权法》有关合理引用的规定，这种情形便可以构成合理引用，因为重混作品中任何构成部分，都可以解释为是用来介绍、评论作品或者说明某一问题。如此一来，该利用者便获得了“赢者通吃”的局面。但是如果立法规定所有重混作品都构成侵权，又可能导致本来确实构成合理引用的行为判定为侵权而障碍创作自由。因此，司法机关应该具有判断是否构成合理使用的合理空间，根据重混作品的实际情况，以判断其对现存作品的利用是否构成合理使用，并通过司法实践的发展归纳出重混作品构成合理使用的考量要素。当然，对继续利用传统“读—写”模式所创作的作品，自然应该根据传统的合理引用规则予以判断。《著作权法》在2020 年的修正中已经开始意识到合理使用封闭式规定所存在的问题，在第 24 条第 1 款增加了一项兜底项，即“法律、行政法规规定的其他情形”，为法律、行政法规定的其他合理使用规则提供了法律依据。不过，遗憾的是，由于该规定要求以“法律、行政法规”为限，林秀芹教授认为，新增加的“法律、行政法规规定的其他情形”也通过对法源的要求限制了合理使用适用于其他情形的空间，仍是一种“封闭式”的结构，至多是“半封闭式”的。[②] 未来《著作权法》的修订，应该直接将第 24 条第 1 款的兜底项调整为“其他构成合理使用的情形”。

（四）取消集体管理依法设立的规则

如前所述，著作权集体管理通过连接权利人与使用者，降低交易成本，有效地预防特定传媒产业领域的垄断。本质上与著作权限制制度中的法定许可或强制许可具有相同的功能，其运行的逻辑基础是作品中心化传播模式下

---

① See Mattew Mirapaul, *Why Just Listen to Pop When You Can Mix Your Own*? N. Y. Times, Aug. 20, 2001, at E2.

② 参见林秀芹：《人工智能时代著作权合理使用制度的重塑》，载《法学研究》2021 年第 6 期。

的高交易成本与行业垄断。然而，由于著作权人可以借助融媒体时期的新媒体技术，即通过互联网实现其作品的传播与利用，并通过拆封合同与点击合同等格式合同的方式降低交易成本实现权利交易，而无需集体管理组织的连接作用。此外，互联网传播平台实质上也发展出类似集体管理组织功能的作品传播模式，比如互联网音乐传播平台，[①] 权利人可以借助互联网平台实现权利的交易与作品的利用，而网络平台可以根据其作品被利用的频率将相关的费用转付给权利人，网络平台实际上起到集体管理组织的作用。然而，根据我国《著作权集体管理条例》的相关规定，这些由市场运行发展而成具有集体管理功能的传播模式，被认定为非法。因为该条例第 9 条规定，设立集体管理组织必须经过法定的程序，获得集体管理的行政许可之后，方可进行著作权集体管理事务；而第 6 条明确规定，除依照本条例规定设立的著作权集体管理组织外，任何组织和个人不得从事著作权集体管理活动；并且第 44 条进一步明确，擅自设立集体管理组织，应该依法取缔，甚至规定构成犯罪的，应依法承担相应的刑事责任。然而，如果集体管理组织的运行不能满足权利人实现权利交易的需求，权利人亦会另行选择其他的方式进行交易。但是，我国当前著作权人选择以委托代理方式交易权利，代理行为在司法实践中被认定为非法集体管理而无效。[②] 2020 年《著作权法》对第 8 条有关集体管理的规定，增加了使用费标准裁决的相关规定，但并未调整必须是依法设立的集体管理组织方可进行集体管理业务的规定。因此，现行立法不允许权利人选择类似集体管理的方式实现权利交易，实质上等同于不允许著作权集体管理领域自由竞争。在权利人无法通过类似集体管理的方式实现权利交易的情况下，实质上等同于迫使权利人选择法定的集体管理组织实现交易。在

---

① 国内互联网公司三大巨头，即百度、阿里巴巴和腾讯均采用此种音乐服务模式，其平台在功能上与音乐集体管理组织无异。

② 具体司法判例请参见江苏省高级人民法院民事判决书，(2015) 苏知民终字第 100 号；江苏省高级人民法院民事判决书，(2015) 苏知民终字第 235 号；江苏省高级人民法院民事判决书，(2016) 苏民申 420 号。当然，也有学者认为，这些案例中的代理人的行为，实质上不属于著作权集体管理。参见熊琦：《非法著作权集体管理司法认定的法源梳解》，载《华东政法大学学报》2017 年第 5 期。

权利人别无选择的情况下，[1] 实质上不允许权利人拒绝集体管理。在权利人可以选择多种方式实现权利交易的前提下，立法强行要求权利人选择某种特定的交易方式，即便是在立法提供的集体管理无法为权利人提供合理的版税。[2] 改变这种状况的路径，应该是允许权利人可以自主的选择集体管理，并允许集体管理领域的合理竞争。

对于我国在2020年修正《著作权法》的过程中，提出是否应该移植诞生于北欧国家的延伸集体管理制度，国内学界基本形成支持与反对两种截然相反的观点；[3] 该制度的逻辑基础是权利主体众多、分散与难以查询，比如丹麦就利用该种制度来解决孤儿作品的利用以及公共广播组织所广播文化遗产的数字化问题。[4] 由于当前处于融媒体时期，延伸性集体管理制度存在的逻辑基础，即权利主体众多与分散的状况依然存在，尤其是孤儿作品数量之庞大将成为这个时期的利用难题。[5] 因此，延伸性集体管理制度移植到我国《著作权法》确实有其必要性。但由于权利人可以借助新媒体实现自己传播与利用作品，该制度应该允许权利人具有事先声明拒绝延伸性集体管理的权利。

---

① 权利人以委托代理的方式交易权利被认定为非法集体管理而无效，互联网产业自发形成类似于集体管理功能的平台，亦可能被认定为非法的集体管理。

② 参见蓝方等：《解析中国式集体管理》，载《财新周刊》2012 年第 15 期。

③ 参见梁志文：《著作权延伸性集体许可制度的移植与创制》，载《法学》2012 年第 8 期；胡开忠：《构建我国著作权延伸性集体管理制度的思考》，载《法商研究》2013 年第 6 期；林秀芹、李晶：《构建著作权人与作品使用人共赢的著作权延伸性集体管理制度——一个法经济学角度的审视》，载《政治与法律》2013 年第 11 期；反对移植的文献有卢海君、洪毓吟：《著作权延伸性集体管理制度的质疑》，载《知识产权》2013 年第 2 期；熊琦：《著作权延伸性集体管理制度何为》，载《知识产权》2015 年第 6 期。

④ See Thomas Riis；Jens Schovsbo，Extended Collective Licenses and the Nordic Experience：It's a Hybrid but is it a Volvo or a Lemon，33 Colum. J. L. & Arts 471（2010），p. 472.

⑤ 比如世界最大的图书馆联合目录库，即 World Cat，在 3200 万种图书中，其中将近 75% 的作品版权人不详。See United States Copyright Office，Orphan Works and Mass Digitization：A Report of the Register of Copyrights，June 2015. p. 37 – 38. https：//www. copyright. gov/orphan/reports/orphan – works2015. pdf，2018/3/16.

五、结语

著作权限制制度有其本来的运行逻辑，我国《著作权法》在2020年修正之前的限制制度有为了加入WTO契合相关国际公约的目的，同时，在当时新媒体技术尚未完全到来的传统媒体时期，其运行的逻辑基础是基于传统媒体时期传播中心化模式下的作品创作与交易的高成本，作者与用户身份固化下的作品利用、传播状态以及私人利用作品与产业利益的一致性，以及用户付费模式下的公共利益与产业利益的清晰界分。而这些逻辑基础，在当今融媒体时期中依然存在。与此同时，以互联网与数字化技术为典型特征的新媒体，使传播方式已经由中心化传播转向去中心化传播，作者、用户与传播中介之间在身份上开始重叠与混合，作品的创作成本与交易成本大幅度降低，私人使用作品的私人利益与产业利益分离，以第三方付费为主导的付费方式使公共利益与产业利益之间出现交融，当今著作权的限制制度亦应契合这些多重混合的逻辑基础。为契合该种多重混合的逻辑基础，著作权限制制度变革的主要内容应为权利人有限地退出限制制度，以使权利人对其作品的利用方式进行自主的选择。增加适用《反垄断法》的转致条款，以能有效地规制在互联网领域因为版权转让与许可协议所致的新垄断；合理使用制度应该保持适当的弹性，以避免在私人利用时出现“赢者通吃”以及在公共利益与产业利益交融时损害公共利益的情况；取消著作权集体管理必须依法设立的规则以允许集体管理领域自由竞争，增加允许权利人退出的延伸性集体管理制度，在保证权利人可以自主选择权利的交易方式的同时，解决作品因为权利主体众多、分散与查询困难的利用难题。具体而言，《著作权法》未来有关合理使用制度的修订，应该允许权利人在免费表演与公共场所陈列艺术作品的临摹、绘画、摄影、录像事先退出，增加类似“其他构成合理使用情形”的弹性规定；对于法定许可的修订，则应该恢复教材汇编法定许可中权利人事先退出的制度，并在广播法定许可的制度中增加允许权利人事先退出的规定；在《著作权法》总则中增加类似《专利法》第 20 条第 2 款有关适用垄断法的转致条款，并在第 8 条有关集体管理组织的规定中，明确允许权利人可以选择市场形成而非依法设立的集体管理组织。如果未来建立延伸性集体管理制度，同样应该允许权利人事先退出。

第六章　著作权侵权行为制度的逻辑及其实现*

著作权法以保护著作权（含邻接权）① 为根本目的，立法除配置完善的权利制度体系外，还应该配置合理的著作权侵权行为制度，以为著作权提供完整的保护体系。1990 年《著作权法》第 45 条与第 46 条共计用 15 项规定侵权行为；2001 年《著作权法》第 46 条与第 47 条共计用 19 项规定侵权行为；2010 年《著作权法》未涉及侵权行为制度的修改，只是条文顺序调整为第 47 条与第 48 条；2020 年《著作权法》有关侵权行为规定的条文顺序调整为第 52 条与第 53 条，尽管数量上依然是用 19 项规定侵权行为，但根据本次修正增加的权项，在第 52 条第 8 项增加了侵犯表演者出租权的规定以及第 53 条第 5 项增加了侵犯广播组织信息网络传播权的规定；② 此外，还将 2010 年《著作权法》第 47 条第 11 项规定的“权益”调整为“权利”，将第 8 项涉及“电影作品和以类似摄制电影的方法创作的作品”的规定调整为“视听作品”以及根据新增第 49 条、第 51 条有关技术保护措施与权利管理信息的规定，修正 2010 年《著作权法》第 48 条第 6 项与第 7 项有关侵犯技术保护措施与权利管理信息的规定。

我国《著作权法》中的侵权行为制度是典型的重复型立法模式，即对著

---

* 本章的基本内容已发表，收入本书进行修改与调整。参见刘铁光：《侵犯著作权的法律责任规则体系构建——以〈著作权法〉的完善为中心》，载《知识产权》2022 年第 9 期。

① 本章非特别指出，著作权指包括邻接权在内的广义著作权。

② 2020 年《著作权法》的修正，在第 52 条第 8 项为表演者增加了出租权，在第 53 条第 5 项为广播组织增加了信息网络传播权。

作权权项内容的重复。1990 年《著作权法》颁布伊始就采该种模式，2001 年、2010 年以及 2020 年的修正一直沿袭该种模式，只是根据权项内容的增加，不断增加侵权行为的数量。由于著作权的权利制度体系已经以权项控制行为的方式明确著作权的保护范围，[①] 坚持著作权法定原则，司法实践应该也只能适用权利制度体系判定是否构成著作权侵权，无需侵权行为制度再重复权利制度体系的内容。因此，这种重复至少是对立法资源的浪费。我国有学者已经指出，2010 年《著作权法》第 47 条与第 48 条（2020 年《著作权法》第 52 条与第 53 条）的规定在很大程度上是不必要的，因为这两条所列出的侵权行为绝大多数是“直接侵权”，而所有“直接侵权”都可以从第 10 条规定的“专有权利”中推出。[②] 然而，我国《著作权法》历经 2001 年与 2020 年两次全面的修正，均未改变侵权行为制度这种重复型的立法模式，是因为司法实践中需要这种重复型的立法模式，还是因为继续维持该种重复型的立法模式也只是一种无害的摆设。为此，有必要深入探究著作权侵权行为制度的构建逻辑以及契合该种构建逻辑的立法模式，以此为对照，分析《著作权法》侵权行为制度是一种无害的摆设，还是一种导致负面效应的“画蛇添足”；如果其是“画蛇添足”，提出调整的具体方案。

---

① 我国《著作权法》对狭义著作权的权项集中规定在第 10 条，共计为著作权人规定了 17 种权项；对法定许可下报酬权则分散地规定在第 25 条第 1 款、第 35 条第 2 款、第 42 条第 2 款以及第 46 条第 2 款；对邻接权的权项则分散地规定在第 33 条（出版者的专有出版权）、第 37 条（出版者的版式设计权）、第 39 条（表演者的表明表演者身份、表演形象不受歪曲、现场直播与传送、录音录像、复制、发行、出租以及通过信息网络传播等人身权与财产权）、第 44 条（录音录像制作者的复制、发行、出租、通过信息网络向公众传播等权利）、第 47 条（广播组织的转播、录制与复制以及信息网络传播等权利）、第 48 条（视听作品与录像制作者的电视播放权）以及第 45 条（录音制作者的报酬权）；所有这些规定都明确权项所控制的行为。

② 参见王迁：《知识产权法教程》，中国人民大学出版社 2016 年版，第 247 页。不过，这种观点忽略的是第 47 条与第 48 条（2020 年《著作权法》第 52 条与第 53 条）规定的“直接侵权”行为，还有很大一部分不是可以从第 10 条规定的“专有权利”中推出的，其中有关邻接权的侵权行为、法定许可报酬权的侵权行为、技术保护措施与权利管理信息的侵权行为，都不是第 10 条规定权利制度可以推出的内容，两条共计 19 项内容，其中有 13 项规定的侵权行为与第 10 条规定的权项无关。因此，以这种理由认为侵权行为制度没有必要似乎难以成立。

一、契合著作权侵权行为制度构建逻辑的立法模式

著作权法定原则要求立法规定的侵权行为范围等于权项控制的行为范围是著作权侵权行为制度的构建逻辑；为避免立法规定的侵权行为范围大于或小于权项控制的行为范围，有效地过滤立法未明确规定但司法实践却适用的权利限制所庇护的行为，著作权侵权行为制度应该采取省略型的立法模式。大部分主流国家著作权法对侵权行为制度采取该种省略型的立法模式，例证了这一立法模式及其所契合之构建逻辑的科学性与合理性。

（一）著作权侵权行为制度的构建逻辑

尽管学界试图为著作权在正当性上寻求自然法上的支持，比如洛克的劳动理论与黑格尔的人格理论均被广泛用来论证著作权的正当性，① 但无论是洛克的劳动理论还是黑格尔的人格理论均遭遇不得不接受的批评。比如诺奇克认为，劳动理论应用到论证知识产权的正当性时，难以将权利人的劳动与前人的劳动区分开来，认为："如果我拥有一罐番茄汁并把它倒入大海，以致它的分子（使其具有放射性，从而我可以检验）均匀地混合于整个大海之中，那么我是拥有了这片大海，还是愚蠢地浪费了我的番茄汁?"② 而黑格尔的人格理论，则被批评者认为，人格是可以自由驰骋的，对于哪些东西可以成为财产、哪些东西不可以成为财产，没有任何先验的经验判定。③ 正因为著作权自然法上的正当性并不充分，18 世纪英国的判例就拒绝认可其是一种

---

① "只要他使任何东西脱离自然所提供的和那个东西所处的状态，他就已经掺进他的劳动，在这上面掺进他自己所有的某些东西，因而它成为他的财产。"参见［英］洛克：《政府论—下篇—论政府的真正起源、范围和目的》，叶启芳等译，商务印书馆 1964 年版，第 19 页。洛克这种观点被应用到著作权的正当性论证，便是作品也掺进作者的创造性劳动，自然应该归属于作者。黑格尔在《法哲学原理》中认为所有权是自由意志的体现和单个人格的发展。由此推出作品就是打上个人人格印记的财产，是人格的体现，自然应该保护。［德］黑格尔：《法哲学原理：或自然法和国家学纲要》，范扬、张企泰译，商务印书馆 1961 年版，第 50 – 59 页。

② ［美］罗伯特·诺奇克：《无政府、国家与乌托邦》，姚大志译，中国社会科学出版社 2008 年版，第 209 页。

③ 参见［澳］彼得·德霍斯：《知识财产法哲学》，周林译，商务印书馆 2008 年版，第 89 页。

普通法上的永久权利：1774 年，英国上议院通过 Donaldson v. Beckett 判例，否认存在普通法上的永久版权，上议院全体投票推翻了针对 Donaldson 出版 James Thomson's 诗歌《四季》（The Seasons）的禁令，认为在《安妮女王法》之前并不存在版权，更早的作品已经进入公共领域，当其版权期满后每个人都可以使用。[①] 英国上议院坚持版权为法律的创造物，且只在保护期限内有效。“尽管这不是表达该种观念的最后一个案例，它却固定了著作权来自制定法创造的思想界限。”[②] 正因为如此，著作权有“人造之权”的称谓。[③] 因此，著作权从诞生之初，就明确权利法定原则。这必然要求著作权的权利类型与内容必须基于立法的明确规定。著作权法所坚持的权利法定，是指著作权或邻接权主体所享有的权利类型与权利内容必须由法律规定，[④] 并以权利控制行为的模式确定权利的保护范围。

著作权法之所以必须坚持权利法定，是因为著作权对象的无体性。无论是作为狭义著作权对象的作品，还是作为邻接权对象的版式设计、表演、录音录像制品或载有节目的广播信号，最为典型的特征便是无体性。不同于传统物权对象的有体性可以为权利保护提供天然的物理边界，这种无体性只能依靠立法的明确规定划定权利的保护范围。伴随传播技术的进步，著作权已经从 1710 年《安妮女王法》上的复制权发展到今天成为包含控制各种公开传播行为的权利束，权利法定原则在立法中以权项控制行为的方式体现，即权利束中的每一个权项都通过立法的明确表述，控制作品或邻接权客体特定的传播与利用行为；没有在立法中被权项控制的行为，则属于任何人都可以

① See Donaldson v Beckett（1774）2 Brown's Parl. Cases 129，1 Eng. Rep. 837.

② Peter Drahos，A Philosophy of Intellectual Property，Dartmouth Publishing Company，1996，p. 24.

③ 人造之权（Artificial Rights）的称谓，是 Pollock 法官在 Jefferys v. Boosey 案对著作权的一种称呼，表明著作权非自然之物，而是人类通过立法创造的权利。See 4 H. L. C. 815、10 E. R. 681 at 729.

④ 实际上，不仅仅著作权的权利是法定的，其实所有的知识产权都应该是完全依据法律规定的，即所谓的知识产权法定主义。知识产权法定主义认为，“知识产权的种类、权利以及诸如获得权利的要件及保护期限等关键内容必须由成文法确定，除立法者在法律中特别授权外，任何机构不得在法律之外创设知识产权”，即“法律在先，权利在后，没有权利就谈不上运用权利的社会实践”。参见郑胜利：《论知识产权法定主义》，载《中国发展》2006 年第 3 期。

对著作权保护对象进行自由利用与传播的行为。这样可以让公众依据权项所控制的行为规范自己的行为，并预测自己行为的法律后果。这就意味着，必须以法定权项控制的行为范围为依据构建著作权侵权行为制度。不能将权项控制的行为范围外的行为纳入侵权行为，否则，等于为权利人在法定权利之外提供保护；反过来，在不符合立法明确规定和普遍认可的权利限制前提下，任何未经许可为权项所控制的行为均属于著作权侵权行为，这也是权利法定的必然结果。权利法定不但意味着法定权项不控制的行为不应纳入侵权行为，而且还意味着法定权项所控制的行为必须纳入侵权行为。因此，著作权侵权行为制度规定的侵权行为范围，既不能大于权项控制的行为范围，也不能小于权项控制的行为范围，必须等于权项控制的行为范围，方能彻底的贯彻权利法定原则。因此，著作权侵权行为制度的构建逻辑是，著作权法定原则要求侵权行为制度规定的侵权行为范围必须等于权项控制的行为范围。

（二）著作权侵权行为制度应采省略型立法模式

著作权法定原则要求侵权行为的范围必须等于权项控制的行为范围，实现该种构建逻辑的立法模式有两种：一是在侵权行为制度中完全重复权项控制的行为，可称之为重复型立法模式。这种模式中，如果侵权行为制度规定的侵权行为与著作权权项控制的行为在范围上完全重合，意味着严格遵守著作权法定原则，并不会扩大或缩小著作权权项控制的行为范围。但这种模式存在两个问题：（1）在侵权行为制度中完全重复权项控制的行为，不但是对立法资源的浪费，更是难以完成与实现的任务。或者挂一漏万，导致侵权行为所保护的范围小于权项控制的行为范围；或者扩大权项的保护范围，导致侵权行为的范围规定大于权项控制行为的范围；两者都违背权利法定原则。（2）这种模式使立法未明确规定但司法实践予以适用的权利限制所庇护的行为，无法在侵权行为制度中得以过滤。由于该种重复型立法模式，直接规定构成著作权侵权的具体行为，在立法中未明确规定权利限制所庇护的行为，在形式上也完全符合明确规定的具体侵权行为，比如作为我国司法实践判定不构成侵权的“发行权用尽”所庇护的行为，在形式上也是对发行权的侵权行为。

二是省略型立法模式。著作权侵权行为制度的省略型立法模式，不在侵权行为制度中重复权项控制的行为，一般表述为"侵犯本法所规定的著作权或邻接权"或"违反本法规定，侵犯……"，这种立法模式完全契合侵权行为制度的构建逻辑，即权利法定原则要求侵权行为的范围等于权项控制的行为范围：首先，"侵犯"或"违反本法规定"，表明行为人的行为不是受权利限制所庇护的行为，无论是立法明确规定的权利限制还是立法未明确规定但司法适用的权利限制所庇护的行为，都可以在"侵犯"或"违反本法规定"的判断中得以过滤，因为"侵犯"或"违反本法规定"意味着不是立法明确与未明确规定的权利限制所庇护的行为。其次，由于该种模式直接规定"侵犯本法规定的权利"，自然要求侵权行为必须是法定权项控制的行为，否则侵犯的便不是"本法规定的权利"。这种模式使侵权行为范围与权项控制的行为范围完全重合，既不会大于权项控制的行为范围，也不会小于权项控制的行为范围。因此，著作权侵权行为制度的省略型立法模式，非常理想地契合著作权侵权行为制度的构建逻辑。

大部分主流国家著作权法对著作权侵权行为制度采取该种省略型的立法模式，例证该种模式的科学性与合理性。日本、美国、法国、德国以及英国等国家的著作权法侵权行为制度均采取该种省略型的立法模式。《日本著作权法》从第17—29条规定著作权人应该享有的人身权与财产权内容，在第112条第1款概括的规定侵犯著作人格权、著作权、出版权、表演者人格权或者著作邻接权的人或者有侵害危险的人，权利人可以请求其停止侵害或者采取措施预防侵害；尽管在第113条规定了6款"视为侵害行为的行为"，但只是对进口、共同侵权、计算机程序、权利管理信息、报酬权等侵权进行的规定，并未重复第17—29条所规定的权项内容。[①]《美国版权法》同样如此，其在第106条中规定了著作权人应该享有的权利，在第501条规定了著作权

① 参见李扬译：《日本著作权法》，载《十二国著作权法》翻译组译：《十二国著作权法》，清华大学出版社2011年版，第414—416页。

的侵权行为，但只是直接规定，任何侵犯著作权人根据第106条到第122条规定或者根据第106A（a）规定所应享有专有权的人，或者违反第602条规定将复制件或录音制品进口到美国的人，都是版权或作者权利的侵权人。[①]《法国知识产权法典》L. 121－1条到L. 122－12条规定著作权人享有的精神权利与财产权利，在L. 212－1条到L. 217－3条规定邻接权人享有的权利，不再规定何种行为构成著作权或邻接权的侵权，意味着只要未经许可为立法规定权项所控制的行为，都是著作权或邻接权的侵权行为；[②]《德国著作权法》从第11条到第27条规定著作权人应该享有的权利；从第70条到第95条规定邻接权人（包括电影、活动图片）所享有的权利；而在第97条第1款规定“违法侵犯著作权或本法保护的其他权利者……”，亦不再重复规定权项控制下的行为为著作权或邻接权的侵权行为；[③]《英国版权法》是将权项与版权禁止的行为一并规定在第2章第16条到第21条，第16条简单列举版权排他性权利的名称，再由该种名称直接指引到该种权利的侵权行为条款，比如“复制作品”的排他权利对应第17条规定的“复制侵权”。[④] 这是一种倒转的省略型立法模式，采取的是权利制度体系不再重复侵权行为制度所控制的行为。因此，《英国版权法》本质上也是采取著作权侵权行为制度的省略型立法模式。

对著作权侵权行为采省略型立法模式的国家著作权法，将规避技术保护措施与破坏权利管理信息规定一种单独的侵权行为，而不是规定为对著作权的侵权行为。比如《美国版权法》第2101条将规避版权技术保护措施规定

① 参见孙新强译：《美国版权法》，载《十二国著作权法》翻译组译：《十二国著作权法》，清华大学出版社2011年版，第728、803－804页。

② 参见黄晖、朱志刚译：《法国知识产权法典》，载《十二国著作权法》翻译组译：《十二国著作权法》，清华大学出版社2011年版，第66－74页。

③ 参见许超译：《德国著作权法》，载《十二国著作权法》翻译组译：《十二国著作权法》，清华大学出版社2011年版，第149－153、180页。

④ 参见张广良译：《英国著作权法》，载《十二国著作权法》翻译组译：《十二国著作权法》，清华大学出版社2011年版，第576－580页。注意的是，《英国版权法》第22条到第26条规定的间接侵权行为，实质上是民法体系中的共同侵权。

一种违法行为，而不是著作权侵权行为。又如《德国著作权法》第95条a和第95条c分别规定技术措施与权利管理信息的保护，但并未将规避技术措施与破坏权利管理信息的行为规定是侵犯著作权的行为，并在刑事与罚款的小节中，将“对技术措施与权利管理信息的不法侵害”独立规定在第108条b款，而不是规定在“对有关权利的不法侵害”的第108条。[①] 再如《法国知识产权法典》在规定权利人所享有的权利之外，不再规定权利的侵权行为，但对保护与信息的技术措施的侵权行为，单独规定在L.331－5条到L.331－11条中，并在“刑事规定”第5章L.335－3－1条和L.335－3－2条中，将规避技术保护措施与破坏权利管理信息规定为一种独立的犯罪行为，而不是侵犯著作权罪的行为。[②] 这种模式可以避免将规避技术保护措施与破坏权利管理信息这种本质不属于对著作权的侵权行为，纳入是对著作权的侵权行为，契合著作权侵权行为必须以权利法定为基础的逻辑基础。

著作权法定原则要求侵权行为制度规定的侵权行为范围必须等于权项控制的行为范围，这是著作权侵权行为制度的构建逻辑。为避免侵权行为制度所规定的侵权行为范围大于或小于权项控制的行为范围，并使立法未明确规定但司法实践予以适用的权利限制所庇护的行为得以过滤，侵权行为制度应采取省略型的立法模式。

二、《著作权法》侵权行为制度对其构建逻辑的背离

与大部分主流国家著作权法对侵权行为制度采取省略型立法模式不同的是，我国《著作权法》对侵权行为制度采用的是重复型立法模式。这种对权项控制行为的不完全重复不仅是对立法资源的浪费，而且存在大于或小于权项控制的行为范围的问题，违背侵权行为制度的构建逻辑，亦无法过滤立法

---

① 参见许超译：《德国著作权法》，载《十二国著作权法》翻译组译：《十二国著作权法》，清华大学出版社2011年版，第178－180、184－185页。

② 参见黄晖、朱志刚译：《法国知识产权法典》，载《十二国著作权法》翻译组译：《十二国著作权法》，清华大学出版社2011年版，第103－105页。

未明确规定但司法实践却适用的权利限制所庇护的行为，是一种有害无益的“画蛇添足”式的立法。

（一）《著作权法》侵权行为制度的重复型立法模式

2020年修正的《著作权法》，规定侵权行为制度的第52条与第53条继续沿袭重复型立法模式。第52条规定的11种侵权行为，除第5项规定的剽窃、第6项规定中的注释、第11项规定的兜底项以及第53条第8项规定的“冒名”之外，其他各项所规定的侵权行为均是重复对应权项控制的行为：第52条第1项规定的侵权行为是重复发表权控制的行为；第2项、第3项规定的侵权行为重复署名权控制的行为；第4项规定的侵权行为重复保护作品完整权控制的行为；第6项规定的侵权行为除注释外，其余的侵权行为分别是重复展览权、摄制权、改编权以及翻译权所控制的行为；第7项规定的侵权行为是法定许可下报酬权所控制的行为；[①] 第8项规定侵权行为是重复出租权所控制的行为；第9项规定的侵权行为是重复出版者版式设计权所控制的行为；第10项规定的侵权行为是重复表演者权所控制的现场直播、传送以及录制行为；第11项是兜底项，可以解释为重复我国《著作权法》第10条第1款第17项所规定的兜底权项所控制的行为。

与第52条规定的模式基本一致，第53条除第8项规定的冒名行为外，同样是对著作权权项控制行为的重复。第1项规定的侵权行为是重复复制权、发行权、表演权、放映权、广播权、汇编权以及信息网络传播权所控制的行为；第2项规定的侵权行为是重复专有出版权控制的行为；第3项规定的侵权行为是重复表演者权所控制的复制、发行与信息网络传播行为；第4项规定的侵权行为是重复录音录像制作者权所控制的复制、发行以及信息网络传播行为；第5项规定的侵权行为是重复广播组织权所控制的播放、复制以及信息网络传播等行为；第6项与第7项规定的侵权行为是重复第49条第2款

---

① 该项规定是一种省略型的立法模式，其不再重复《著作权法》规定的每种法定许可行为下的报酬权，而是采取一种概括的方式，将对法定许可下报酬权的侵权行为统一规定在该项中。

与第51条有关著作权技术保护措施与权利管理信息规定所控制的行为。[①]

《著作权法》第52条与第53条中大部分条款是重复著作权权项、邻接权权项、第49条第2款以及第51条的规定，至少是对立法资源的浪费。因为司法实践中在判断是否构成著作权侵权时，完全可以依据被告的行为是否落入《著作权法》为权利人所规定的权项控制的行为范围进行判断，实际上无需对被告的行为是否为第52条与第53条规定的侵权行为进行判断。司法实践中，适用第52条与第53条规定的情形，实际上也完全可以适用《著作权法》中权利制度体系。[②] 即便是适用诸如侵权行为制度中的“剽窃”“注释”以及“冒名”等这些权利制度体系没有规定的侵权行为判定侵权，也应该将其解释为权项控制的行为，否则这种侵权的认定便没有权利依据，违背著作权法定原则。[③] 因此，第52条与第53条规定的侵权行为制度对著作权与邻接权权项内容的重复，必然是对立法资源的浪费。

（二）重复型侵权行为制度的“画蛇添足”

我国《著作权法》侵权行为制度大部分内容是重复权项控制的行为，但有4项规定的侵权行为不是权项控制的行为。因此，我国《著作权法》侵权行为制度是对权利制度体系不完全重复的立法模式，具有前述重复型立法模式所具有的全部弊端：所规定的侵权行为范围要么大于权项控制的行为范围，要么小于权项控制的行为范围。如果司法实践仅适用侵权行为制度判定构成著作权侵权，要么使权利主体获得本不应该获得的保护，要么对著作权保护的不充分甚至根本未提供保护，而且该种模式下的侵权行为制度还未能过滤《著作权法》未明确规定的权利限制所庇护的行为，诸如符合发行权用尽的

---

① 由于权利人对2010年《著作权法》第48条第6项与第7项规定的侵权行为没有对应的权项，所以2020年《著作权法》增加第49条与第51条的规定，其目的在于使第48条第6项与第7项规定的侵权行为具有立法上的权利依据。但从内容可以看出，第48条第6项与第7项是完全重复第49条第2款与第51条规定的内容。

② 比如适用第53条第1项中“复制”侵权行为规定判定的著作权侵权，也可以适用《著作权法》第10条规定的复制权判定著作权侵权；再如适用第53条第2项规定的“出版他人享有专有出版权的图书的”，也可以适用第33条规定的专有出版权；如此等等。

③ 实际上司法实践中也是如此操作的，参见后文有关“剽窃”侵权判例的论述。

发行行为。此外，《著作权法》这种重复型的立法模式，还将不属于对著作权侵权的规避技术保护与破坏权利管理信息的行为，规定为是对著作权的侵权行为。因此，其不仅只是一种浪费立法资源的摆设，而且还是完全背离侵权行为制度构建逻辑的“画蛇添足”。

1. 侵权行为的范围大于或小于权项控制的行为范围

（1）侵权行为制度规定的侵权行为范围大于权项控制的行为范围。其一，《著作权法》第52条第5项规定的“剽窃”不是著作权权项所控制的行为。《著作权法》第10条有关权项的规定中，并没有赋予著作权人控制“剽窃”行为的权项。“剽窃”不是著作权法规范意义上的表达，其内涵与外延都难以界定。尽管有学者认为，著作权法应该对“剽窃”侵权进行独立规制，但其归纳剽窃侵害对象的基本模型是署名权、复制权，是剽窃行为必然侵害的著作财产权、发表权与传播类权利，是可能侵害的人身权与财产权等，[①] 如果离开复制侵权，所谓的署名权、发表权以及传播类型的侵权根本不可能发生。实际上，任何构成复制权侵权的前提下，都可能构成发表权、发行权以及其他传播类型权利的侵权，因为不可能存在单纯的复制而没有其他传播行为的著作权侵权，这种情况下大多可以构成合理使用，即便是不构成合理使用，由于不传播的复制不会给权利人造成损害，权利人也不会主张权利。“剽窃”是“复制他人创作的作品，并将其冒充为自己作品的行为”[②]。其本质是全部或部分复制他人作品并署自己名字的行为。因此，构成复制是著作权法应该规制“剽窃”的前提。如果“剽窃”构成复制，自然应该纳入复制权的控制。当然，在构成复制权的前提下，如果有后续的署名、发表以及传播行为自然也构成相应的权项侵权。如果“剽窃”不构成复制，便不构成著作权侵权，相应发表、署名与其他传播行为自然也不构成发表权、署名权与其他权项的侵权。如果将第52条第5项规定的“剽窃”解释为复制之外的一种侵权行为，便超出著作权人法定权项控制的行为范围，使权利主体

---

① 参见王国柱：《论著作权法对剽窃侵权的独立规制》，载《法商研究》2020年第3期。

② Collin P. H., *Dictionary of Law*, Bloomsbury Publishing Plc, 2004, p. 224.

获得本不应该获得的保护。因此，著作权法一般不能也不应该规制不具有著作权法规范意义上的剽窃。实际上，复制外的“剽窃”是否构成著作权侵权，是一个难以评判的问题。波斯纳认为，剽窃概念的含混性，它与其他的包括版权侵权在内的被禁止的复制行为之间具有复杂的关联。① 从而认为，“剽窃的问题需要冷静的评价而不是强烈的谴责或者简单的辩护”。我国亦有学者认为，作品的剽窃与盗版不完全是一回事，“剽窃”一般体现为观点或成果挪用，而“盗版”是直接的复制。② 实际上，即便是原告主张被告的行为构成“剽窃”，司法实践中也只能依据被告的行为是否构成复制来判断被告的行为是否侵权。比如终审法院认为，“根据《中华人民共和国著作权法》第46条第5项（2020年修正《著作权法》第52条第5项）的规定，剽窃他人作品的，属侵权行为，而剽窃，包括以抄袭方式把别人的作品或语句抄来当作自己的。抄袭可能是对他人作品全部内容的抄袭，也可能是对他人作品部分内容的抄袭”③。因此，该案中法院是将“剽窃”解释为抄袭，从而认定被告的行为构成著作权侵权，而抄袭实际上就是复制。再如最高人民法院公布的2010年中国法院知识产权司法保护50件典型案例之一，即某制衣有限公司诉某服装有限公司、朱某侵犯著作权纠纷上诉案，法院认为，“经比对，被控图案与涉案作品基本相同，若被控图案完成于涉案作品之后，又有证据足以证实或者推定朱某实际接触或者有可能接触在先完成的涉案作品，那么应认定被控图案构成剽窃”④。该案也是从实质性相似与接触可能性判断是否构成侵权，实质上是从复制认定的角度判断是否构成“剽窃”。

其二，同前述“剽窃”行为一样，第52条第6项规定中的“注释”，同样是超出权项控制的行为范围，因为在第10条规定的权项亦无具体对应的“注释权”。同“剽窃”一样，“注释”同样需要认定其构成复制或改编，方

① 参见［美］理查德·波斯纳：《论剽窃》，沈明译，北京大学出版社2010年版，第11页。
② 参见方流芳：《学术剽窃和法律内外的对策》，载《中国法学》2006年第5期。
③ 广西壮族自治区高级人民法院民事判决书，（2009）桂民三终字第48号。
④ 广东省广州市中级人民法院民事判决书，（2010）穗中法民三终字第106号。

可判定其构成对复制权或改编权的侵权。因此，“注释”同样不具有著作权法上的规范意义。如果“注释”不构成著作权法上的复制与改编，便不构成侵权。将“注释”规定为一种侵权行为，对著作权的保护也没有任何实际意义。除非将“注释”解释为“复制”与“改编”之外的行为，为权利人提供复制与改编之外的保护，将“注释”规定一种侵权行为才有实际意义，但显然超出法定权项控制的行为范围，使著作权主体获得本不应该获得的保护。实际上，将“注释”规定为一种侵权行为，可能是《著作权法》修正过程中的遗漏问题。1990 年《著作权法》第 10 条第 5 项规定的权项控制行为中有“注释”的规定，可以理解为著作权人享有“注释权”，从而 1990 年《著作权法》第 45 条第 5 项将“注释”规定为一种侵权行为。而在 2001 年《著作权法》修正时，应该是认为“改编”可以包括“注释”从而在规定权项的第 10 条中删除了“注释”的规定，但 2001 年《著作权法》规定侵权行为的第 46 条却遗漏了对“注释”的删除。①

其三，第 53 条第 8 项规定的“制作、出售假冒他人署名的作品的”，即“冒名”行为，同样是超出权项控制的行为范围。“冒名”唯一可以对应解释的权项是《著作权法》第 10 条第 1 款第 2 项规定的署名权。然而，署名权在该项中被定义为“表明作者身份，在作品上署名的权利”，创作作品是署名权的前提，而被“冒名”之人却没有创作作品。仅从文义上难以解释可以包括“冒名”行为。如果被“冒名”之人，从未创作过任何作品，今后也不会创作任何作品，对被“冒名”之人著作权构成侵害则完全是一种假想；如果被“冒名”之人，在文学艺术领域具有一定声誉的人，认为“冒名”可能损

① 2001 年《著作权法》在修正过程中，时任国家版权局局长石宗源于 2000 年 12 月 22 日在第九届全国人民代表大会常务委员会第十九次会议上所做的《关于〈中华人民共和国著作权法修正案（草案）〉的说明》，表明将 1990 年《著作权法》第 10 条第 5 项规定的使用权和获得报酬权，明确为 11 项权利，其中只有“改编权”而没有“注释权”，而立法机关所有有关 2001 年《著作权法》修正说明的文件中，都未涉及 1990 年《著作权法》第 45 条第 5 项有“注释”修改的说明，这说明很有可能是在侵权行为制度中，遗漏对“注释”侵权行为的删除。立法机关有关 2001 年《著作权法》修正的说明文件，参见吴高盛主编：《〈中华人民共和国著作权法〉释义及实用指南》，中国民主法制出版社 2015 年版，第 344—362 页。

害被“冒名”之人未来作品的市场价值，但被“冒名”之人也只是因为“冒名”损害了经济利益，也不是著作权法署名权保护的精神利益。因此，无论何种情形，“冒名”实质上都不会侵害署名权。新近司法实践的判例，也认为“冒名”不是侵犯署名权，比如在周某与某出版社有限责任公司等侵害著作权及不正当竞争纠纷案中，终审北京知识产权法院认为，“署名权是基于创作事实而产生的权利，没有进行创作活动，或者没有参与创作的人，不能享有署名权。因此作者只有在其创作的作品中才享有署名权，对于并非由其创作的作品，其不享有署名权。相应地，如果他人在并非由该作者创作的作品上署该作者的姓名，并不侵犯该作者的署名权”①。即便是将“冒”文学艺术领域的知名人物之“名”纳入署名权的规制，但也只是“冒名”中的特定类型。以此为依据将“冒名”规定为一种著作权侵权行为，不具备法律应该具备的普遍规范意义。无论是对署名权的文义解释，还是从“冒名”不会对署名权造成实质损害的角度出发，“冒名”都不应该纳入署名权的控制范围。实际上，“冒名”应认定为构成姓名权的侵权，或者适用反不正当竞争法予以规制，② 比如“同名冒名”就应该纳入反不正当竞争侵权予以规制。③ 著作权法不介入规制“冒名”行为，也不会减损对被“冒名”侵权主体的保护。在“冒名”实质上不会构成对署名权侵权的前提下，第 53 条第 8 项将“冒名”规定为一种侵权行为，缺乏权利来源上的依据，实质上超出权项控制的行为范围。

其四，第 52 条第 11 项规定侵权行为的兜底项实质上也超出权项控制的

---

① 北京知识产权法院民事判决书，(2016) 京 73 民终 1031 号。不过，该案最终以违反 2010 年《著作权法》第 48 条第 8 项的规定判定被告构成著作权侵权。从法律适用的角度看，法院裁判说理确实没有问题。问题在于立法本身，如果被告的行为不构成署名权的侵权，第 48 条第 8 项的规定就没有合法的权利来源。

② 参见刘鹏:《著作权法上的“署名”与“冒名”之辨》，载《中国海洋大学学报（社会科学版)》2013 年第 3 期。

③ 司法实践中对“同名”“冒名”行为纳入反不正当侵权予以规制，得到最高人民法院的认可与倡导，以不正当竞争判定侵权的“冒名”案件，被纳入最高人民法院公报案例。参见湖南王某诉河北王某等侵犯著作权、不正当竞争纠纷案，载《最高人民法院公报》2005 年第 10 期。

行为范围。尽管有第10条第1款第17项规定的权利兜底项作为侵权行为兜底项的来源，表面上看并未超过权项控制的行为范围，但由于第10条第1款第17项规定的权利兜底项所控制的行为范围是不确定的，以这种不确定范围的权项作为来源的侵权行为兜底项所控制的行为范围，自然也是不确定的。这种双重的不确定，理论上可能导致著作权保护的范围无限地扩大，使著作权法的权利法定原则失去存在的意义。因此，以没有确定保护范围的权利兜底项为依据与来源作为侵权行为的兜底项，可能无限扩大的保护范围超出权项控制的行为范围。

（2）侵权行为制度规定的侵权行为范围小于权项控制的行为范围。如果仅依据侵权行为制度判定著作权侵权，意味着某些行为会逃离著作权侵权行为制度的规制，导致对权利主体保护的不充分，甚至未能对特定的权项提供保护。主要表现为两个方面：其一，侵权行为的总和小于署名权控制的行为范围。《著作权法》侵权行为制度规定侵犯署名权的行为范围小于署名权控制的行为范围。规定侵犯署名权的侵权行为有两种，即第52条第2项规定的“未经合作作者许可，将与他人合作创作的作品当作自己单独创作的作品发表的”以及第52条第3项规定的“没有参加创作，为谋取个人名利，在他人作品上署名的”。但署名权控制的行为远不止这两种，根据当前主流教材对署名权的通说解释，署名权的内容包括要求确认其作者的身份、在自己创作的作品上以何种方式署名（署真名、假名或不署名）以及排除他人在自己创作作品署名的权利。[①] 前述第52条第2项可以纳入确认作者身份的权利内容，而第3项则可以纳入“排除他人在自己创作作品署名”的权利内容，但侵犯作者自主署名方式的行为被侵权行为制度遗漏了。这样侵权行为制度规定的侵权行为总和明显小于署名权控制的行为范围，如果严格依据侵权行为制度判断署名权侵权，诸如利用他人作品未署名的行为、改变作品上的署名、改变作品上署名的顺序等均会从侵权行为制度规制中逃逸，导致对著作权人

---

① 参见刘春田主编：《知识产权法》，高等教育出版社2019年版，第57页；吴汉东主编：《知识产权法》，法律出版社2014年版，第73页。

署名权保护的不充分。

其二，漏掉针对特定权项规定侵权行为。其主要有三个方面：第一，未针对第45条的报酬权规定侵权行为。2020年《著作权法》在第45条为录音制作者在其录音制品用于有线或者无线公开传播，或者通过传送声音的技术设备向公众公开播送时，赋予获取报酬的权利。应该注意的是，该条规定的报酬权不是对应第52条第7项法定许可下报酬权的侵权行为，因为其不是作品而是录音制品，而且不具有法定许可作为权利限制应具有的前提，即特定的专有权,[①]《著作权法》并未为录音制品制作者赋予可以控制第45条规定实用方式的专有权。然而，由于第52条与第53条未规定权利人可以向使用者主张侵权责任，如果仅适用侵权行为制度的规定判定是否构成著作权侵权，那么意味着符合第45条规定的使用者即便是未支付报酬，也不构成侵权。因此，侵权行为制度未为录音制品制作者该种报酬权提供保护。

第二，未针对修改权规定侵权行为。第52条与第53条所规定的侵权行为中，并未针对修改权规定侵权行为。第52条第4项针对的是保护作品完整权，而不是修改权。如果仅适用第52条与第53条规定的侵权行为判定著作权侵权，在修改行为不构成“歪曲、篡改”，便不构成第52条第4项规定的侵权行为。因此，著作权侵权行为制度未对著作权人的修改权提供保护。

第三，未针对第48条为视听作品与录像制品赋予的电视播放权规定侵权行为。2020年《著作权法》修正后，扩大了广播权的保护范围，使广播权可以涵盖广播电台、电视台有线、无线的直播与转播以及网络定时播放（网播）。[②] 对于作品，由于第46条将广播电台与电视台对他人已经发表作品的播放纳入法定许可，如果没有第48条的规定，已经发表的视听作品也被纳入法定许可，权利人只享有报酬权。第48条的规定得以使视听作品的权利人对

① 参见王迁：《〈著作权法〉修改：关键条款的解读与分析（下）》，载《知识产权》2021年第2期。

② 参见王迁：《〈著作权法〉修改：关键条款的解读与分析（上）》，载《知识产权》2021年第1期。

电视播放依然享有专有权。至于录像制品，由于《著作权法》没有为录音录像制品赋予广播权，如果没有第48条的规定，权利主体自然无权控制电视台对录像制品的播放。因此，第48条为视听作品与录像制品赋予独立的电视播放权。由于《著作权法》侵权行为制度没有为视听作品与录像制品的电视播放权规定侵权行为，如果仅依据侵权行为认定著作权侵权，便可导致已经发表的视听作品与录像制品的权利人无法在侵犯其电视播放权的情况下获得专有权利应该获得的保护。①

2. 无法过滤非法定权利限制所豁免的侵权行为

《著作权法》在赋予著作权与邻接权的同时，为实现高于私人利益的特定公共利益、降低交易成本以及预防垄断的目的，《著作权法》设立特定的限制制度，以实现这些目的，比如我国《著作权法》所规定的合理使用与法定许可。为防止这些立法上的权利限制制度被侵权行为制度架空，可以通过"除本法另有规定的除外"的立法技术将立法规定的法定许可与合理使用限制的情形予以过滤。这也是我国《著作权法》第52条与第53条采取的模式。② 然而，除立法明确规定的限制外，还有诸如发行权用尽该种立法未明确规定但司法实践却予以适用的权利限制。③《著作权法》第53条第1项规定，"未经著作权人许可，……发行……作品的，本法另有规定的除外"，构成对发行权的侵权。由于发行权用尽的限制在我国《著作权法》没有明确规定，比如有人购买正版书籍再销售的，显然也属于未经著作权人许可的行为，也不是"本法另有规定的除外"的情形。这种限制所庇护的行为不能通过"除本法另有规定的除外"的立法技术予以过滤，如果严格依据《著作权法》

① 当然，已经发表的视听作品可以基于广播权根据第46条第2款的规定主张报酬权，未发表的视听作品则可以基于广播权根据第46条第1款的规定主张专有权，但录像制品则报酬权与专有权均不可主张。

② 第52条与第53条规定的侵权行为如果涉及合理或法定许可，都有"本法另有规定的除外"的表述，比如第52条第6项与第53条第1项、第3—7项。

③ 以发行权用尽支持不构成对发行权侵权的司法判例，参见北京知识产权法院民事判决书，(2019) 京73民终3427号；江苏省苏州市中级人民法院民事判决书，(2016) 苏05民终6718号。

规定的侵权行为判定著作权侵权，可导致将销售正版二手书认定为构成著作权侵权的荒诞现象。

3. 规避技术保护措施和破坏权利管理信息行为的定性错误

从2001年《著作权法》开始，我国《著作权法》将规避技术保护措施与破坏权利管理信息规定为是对著作权的侵权行为，2001年《著作权法》规定在第47条第6项与第7项中，2010年《著作权法》修正未涉及该内容，只是条文顺序调整到第48条第6项与第7项。立法者或许是考虑，2001年与2010年《著作权法》有关规制规避技术保护与破坏权利管理信息的规定，缺乏立法上的权利依据，所以在2020年《著作权法》中，增加第49条与第51条为权利人有权采取技术保护措施与禁止任何人破坏权利管理信息的权利。然后在第53条第6项与第7项重复第49条第2款与第51条规定的内容。由于《著作权法》第53条是对著作权侵权行为的规定，从而规定在该条第6项与第7项，即规避技术保护措施与破坏权利管理信息的行为自然应该解释为是对著作权的侵权行为。这种重复不仅仅是浪费立法资源的装饰，而且还导致两个明显的问题：其一，违背权利法定原则。著作权法中的权利是以控制对作品或邻接权客体利用行为的控制为基础进行配置权利，而规避技术保护措施与破坏权利管理信息不是对权利所控制的行为，本质上不是对著作权的侵权，将该两种行为规定是对著作权的侵权，违背权利法定原则。其二，如果该两种行为规定是著作权的侵权，那么权利人只能基于著作权遭受侵权所导致的损失主张权利，否则，著作权人不能主张损害赔偿。比如行为人只是向公众提供规避技术保护措施的方法，如果发生了公众利用该种方法进行后续的著作权侵权行为，权利人可以基于后续著作权侵权主张损害赔偿，因为行为人提供规避技术保护措施方法的行为可以看作是帮助侵权行为。然而，如果尚未发生公众利用该种方法规避技术保护措施的情况，权利人则不能主张损害赔偿。但实际上，行为人已经向公众公开了该种方法，权利人必须重新开发一套新的技术保护措施，这显然是侵权行为所导致的损失。这一问题同样存在破坏权利管理信息的行为。

我国《著作权法》侵权行为制度采取对权项控制的行为范围不完全重复的立法模式，存在大于或小于权项控制行为范围的问题，亦无法过滤立法未明确规定权利限制所庇护的行为。如果仅适用侵权行为制度判断是否构成著作权侵权，将会导致权利主体获得本不应获得的保护，或者得不到充分保护甚至得不到保护，而且还将本不是著作权侵权行为的规避技术措施与破坏权利管理信息规定为是对著作权的侵权行为。因此，我国《著作权法》侵权行为制度不但不是一种无害的装饰，而且还是一种可以导致诸多负面效应的“画蛇添足”。

三、《著作权法》侵权行为制度的调整方案

如前所述，《著作权法》侵权行为制度不仅仅是对立法资源的浪费，更是存在诸多负面效应的“画蛇添足”，必须予以调整。最为简单的调整方案，是选择完全重复型的立法模式，删除大于权项控制行为范围的侵权行为，补全或增加小于权项控制行为范围的侵权行为：删除前述第52条第5项的剽窃、第6项规定中的注释、第11项规定的兜底项以及第53条第8项规定的“冒名”；补全署名权应控制的行为；增加针对修改权、第45条录音制品的报酬权、第48条视听作品与录像制品的电视播放权的侵权行为。但这种简单的调整方案，由于其只是重复权利制度体系的内容不具有实际意义，除对立法资源浪费逐渐增多之外，还未能过滤发行权用尽这种立法未明确规定的权利限制所庇护的行为，亦未能解决第52条与第53条基于不同权项区分保护的非正当性，还必须跟随权利制度体系的未来修订，不断地予以修改。[①] 因此，调整的方案应该采取更为彻底与深入的方式，契合著作权侵权行为制度的构建逻辑，采取当前主流国家均采取的省略型立法模式。

（一）合并《著作权法》第52条与第53条

第52与第53条规定的差别在于，针对不同的权项与侵权行为，规定不

① 不断地跟随权利制度体系修改，可能会导致诸如2001年《著作权法》在修正侵权行为制度时，漏掉删除“注释”的问题。

同的责任形式与不同的维权路径：第52条规定的侵权行为无需承担行政责任，意味着权利人亦不能获得行政执法的保护；第53条规定侵权行为在损害公共利益的前提下，需要承担行政责任以及符合条件的刑事责任，权利人可以获得行政执法的保护。本质上，除依据罪刑法定原则，第53条选择性的针对特定权项的侵权行为规定刑事责任具有合理性之外，针对不同权项规定不同的法律责任以及权利人获得行政执法保护机会的不平等，并不具有正当性。这种非正当性表现在如下两个方面。其一，这种区别导致对同为著作权中不同权项的侵权，在法律责任的承担上产生了厚此薄彼的歧视性对待，导致同为著作权中的权项所获得保护的不平等。具体表现为两点：（1）导致“厚财产权薄人身权”歧视性的不平等保护。第52条第1项、第2项、第3项是规定对人身权的侵权，侵权人无需承担行政责任；但如果是侵犯第53条所规定的财产权并同时损害公共利益，则需要承担行政责任。（2）导致同种性质权利被侵权时获得的是歧视性的不平等保护。第一，对署名权的不同侵权行为，承担责任不同。如前所述，第53条第8项唯一可以牵强地解释为是对署名权的侵权，这便导致以“冒名”方式对署名权的侵权需要承担行政责任，但第52条第2项、第3项对署名权的侵权行为却无需承担行政责任，从而导致同为侵犯署名权的行为，承担的责任不同。第二，同为财产权的不同权项获得的保护不同。根据第53条第1项的规定，如果是对复制、发行、表演、放映、广播、汇编与信息网络传播权的侵权，在损害公共利益的情况下，应该承担行政责任；但如果是对第52条第6项所规定的展览、摄制、改编、翻译等财产权的侵权，即便是由此损害了公共利益，也无需承担行政责任。

其二，同为著作权中的权项能否获得行政执法保护的机会不同。同为侵犯著作权的行为，其中第53条规定侵权行为在损害公共利益的前提下，权利人可以因此获得行政执法的保护；而对第52条规定的侵权行为即便是损害公共利益，权利人也不可以获得行政执法的保护。《著作权法实施条例》第36条规定的行政责任与第37条规定的行政执法[①]以及《著作权行政

① 参见《著作权法实施条例》第36条和第37条。

处罚实施办法》,[①] 仅适用2010年《著作权法》第48条（2020年《著作权法》第53条）规定的侵权行为，均是因为依据2010年《著作权法》第47条与第48条（2020年《著作权法》第52条与第53条）区分不同权项是否赋予行政执法保护的安排。除非将第52条规定的侵权行为解释为不会对公共利益构成侵害，而第53条规定的侵权行为解释可以对公共利益构成侵害，否则，这种区分保护便不具有正当性，但这种解释显然不成立。国家版权局在答复如何适用著作权侵权中的公共利益问题时认为，“第四十七条所列侵权行为，均有可能侵犯公共利益。就一般原则而言，向公众传播侵权作品，构成不正当竞争，损害经济秩序就是损害公共利益的具体表现”[②]。这种解释显然不能成立。实际上，第47条（2020年《著作权法》第53条）规定的侵权行为，都会向公众传播作品，如果不向公众传播作品，没有权利人会向侵权人主张权利，比如在储存于自己电脑上的他人作品署上自己的名字但未向公众传播，权利人有主张权利的必要吗？如果构成不正当竞争是对公共利益的损害，那么2020年《著作权法》第52条第5项规定的“剽窃”才是非常典型的不正当竞争行为，被“剽窃”的权利人为什么不能获得行政执法的保护。

本质上，著作权作为一种私权，一般的民事侵权均不会损害公共利益。第52条与第53条这种区分保护的规定并不具有正当性，《著作权法》未来修订应该将第52条与第53条予以合并，不再区分针对不同权项的不同侵权行为，规定不同的侵权责任与不同的维权路径。同为知识产权法的《专利法》《商标法》，均未区分不同的权利（比如专利权中的发明专利、实用新型专利与外观设计专利，以及商标权中的驰名商标与普通商标）。在承担责任的形式上与获得行政执法保护的机会上，提供不同的保护,[③] 这也说明这种区分保护的非正当性。

---

① 参见《著作权行政处罚实施办法》第3条。

② 参见国家版权局《关于查处著作权侵权案件如何理解适用损害公共利益有关问题的复函》（2006年11月2日，国权办〔2006〕43号）。

③ 参见《专利法》第65条以及《商标法》第60条。

（二）《著作权法》侵权行为制度的调整

如前所述，第52条与第53条这种浪费立法资源且没有实际意义的规定是完全导致负面效果的“画蛇添足”，加上第52条与第53条针对不同权项的侵权行为提供不同保护的非正当性。我国《著作权法》侵权行为制度应契合著作权侵权行为制度的构建逻辑，采取当前主流国家《著作权法》均采取省略型的立法模式，第52条与第53条应该合并为一条，分如下三款规定：

违反本法规定，侵犯本法规定的著作权以及与著作权相关的权利，应该承担停止侵害、消除影响、赔礼道歉、赔偿损失等民事责任；构成犯罪的，承担相应的刑事责任；

违反本法第49条第2款与第51条规定，行为人依据前款规定承担相应民事责任；构成犯罪，承担相应的刑事责任。

依据本法规定使用他人作品与录音制品应该支付报酬而没有支付报酬，行为人依据前款规定承担停止使用与支付报酬的责任。①

还需要对应修改的是，删除《著作权法》第10条第1款第17项规定的权利兜底项，以坚持权利法定原则。② 此外，增加一条类似《专利法》第65条

① 第3款规定的报酬权，包括《著作权法》法定许可规定中的报酬权与第45条录音制品作者的报酬权，由于《刑法》并未将使用他人作品或录音制品应该支付报酬未支付报酬的行为纳入规制。因此，该行为不存在刑事责任问题。另外，该款只涉及报酬的支付问题，如果未支付报酬，也只存在停止使用与支付报酬的问题，并不存在第1款规定的消除影响与赔礼道歉的民事责任。

② 《著作权法》规定的权利兜底项是1990年《著作权法》颁布伊始就开始采用的模式，1990年《著作权法》第10条第5项列举多种作品使用方式之后用“等”字进行兜底；而从2001年《著作权法》开始，就将第10条第1款第17项作为独立的权利兜底项，2020年《著作权法》继续予以保持。这种权利兜底项的模式，显然违背权利法定原则中的内容法定，学界很早就开始诟病这种模式。知识产权法定原则提倡者，认为在知识产权的创设与保护方面，排除司法自由裁量权存在的可能性。既然否定了创设与保护的自由裁量权，在立法中，自然就不应该存在没有明确权利内容的权利兜底项，因为兜底项意味着包括著作权在内的知识产权保护方面，赋予司法自由裁量权，甚至是很大的自由裁量权。参见李扬：《略论知识产权法定原则》，载《电子知识产权》2004年第8期；还有从著作权与传播技术发展的时间规律为基础，认为著作权权项配置应该适当落后于传播技术的发展，立法未明确规定控制的行为不应该纳入控制，从而认为权利的兜底项应该予以删除。刘铁光：《论著作权权项配置中兜底条款的废除——以著作权与传播技术发展的时间规律为中心》，载《政治与法律》2012年第8期。尤其是在2020年《著作权法》修正之后，扩大了部分权项的范围，比如对广播权范围扩大到可以控制网络的定时播放，权利兜底项的存在已经没有必要，反而会导致司法实践适用的混乱。王迁、闻天吉：《论新著作权法中的“兜底权利”》，载《南都学坛》2021年第3期。

与《商标法》第60条关于行政执法保护的规定，为《著作权法》中的所有权项均提供行政执法的保护。由于《商标法》第60条除规定商标权人在被侵权时可以获得行政执法保护之外，还规定了行政执法权；《著作权法》第55条为著作权主管部门行政执法权进行了专门规定，无需再规定类似《商标法》第60条有关行政执法权的规定。因此，可以移植《专利法》第65条的规定，表述为：侵犯著作权引起纠纷的，由当事人协商解决；不愿协商或者协商不成的，著作权人或者利害关系人可以向人民法院起诉，也可以请求主管著作权的部门处理。主管著作权的部门处理时，认定侵权行为成立的，可以责令侵权人立即停止侵权行为，当事人不服的，可以自收到处理通知之日起15日内依照《行政诉讼法》向人民法院起诉；侵权人期满不起诉又不停止侵权行为的，主管著作权的部门可以申请人民法院强制执行。进行处理的主管著作权的部门应当事人的请求，可以就侵犯著作权的赔偿数额进行调解；调解不成的，当事人可以依照《民事诉讼法》向人民法院起诉。

这种安排完全契合侵权行为的范围必须等于权项控制的行为范围的逻辑基础，相比《著作权法》“画蛇添足”式的侵权行为制度模式，具有如下明显的优势：（1）可以使侵权制度规定的侵权行为范围与权项控制的行为范围完全重合，不会出现大于或小于权项控制行为范围的问题。（2）可以使立法明确规定的限制制度庇护的行为得以在“违反本法规定”中过滤，因为权利限制制度所庇护的对作品或邻接权对象的传播或使用行为，不是“违反本法”规定的行为。立法明确规定的限制包括立法明确规定的合理使用、法定许可以及第50条允许规避著作权技术保护措施的行为。而对于发行权用尽这种未在立法中明确规定的限制，则可以在第1款规定的“侵犯”判定中得到过滤，因为在符合发行权用尽的情况下，显然不构成对著作权或邻接权的“侵犯”。（3）可以让侵权行为制度无需伴随权利制度体系的修改不断地调整，因为权利制度体系无论如何变动，都是著作权法规定的专有权；只需要根据立法修正条文顺序的变动，调整法条中的条文顺序。（4）规避技术措施与权利管理信息的行为得以单列为一种侵权行为，而不是规定为是对著作权的侵权行为。

四、结语

我国《著作权法》侵权行为制度是存在诸多问题的，根本原因在于其违背侵权行为制度的构建逻辑，以及未能采用契合该种逻辑的省略型立法模式。因此，调整方案必须遵守权利法定原则要求侵权行为的范围应等于权项控制的行为范围的构建逻辑，并采取省略型的立法模式，以使侵权行为制度规定侵权行为范围与权项控制的行为范围完全重合，并使《著作权法》未明确规定但司法实践予以适用的权利限制所庇护的行为得以过滤；而规避技术措施与破坏权利管理信息的行为应该单列，不再作为是对著作权的侵权行为。我国《著作权法》第 52 条与第 53 条针对不同权项的不同侵权行为规定不同的责任形式与不同的保护路径，该种歧视性区别对待并不具有正当性。为此，《著作权法》侵权行为制度的调整方案应将第 52 条与第 53 条合并，分三款规定：第 1 款规定为，违反本法规定，侵犯本法规定的著作权以及与著作权相关的权利，应该承担停止侵害、消除影响、赔礼道歉、赔偿损失等民事责任；构成犯罪的，承担相应的刑事责任；第 2 款规定，违反本法第 49 条第 2 款与第 51 条规定，行为人依据前款规定承担相应民事责任；构成犯罪，承担相应的刑事责任；第 3 款规定为，依据本法使用他人作品与录音制品应该支付报酬而没有支付报酬，行为人承担停止使用与支付报酬的责任。对应删除第 10 条第 1 款第 17 项的兜底权利项，以坚持权利法定原则，并增加一条类似《专利法》第 65 条的规定，以使《著作权法》规定的所有权项都可以平等地获得行政执法的保护。“法律系统是一个规范上的闭合系统。……规范上的闭合性要求系统——其中的各个要素都相互支持——各个组成部分之间具有对称关系。”① 只有通过省略型的立法模式让侵权行为制度与权利制度体系成为相互支持的要素，两个部分才能成为相互对称的关系，而不是简单重复的“画蛇添足”。

---

① ［德］卢曼：《法律的自我复制及其限制》，韩旭译，载《北大法律评论》1999 年第 2 期。

参考文献

一、中文文献

（一）中文论文

1. 陈锦川：《法院可以创设新类型作品吗?》，载《中国版权》2018 年第 3 期。

2. 陈锦川：《所有类型作品的独创性标准都应当一致吗?》，载《中国版权》2019 年第 2 期。

3. 陈力丹：《发现“府报”——我国古代报纸的历史前推 800 年》，载《当代传播》2004 年第 1 期。

4. 崔国斌：《论网络服务商版权内容过滤义务》，载《中国法学》2017 年第 2 期。

5. 范长军：《新闻出版者权——德国著作权法的新修改》，载《知识产权》2015 年第 1 期。

6. 方流芳：《学术剽窃和法律内外的对策》，载《中国法学》2006 年第 5 期。

7. 管育鹰：《美国 DMCA 避风港规则适用判例之研究》，载《知识产权》2013 年第 11 期。

8. 管育鹰：《我国著作权法定许可制度的反思与重构》，载《华东政法大学学报》2015 年第 2 期。

9. 胡开忠：《构建我国著作权延伸性集体管理制度的思考》，载《法商研究》2013年第6期。

10. 蓝方等：《解析中国式集体管理》，载《财新周刊》2012年第15期。

11. 李琛：《论作品类型化的法律意义》，载《知识产权》2018年第8期。

12. 李琛：《质疑知识产权之“人格财产一体性”》，载《中国社会科学》2004年第2期。

13. 李天昀：《2015年中国互联网产业发展报告》，载《现代传播——中国传媒大学学报》2016年第8期。

14. 梁志文：《版权法上的“选择退出”制度及其合法性问题》，载《法学》2010年第6期。

15. 梁志文：《版权法上实质性相似的判断》，载《法学家》2015年第6期。

16. 梁志文：《著作权延伸性集体许可制度的移植与创制》，载《法学》2012年第8期。

17. 林秀芹、李晶：《构建著作权人与作品使用人共赢的著作权延伸性集体管理制度——一个法经济学角度的审视》，载《政治与法律》2013年第11期。

18. 刘铁光、张路路：《体育赛事的权利配置及其法律选择——基于体育赛事产业发展的充分保障》，载《体育科学》2016年第2期。

19. 刘铁光、赵银雀：《体育赛事直播画面侵权案件法律适用的规范研究——基于新近案例的实证分析》，载《体育科学》2018年第1期。

20. 刘铁光：《论著作权权项配置中兜底条款的废除——以著作权与传播技术发展的时间规律为中心》，载《政治与法律》2012年第8期。

21. 刘铁光：《商标显著性：一个概念的澄清与制度体系的改造》，载《法学评论》2017年第6期。

22. 刘铁光：《著作权与邻接权之间的等级关系——〈罗马公约〉的前因后果》，载《贵州社会科学》2011 年第 5 期。

23. 刘洋：《〈锦绣未央〉小说被判抄袭，12 名作家一审胜诉》，载《新京报》2019 年 6 月 20 日。

24. 卢海军、洪毓吟：《著作权延伸性集体管理制度的质疑》，载《知识产权》2013 年第 2 期。

25. 卢海君：《论思想表达两分法的法律地位》，载《知识产权》2017 年第 9 期。

26. 孟勤国：《也论电视节目预告表的法律保护与利益平衡》，载《法学研究》1996 年第 2 期。

27. 王迁：《〈著作权法〉修改：问题与探索》，载《华东政法大学学报》2015 年第 2 期。

28. 王迁：《版权法保护技术措施的正当性》，载《法学研究》2011 年第 4 期。

29. 王迁：《论作品类型法定——兼评“音乐喷泉案”》，载《法学评论》2019 年第 3 期。

30. 王薇：《中国传媒产业 40 年发展历程及动因》，载《未来传播》2019 年第 1 期。

31. 吴汉东：《国际变革大势与中国发展大局中的知识产权制度》，载《法学研究》2009 年第 2 期。

32. 吴汉东：《中国知识产权法律变迁的基本面向》，载《中国社会科学》2018 年第 8 期。

33. 吴汉东：《中国知识产权法制建设的评价与反思》，载《中国法学》2009 年第 1 期。

34. 熊琦：《Web 2.0 时代的著作权法：问题、争议与应对》，载《政法论坛》2014 年第 4 期。

35. 熊琦：《非法著作权集体管理司法认定的法源梳解》，载《华东政法大学学报》2017 年第 5 期。

36. 熊琦：《互联网产业驱动下的著作权规则变革》，载《中国法学》2013 年第 6 期。

37. 熊琦：《中国著作权立法中的制度创新》，载《中国社会科学》2018 年第 7 期。

38. 熊琦：《著作权法定许可的正当性解构与制度替代》，载《知识产权》2011 年第 6 期。

39. 熊琦：《著作权法定许可制度溯源与移植反思》，载《法学》2015 年第 5 期。

40. 熊琦：《著作权法中投资者视为作者的制度安排》，载《法学》2010 年第 9 期。

41. 熊琦：《著作权延伸性集体管理制度何为》，载《知识产权》2015 年第 6 期。

42. 熊文聪：《被误读的“思想/表达二分法”——以法律修辞学为视角的考察》，载《现代法学》2012 年第 6 期。

43. 熊文聪：《避风港中的通知与反通知规则——中美比较研究》，载《比较法研究》2014 年第 4 期。

44. 杨述兴：《论著作权法中的作品概念》，中国人民大学 2005 年博士论文。

45. 杨延超：《精神权利的困境——两大法系版权立法比较分析》，载《现代法学》2007 年第 4 期。

46. 易磊：《〈德国著作权法〉自由使用制度研究》，载《苏州大学学报》（法学版）2019 年第 3 期。

47. 张超：《论“同案同判”的证立及其限度》，载《法律科学（西北政法大学学报）》2015 年第 1 期。

48. 张建邦：《精神权利保护的一种法哲学解释》，载《法制与社会发展》2006 年第 1 期。

49. 张巍婷：《数字环境下我国版权保护利益平衡机制研究》，北京印刷学院2007年硕士论文。

50. 张玉敏：《知识产权的概念和法律特征》，载《现代法学》2001年第5期。

51. 张志坡：《物权法定，定什么？定到哪?》，载《比较法研究》2018年第1期。

52. 赵皎卉、蔡虹：《技术创新专有化手段交互作用的实证研究》，载《管理科学》2014年第1期。

53. 郑成思：《中外印刷出版与版权概念的沿革》，载《版权研究文选》，商务印书馆1995年。

54. 郑胜利：《论知识产权法定主义》，载《中国发展》2006年第3期。

55. 郑瑜：《也谈“报纸消亡”》，载《当代传播》2007年第2期。

56. 周林：《论信息时代的版权立法——以追续权立法为例》，载《美术研究》2018年第1期。

57. 朱明远：《略论版权观念在中国的形成》，载《版权研究文选》，商务印书馆1995年。

58. 朱胜龙：《畅销书：从单本效益向产业经济链拓展》，载《出版参考》2003年第6期。

59. 邹廷清：《本案是否侵犯改编权》，载《人民法院报》2000年8月10日。

（二）中文著作

60. 崔国斌：《著作权法：原理与案例》，北京大学出版社2014年版。

61. 宫承波主编：《新媒体概论》，中国广播电视出版社2007年版。

62. 黄亚平：《典籍符号与权力话语》，中国社会科学出版社2004年版。

63. 黄怡华：《18世纪英国出版业初探》，华东师范大学2010年硕士论文。

64. 李琛：《论知识产权法的体系化》，北京大学出版社 2005 年版。

65. 李明德、许超：《著作权法》，法律出版社 2003 年版。

66. 李雨峰：《枪口下的法律：中国版权史研究》，知识产权出版社 2006 年版。

67. 李致忠：《古代版印通论》，紫禁城出版社 2000 年版。

68. 梁漱溟：《人心与人生》，上海人民出版集团 2005 年版。

69. 梁志文：《变革中的版权制度研究》，法律出版社 2018 年版。

70. 林惠祥：《文化人类学》，商务印书馆 1991 年版。

71. 刘春田主编：《知识产权法》，中国人民大学出版社 2009 年版。

72. 梅术文：《著作权法：原理、规范和实例》，知识产权出版社 2014 年版。

73. 钱存训：《印刷发明前的中国书和文字记录》，印刷工业出版社 1988 年版。

74. 王迁：《知识产权法教程》，中国人民大学出版社 2016 年版。

75. 王胜明主编：《中华人民共和国侵权责任法释义》（第 2 版），法律出版社 2013 年版。

76. 王太平：《知识产权法法律原则理论基础与具体构造》，法律出版社 2004 年版。

77. 吴汉东主编：《知识产权法》，法律出版社 2014 年版。

78. 赵汀阳：《论可能生活——一种关于幸福和公正的理论修订版》，中国人民大学出版社 2004 年版。

79. 郑成思：《知识产权法》（第 2 版），法律出版社 2003 年版。

80. 郑成思：《知识产权论》（第 3 版），法律出版社 2007 年版。

81. 周林、李明山主编：《中国版权史研究文献》，中国方正出版社 1999 年版。

（三）中文译著（文）

82. ［美］A. 爱伦·斯密德：《财产、权力和公共选择——对法和经济学的进一步思考》，黄祖辉等译，上海三联书店、上海人民出版社 2006 年版。

83. ［德］M. 雷炳德：《著作权法》，张恩民译，法律出版社 2004 年版。

84. ［德］安斯加尔·奥利：《经济权利》，载［英］爱斯特尔·德克雷主编：《欧盟版权法之未来》，徐红菊译，知识产权出版社 2016 年版。

85. ［日］半田正夫、纹谷畅男编：《著作法五十讲》，魏启学译，法律出版社 1990 年版。

86. ［美］保罗·戈斯汀：《著作权之道：从谷登堡到数字点播机》，金海军译，北京大学出版社 2008 年版。

87. ［美］本杰明·N. 卡多佐：《法律的成长》，李红勃、李璐怡译，北京大学出版社 2014 年版。

88. ［美］理查德·A. 波斯纳：《法律理论的前沿》，武欣、凌斌译，中国政法大学出版社 2003 年版。

89. ［澳］布拉德·谢尔曼、［英］莱昂内尔·本特利：《现代知识产权法的演进：1760—1911 英国的历程》，金海军译，北京大学出版社 2006 年版。

90. ［西班牙］德利娅·利普希克：《著作权与邻接权》，中国对外翻译出版公司、联合国教科文组织 2000 年版。

91. ［西班牙］拉蒙·卡萨斯瓦勒斯：《原创性要求》，载［英］埃斯特尔·德克雷：《欧盟版权法之未来》，徐红菊译，知识产权出版社 2016 年版。

92. 李扬译：《日本著作权法》，知识产权出版社 2011 年版。

93. ［美］理查德·波斯纳：《论剽窃》，北京大学出版社 2010 年版。

94. ［英］洛克：《政府论》（下篇），叶企方、瞿菊农译，商务印书馆 1964 年版。

95. ［加］迈克尔·盖斯特主编：《为了公共利益——加拿大版权法的未来》，李静译，知识产权出版社 2008 年版。

96. ［匈］米哈依·菲彻尔：《版权法与因特网》，郭寿康、万勇、相靖译，中国大百科全书出版社 2009 年版。

97. ［美］苏姗·K. 塞尔：《私权，公法——知识产权的全球化》，董刚、周超译，中国人民大学出版社 2008 年版。

98. ［英］坦尼亚·阿普林：《客体》，载［英］埃斯特尔·德克雷主编：《欧盟版权法之未来》，徐红菊译，知识产权出版社 2016 年版。

99. ［日］藤枝晃：《汉字的文化史》，李运博译，新星出版社 2005 年版。

100. ［日］田村善之：《日本知识产权法》，周超、李雨峰、李希同译，知识产权出版社 2011 年版。

101. ［荷］威廉·高斯黑德：《精神权利》，载［英］埃斯特尔·德克雷主编：《欧盟版权法之未来》，徐红菊译，知识产权出版社 2016 年版。

（四）中文案例

102. 北京市朝阳区人民法院民事判决书，（2014）朝民（知）初字第 40314 号。

103. 北京市第二中级人民法院民事判决书，（2008）二中民初字第 10396 号。

104. 北京市第二中级人民法院民事判决书，（2008）二中民终字第 02232 号。

105. 北京市第一中级人民法院民事判决书，（1995）一中知终字第 19 号。

106. 北京市第一中级人民法院民事判决书，（2010）一中民初字第 10067 号。

107. 北京市第一中级人民法院民事判决书，（2011）一中民初字第 1321 号。

108. 北京市第一中级人民法院民事判决书，（2013）一中民终字第 3142 号。

109. 北京市第一中级人民法院民事判决书，（1996）一中知初字第 114 号。

110. 北京市高级人民法院民事判决书，（2002）高民终字第 368 号。

111. 北京市高级人民法院民事判决书，(2007) 高民初字第 1108 号。

112. 北京市高级人民法院民事判决书，(2009) 高民终字第 3034 号。

113. 北京市海淀区人民法院民事判决书，(2013) 海民初字第 21470 号。

114. 北京市海淀区人民法院民事判决书，(2015) 海民 (知) 初字第 14494 号。

115. 北京市海淀区人民法院民事判决书，(2016) 京 0108 民初 15322 号。

116. 北京市西城区人民法院民事判决书，(2014) 西民初字第 14133 号。

117. 北京市知识产权法院民事判决书，(2017) 京 73 民终字第 1404 号。

118. 北京知识产权法院民事判决书，(2015) 京知民终字第 1324 号。

119. 北京知识产权法院民事判决书，(2015) 京知民终字第 1818 号。

120. 北京知识产权法院民事判决书，(2015) 京知民终字第 796 号。

121. 北京知识产权法院民事判决书，(2016) 京 73 民终 362 号。

122. 福建省高级人民法院民事判决书，(2013) 闽民终字第 1044 号。

123. 福州市中级人民法院民事判决书，(2013) 榕民初字第 317 号。

124. 广州市天河区人民法院民事判决书，(2015) 穗天法知民初字第 285 号。

125. 广州市天河区人民法院民事判决书，(2011) 穗天法知民初字第 576 号。

126. 广州市中级人民法院民事判决书，(2013) 穗中法知民终字第 972 号。

127. 江苏省高级人民法院民事判决书，(2015) 苏知民终字第 00100 号。

128. 江苏省高级人民法院民事判决书，(2015) 苏知民终字第 00134 号。

129. 江苏省高级人民法院民事裁定书，(2016) 苏民申 420 号。

130. 宁波市中级人民法院民事判决书，(2006) 甬民四初字第 195 号。

131. 山东省高级人民法院民事判决书，(2012) 鲁民三终字第 33 号。

132. 山东省高级人民法院民事判决书，(2014) 鲁民三终字第 297 号。

133. 上海市第二中级人民法院民事判决书，(1998) 沪二中知初字第 5 号。

134. 上海市浦东新区人民法院刑事判决书，（2015）浦刑初字第1460号。

135. 上海市闵行区人民法院民事判决书，（2015）闵民三（知）初字第1057号。

136. 上海市浦东新区人民法院民事判决书，（2015）浦民三（知）初字第1963号。

137. 上海知识产权法院民事判决书，（2015）沪知民终字第14号。

138. 上海知识产权法院民事判决书，（2015）沪知民终字第276号。

139. 深圳市福田区人民法院民事判决书，（2015）深福法知民初字第174号。

140. 浙江省高级人民法院民事判决书，（2007）浙民三终字第287号。

141. 重庆市渝北区人民法院刑事判决书，（2015）渝北法刑初字第00666号。

142. 最高人民法院民事判决书，（2010）民三终字第6号。

143. 最高人民法院民事裁定书，（2013）民申字第1262号。

144. 最高人民法院民事裁定书，（2013）民申字第1358号。

二、英文文献

（一）英文论文

145. Carter, *Curiosities of Copyright Law*, 4 L. Q. Rev. 172（1888）.

146. Andrew Christie, *A Proposal for Simplifying United Kingdom Copyright Law*, 1 European Intellectual Property Review,（2001）.

147. Andy C. Pratt & Rick Ball, *Industrial Property*, *Policy and Economic Development*, in Edited by Rick Ball and Andy C. Pratt, eds., Industrial Property Policy and Economic Development, Routledge, 1994.

148. Brian Lavoie & Lorcan Dempsey, *Beyond* 1923: *Characteristics of Potentially In – copyright Print Books in Library Collections*, 15 D – Lib Magazine,（2009）.

149. David Nimmer, *Time and Space*. 38 IDEA, (1998).

150. Dennis W. K. Khong, *Orphan Works, Orphan Works, Abandonware and the Missing Market for Copyrighted Goods*, 15 International Journal of Law and Information Technology, (2007).

151. Douglas Lichtman, *Copyright as a Rule of Evidence*, 52 Duke Law Journal 683 – 743 (2003).

152. Harold C. Streibich, *The Moral Right of Ownership to Intellectual Property: Part I – From the Beginning to the Age of Printing*, 6 Mem. St. U. L. Rev. 1 (1975).

153. Heather A. Sapp, *North American Anti – Circumvention: Implementation of the WIPO Internet Treaties in the United States, Mexico and Canada*, 10 Comp. L. Rev. & Tech. J. 1 (Fall. 2005).

154. Ian Ayres & Eric Talley, *Solomonic Bargaining: Dividing a Legal Entitlement to Facilitate Coasean Trade*, 104 Yale L. J. 1027 (1995).

155. Iona Silverman, *Copyright and Fashion: A UK Perspective*, 3 WIPO Magazine, (2014).

156. John Markoff & Edward Wyatt, *Google is Adding Major Libraries to Its Database*, 14 N. Y. TIMES, Dec. (2004).

157. John P. Robinson & Meyer Kestnabaum, et al., *Mass Media Use and Social Life Among Internet Users*, 1 Social Science Computer Review, November (2000).

158. Joseph Sotomi, *Originality in Copyright: A Contested Issue*, 5 Intellectual Property Law (LW556), (2004).

159. Justin Hughes, *Size Matters (or should) in Copyright Law*, 74 Fordham L. Rev. 575, 576 (2005).

160. Karen Fessler & Karen Fessler, *Webcasting Royalty Rates*, 18 Berkeley Tech. L. J. 399 (2003).

161. Kelly Morris, *Transformative Fair Use: Authors Guild Inc. V. Google, Inc*, 170 North Carolina Journal of Law and Technology No (2014).

162. Leslie A. Kurtz, *Speaking to the Ghost: Idea and Expression in Copyright*, 47 U. Miami L. Rev. 1221 (1993).

163. Lisabeth Hanratty, *Google Library: Beyond Use?* 4 Duke Law & Technology Review 1 – 19 (2005).

164. Maria A. Pallante, *The Next Great Copyright Act*, 36 Colum. J. L. & Arts 315 (2013).

165. Martin A. Roeder, *The Doctrine of Moral Right: A Study in the Law of Artists, Authors and Creators*, 53 Harvard Law Review (1940).

166. Mattew Mirapaul, *Why Just Listen to Pop When You Can Mix Your Own?* 20 N. Y. TIMES, Aug. 2001.

167. Megan M. Carpenter, *Drawing a Line in the Sand: Copyright Law and New Museums*, 13 VAND. J. Ent. & Tech. L. 463 (2011).

168. Michael Katz, *Recycling Copyright: Survival & Growth in the Remix Age*, 13 Intel. Prop. L. Bull. 21 (2008).

169. Molly Shaffer Van Houweling, *Author Autonomy and Atomism in Copyright Law*, 96 Virginia L. Rev. 549 (2010).

170. Ochai Benkler, *Sharing Nicely: On Shareable Goods and the Emergence of Sharing as a Modality of Economic Production*, 114 Yale L. J. 273 (2004).

171. Oman R, *Compulsory License Redux: Will it Survive in a Changing Marketplace?* 5 The Cardozo Arts & Entertainment Journal 37 (1986).

172. P. Bernt Hugenholtz, *Fierce Creatures: Copyright Exceptions: Towards Extinction? Keynote Speech at Ifla/Imprimatur Conference on Rights, Limitations and Exceptions: Striking a Proper Balance*, in David Vaver, ed, 2 Intellectual Property Right: Critical Concepts in Law 232 (2006).

173. Pamela Samuelson & Members of the CPP, *The Copyright Principles Project: Directions for Reform*, 25 Berkeley Technology Law Journal (2010).

174. Paul Edward Geller, *Copyright History and the Future: What's Culture Got to Do With It?* 47 Journal of the Copyright Society of the USA (2000).

175. Peter Jazzi, *Toward a Theory of Copyright: The Metamorphose of "Authorship"*, 455 Duke Law Journal (1991).

176. Pierre N. Leval, *Toward a Fair Use Standard*, *Harvard Law Review*, 5 Vol. 103, No. (1990).

177. Pierredon - Fawcett & Liliane de, *The droit de suite in literary and artistic property: a comparative law study*, translated from the French by Louise - Martin - Valiquette; general editor John M. Kernochan, New York, NY: Center for Law and the Arts, Columbia University School of Law, c1991.

178. Randal C. Picker, *The Razors - and - Blades Myth (s)*, 78 U. Chi. L. Rev. 225 (2011).

179. Raymond Sarraute, *Current Theory on the Moral Right of Authors and Artists under French Law*, 16 The American Journal of Comparative Law (1968).

180. Ricketson Sam, *The Concept of Originality in Anglo - Australian Copyright Law*, 39 J Copyright Society USA 265, 282 - 283 (1991).

181. Robert J. Morrison, *Derivers' Licenses: An Argument for Establishing a Statutory License for Derivative Works*, 6 Chi. - Kent J. Intel. Prop. 87 (2006 - 2007).

182. Robert P. Merges, *The Concept of Property in the Digital Era*, 45 Hous. L. Rev. 1239 (2008).

183. Stephen M. Lawanil & Alan E. Bayer, *Validity of citation criteria for assessing the influence of scientific publications: New evidence with peer assessment*, 34 Journal of the American Society for Information Science (1983).

184. Steven A. Hetcher, *Using Social Norms to Regulate Fan Fiction and Remix Culture*, 157 University of Pennsylvania Law Review, (2009).

185. Thomas Riis & Jens Schovsbo, *Extended Collective Licenses and the Nordic Experience: It's a Hybrid but is It a Volvo or a Lemon*, 33 Colum. J. L. & Arts 471 (2010).

186. Wendy Jane Gordon, *Excuse and justification in the law of fair use: Transaction costs have always been part of the story*, 50 Journal of the Copyright Society of the U. S. A (2003).

187. William M. Landes & Richard A. Posner, *An Economic Analysis of Copyright Law*, 18 The Journal of Legal Studies (1989).

188. William Strauss, *The Moral Right of the Author*, 4 The American Journal of Comparative Law (1955).

189. Yochai Benkler, *Sharing Nicely: On Shareable Goods and the Emergence of Sharing as a Modality of Economic Production*, 114 Yale L. J. 273 (2004).

（二）英文著作

190. Barbara Ringer & Hamish Sandison, *United States of America*, in Graig Joyce, William Patry & Marshall Leaffer, eds., Copyright Law, Lexis Publishing, 2000.

191. Benjamin Kaplan, *An Unhurried View of Copyright*, Law book Exchange, 1967.

192. Carlos M. Correa, *The TRIPs Agreement and Policy Options*, Zed Books Ltd, 2000.

193. Cathcrinc Seville, *Litcrary Copyright Reform in Early Victorian England*, Cambridge University Press, 1999.

194. David Sinacore - Guinn, *Collective Administrative of Copyright and Neighboring Rights: International Practices, Procedures and Organization*,

Little, Brown and Company Boston Toronto, 1993.

195. Edward W. Ploman & L. Clark Hamilton, *Copyright: Intellectual Property in the Information Age*, Routledge & Kegan Paul Books (September 18, 1980).

196. Irini Stanmatoud, Paul Torreman & Edward Elgar Cheltenham, Eu Copyright Law: A Commentary, UK, Northampton, MA, USA, 2014.

197. Graig Joyce & William Patry, et al., *Copyright Law*, Lexis Publishing, 2000.

198. Harold Adams Innis, Alexander John Watson & Andrew Calabrese, *Empire and Communications*, Alexander John Watson, 2007.

199. Inrini Stamotoudi & Paul Torremans, *Christophe Geiger and Franciska Schonherr (article 5 and 6)*, *The Information Society Directive*, in Irini Stamatoudi and Paul Torremans, EU Copyright Law, A Commentary, Edward Elgar Publishing Limited, 2014.

200. J. A. L., *World Copyright Law*, Sweet & Maxwell, 2003.

201. Jaani Riordan, *The Liability of the Internet of Intermediaries*, Oxford University Press. 2106.

202. John Feather, *A History of British Publishing*, Routledge; 2nd Revised edition, 2005.

203. John Feather, *Publishing, Piracy and Politics: A History Study of Copyright in Britain*, Mansell Publishing Limited, London, 1994.

204. Judith Perani, *Norma Hackleman Wolff*, *Cloth, Dress, and Art Patronage in Africa*, Berg Publishers, 1997.

205. Julie E. Cohen & Lydia Pallas Loren et al., *Copyright in a Global Information Economy*, Wolters Kluwer, 2015.

206. KAbel, J. & Gerard J. H. M. Mom, *Intellectual Property and Information Law Series*, Kluwer Law International, 1998.

207. Lyman Ray Patterson, *Copyright in Historical Perspective*, Vanderbilt University Press, 1968.

208. Mark Rose, *Authors and Owners: The Invention of Copyright*, Harvard University Press, 1993.

209. Marshall A. Leaffer, *Understanding Copyright Law*, LexisNexis, 2014.

210. P. Bernt Hugenholtz, *Flexible Copyright, Can the RU Author's Rights Accommodate Fair Use*, in Ruth L. Okediji, Copyright Law in an Age of Limitations and Exceptions, Cambridge, 2017.

211. Pamela Samuelson, *Justification for Copyright Limitations and Exceptions*, in Ruth L. Okediji, Copyright Law in an Age of Limitations and Exceptions, Cambridge, 2017.

212. Paul Goldstein, *Copyright's Highway: From Gutenberg to Celestial Jukebox*, Stanford University Press, Stanford, California, 2004.

213. Paul Goldstein, *Goldstein On Copyright (Third Edition)*, Volume 1, Wolters Kluwer, 2007.

214. Paul Goldstein & Marketa Trimble, *International Intellectual Property*, Foundation Press, 2012.

215. Reto M. Hilty & Valentina Moscon, *Modernisation of the EU Copyright Rules: Position Statement of the Max Planck Institute for Innovation and Competition*, Published under Creative Commons by - nc. sa 3.0 Germany Licence, 2017.

216. Robert Burrell & Allison Coleman, *Copyright Exception: The Digital Impact*, Cambridge University Press, 2005.

217. Robert P. Merges, *The Concept of Property in the Digital Era*, 45 Hous. L. Rev. , 2008.

218. Roland Barthes, The Death of the Author, *Image, Music, Text*, Fontana, 1977.

219. Sam Ricketson & Jane C Ginburg, *International Copyright and Neighbouring Rights: The Borne Convention and Beyond*, Second edition, Oxford University Press, 2006.

220. Stephen M. Stewart, *International Copyright and Neighboring Rights* (*2nd ed.*), London: Butterworths, 1989.

221. Stewart Brand, *The Media Lab: Inventing the Future at M. I. T.*, Reed Business Information, Inc. 1988.

222. Tarleton Gillespie, *Wired Shut: Copyright and the Shape of Digital Culture*, M. I. T. Press 2007.

223. Vincent Porter, *Beyond the Berne Convention: Copyright, Broadcasting and the Single European Market*, John Libbey &Company Ltd, 1991.

224. W. R. Cornish, *Intellectual Property: Patents, Copyright, Trade Marks and Allied Rights*, 4th edition, (1999).

225. William Cornish & David Llewelyn, *Intellectual Property: Patent, Copyright and Trade marks and Allied Rights*, 6th edition, 2007.

226. William Cornish, David Llewelyn & Tanya Aplin, *Intellectual Property: Patent, Copyright, Trade mark and Allied Right* (*8th edition*), Thomson Reuters, 2013.

227. William F Party, *Fair Use Privilege in Copyright Law*, The Bureau of National Affairs, INC, 1986.

228. William P. Alford, *To Steal a Book Is an Elegant Offence: Intellectual Property Law in Chinese Civilization*, Stanford University Press, 1995.

229. WIPO, *Guide to the Copyright and Related Rights Treaties Administrated by WIPO and Glossary of Copyright and Related Rights Terms*, WIPO Publication No. 891 (E), 2003.

（三）英文判例

230. AGM Records, Inc. v. Napster, Inc., 284F. 3d1091, 1099 (9th

Cir. 2002). US.

231. Authors Guild, Inc. v. Google Inc, 954 F. Supp. 2d 282 (S. D. N. Y. 2013).

232. Authors Guild, Inc. v. Google, Inc., 4 F. 3d 202 (2015).

233. Authors Guild, Inc. v. HathiTrust, 902 F. Supp. 2d 445 (S. D. N. Y. 2012).

234. Bleistein v. Donaldson Lithographing Co., 188 U. S. 239 (1903).

235. Cain v. Universal Pictures Co. 47 F. Supp. 1013, 1017 (S. D. Cal. 1942).

236. Campbell v. Acuff – Rose Music, Inc. 510 U. S. 569 (1994).

237. CCH Canadian Ltd. v. Law Society of Upper Canada, 2004 scc 13, 236 D. L. R. (4rh) 395, 317 N. R. 107, 30 C. P. R. (4th).

238. CdC, Arrêt No. 1006, June 13, 2006, Nejla X c. Soc. Haarmann & Reimer.

239. Creation Records v. News Group Newspapers [1997] EMLR 444.

240. Emerson v. Davies (1845), 3 St. Rep. 78.

241. Feist Publications Inc. v. Rural Telephone Seruice Co. (1991), 499 U. S. 340 (U. S. Kan.).

242. Field v. Google, Inc., 412 F. Supp. 2d 1106 (D. Nev. 2006). US.

243. Gyles v Wilcox (1740) 26 ER 489.

244. H. L. C. 815, 10 E. R. 681 at 729.

245. Hard Rock Café Licensing Corporation v. Concession Services, 955 F. 2d 1143, at 1149 (7th Cir. 1992).

246. Harper & Row Publishers, Inc. v. Nation Enters., 471 U. S. 539 (1986).

247. Herbert Rosenthal Jewelry Corp. v. Kalpakian, 446 F. 2d 738, 742 (9th Cir. 1971).

248. Hustler Magazine, Inc. v. Moral Majority, Inc. , 796 F. 2d 1148 (9th Cir. 1986).

249. Kecofa B. V. v. Lancome Parfums et Beauté et CIE S. N. C. , [2006] ECDR. 26 (2006).

250. Kelly v. Arriba Soft Corp. , 336 F. 3d 811, 818 (9th Cir. 2003).

251. Metro – Goldwyn – Mayer, Inc. v. Grokster, Inc, 545 U. S. 913, 125 S. Ct. 2764 (2005).

252. Muller v. Triborough Bridge Auth, 43 F. Supp. 298 (S. D. N. Y. 1942).

253. New Era Publications Int'l v. Henry Holt & Co. , 873 F. 2d 476 (2d Cir. 1989).

254. Nichols v. Universal Pictures Corporation, 45 F. 2d 119 (2d Cir. 1930).

255. PERFECT 10 v. Google, Inc. , 416 F. Supp. 2d 828 (C. D. Cal. Feb. 17, 2006). US.

256. Publications Int'l, Ltd. v. Meredith Corp. , 88 F. 3d 473 (7th Cir. 1996).

257. Recording Industry Assoc. v. Copyright Royalty Tribunal, 662 F. 2d 1, 17 (D. C. Cir. 1981).

258. Sony Corp. of Am. v. Universal City Studios, Inc. , 464 U. S. 417, 429 (1984).

259. United States v. LaMacchia, 871 F. Supp. 535 (D. Mass. 1994).

260. Visicorp v. Basis Software GmbH (1983) 14IIC 437.

261. Walter v Steinkopff [1892] 3 Ch 489, 61 LJCh 521, 67 LT 184, 13 Digest (Repl) 52, 22.

262. Warner Bros. Entm't Inc. v. RDR Books, 575 F. Supp. 2d 513, 541 (S. D. N. Y. 2008), Kelly v. Arriba Soft Corp. , 336 F. 3d 811 (9th

Cir. 2003).

(四) 英文报告与立法提案

263. Australian Law Reform Commission, Copyright and the Digital Economy, Discussion Paper79, May 2013.

264. Commission Staff Working Document Impact Assessment on the modernisation of EU copyright rules.

265. Communication from the Commission, Europe 2020: A strategy for smart, sustainable and inclusive growth COM (2010), 2020 final.

266. Compulsory Video Licenses of Title 17, Hearing Before the S. Comm. on Courts, Intellectual Property, and the Internet Comm. on the Judiciary, U. S. House of Rep., 113th Cong, 2nd Sess. (2014) (Statement of William J. Roberts, . Jr., Acting Associate Register of Copyrights and Director of Pubic Information & Education).

267. European Commission, Creating a Digital Single Market, Bring Down Barriers Unlock Online Opportunities.

268. H. Comm. on the Judiciary, 87th Cong., Copyright Law Revision: Report of the Register of Copyright on the General Revision of the U. S. Copyright Law. (Comm. Print, 1961).

269. H. R. REP. 94 – 1476.

270. Inducing Infringement of Copyright Act of 2004, S2560, 108th Congress (June 22, 2004).

271. Intellectual Property Office of UK, Orphan works: Review of the first twelve months.

272. Le Borgne – Bachschmidt, F., Girieud, S., Leiba, M., de Munck S., Limonard, S., Poel, M., Kool, L., Helberger, N., Guibault, L., Janssen, E., Van Eijk, N., Angelopoulos, C., Van Hoboken, J., Swart, E., User Generated Content: Supporting a participative Information, Society

Study for the European Commission DG Information Society, Final Report, 2009.

273. Office of the Register of Copyrights, Legal Issues in Mass Digitization: A Preliminary Analysis and Discussion Document, the Library of Congress Publication (2001).

274. Preservation and Reuse of Copyrighted Works: Hearing Before the Subcomm. on Courts, Intellectual Property, & the Internet of the H. Comm. on the Judiciary, 113th Cong. 81 (2014) (statement of Michael C. Donaldson, IntÂl Documentary Ass'n and Film Independent).

275. Senate Report on the Digital Millennium Copyright Act of 1998, Report 105 – 190. 105th Congress, 2d Session.

276. Shawn Bentley Orphan Works Act of 2008, S. 2913.

277. The Orphan Works Act of 2006, H. R. 5439, 109th Cong. (2006).

278. The Orphan Works Act of 2008, H. R. 5889, 110th Cong. (2008).

279. The Report of the Copyright Committee of 1952, presented by the President of the Board of Trade to Parliament by Command of Her Majesty, October, 1952.

280. The Shawn Bentley Orphan Works Act of 2008, S. 2913, 110th Cong. (2008).

281. U. S. Copyright Office, Orphan Works and Mass Digitization: a report of the register of copyrights, June, 2016.

282. U. S. Congress, Office of Technology Assessment, Intellectual Property Rights in an age of Electronic and Information, U. S. Government Printing Office Press, 1962.

283. U. S. Copyright Office, Satellite Television Extension and Localism Act, § 302 Report (2011).

284. UK Intellectual Property Office, Impact Assessment (Final), Orphan

Works (June 2012).

285. United States Copyright Office, Orphan Works and Mass Digitization: a report of the register of copyrights, 2015.

286. WIPO. Additional and Optional Protocol on the Protection in Relation to Webcasting to the WIPO Treaty on the Protection of Broadcasting Organization Alternative Solution 3.

287. World Trade Organization: China – Measures Affecting the Protection and Enforcement of Intellectual Property Rights, WT/DS362/R.

后　记

2015年本人申请的国家社科基金项目获得立项，题目是《新媒体时代信息流动、传媒产业发展与版权制度变革研究》（15BFX143），经过为期5年的研究，于2020年结项。课题的研究原本是纯粹立法论的内容，计划通过研究传媒产业对信息流动的依赖，以及控制信息流动的版权制度对传媒产业的影响，分析改变版权制度运行基础的新媒体时代版权制度应该坚持的变革方向以及具体的变革内容。本项目研究过程中，一直伴随《著作权法》的第三次修正。2020年项目结项，《著作权法》第三次修正也在同一年通过。尽管《著作权法》本次修正的内容广泛，涉及著作权法客体、主体、权利以及限制等制度，但本次修正依然存在诸多遗憾之处。为此，本书从结项成果纯粹立法论的内容转变为立法论与解释论相结合的内容，对于《著作权法》本次修正较大的制度，着重进行制度解释；对于本次修正依然存在遗憾的部分，着重进行制度调整。此外，在研究过程中发现，以数字与网络技术为典型特征的新媒体尽管已经到来，但传统媒体并未完全退出，当今依然处于传统媒体与新媒体融合的时期，即融媒体时期。为此，本书的标题调整为《融媒体时期著作权法基本制度的解释与调整——基于所应契合的逻辑》。

本书的部分章节内容已经在杂志上公开发表，但编入本书时又进行了内容上的调整与安排，使本书的章节之间形成相对严密的衔接逻辑。首先，引言基于著作权制度的诞生与演变历史，梳理著作权制度的演变逻辑，并以权利与限制制度的演变为例，论证著作权制度演变具有的自身逻辑，这种逻辑可以分为基于契合不同媒体时期作品创作与传播模式决定利益关系的客观逻辑和主权国家对优势传媒产业发展维护的主观逻辑。为此，本书以《著作权法》基本制度解释与调整所应契合的逻辑为主线。其次，本书第一章基于中国《著作权法》的特殊性——即中国《著作权法》的诞生与2020年之前的修正，主要是基于国际贸易的压力与加入WTO针对条约的应对达标型立法，缺乏自主针对不同媒体时期著作权制度逻辑基础进行充分的契合性检证。为此，中国《著作权法》基本制度的解释与调整必须契合双重逻辑——即不但应契合传统媒体时期作品创作、传播模式以及传媒产业的发展；也应契合新媒体所改变的作品创作与传播模式以及新媒体产业的发展。基于《著作权法》2020年修正，提出《著作权法》解释与调整未来的主要任务。最后，本书的后续章节，均是基于融媒体时期著作权制度的双重逻辑，分别研究客体制度、权利制度、限制制度与侵权行为制度。第二章、第三章是基于客体制度的逻辑进行的解释；第四章是基于权利配置的制度逻辑对权利与主体制度的调整；第五章是基于著作权限制制度的多重混合逻辑对该制度进行的调整；第六章则是基于著作权侵权行为制度的构建逻辑对该制度进行的调整。

本项目从立项到本书最后出版，历经八年时间，这期间有太多的经历，有太多的人应该感谢。感谢我的博士生导师厦门大学知识产权研究院林秀芹教授一直以来对我学术研究、工作生活的关心和帮助；感谢我曾经工作过的湖南科技大学法学院、湘潭大学法学院和知识产权学院以及现在就职的苏州大学王健法学院提供的工作，使我不但可以养家糊口，还获得了结识诸多优秀同事以及一届又一届优秀青年学子的机会；感谢法律出版社田浩老师对书稿的辛劳编校；感谢苏州大学给予的出版资助。限于篇幅，未能一一提及应予感谢的学界前辈、同仁与好友，在此深表歉意。然，文责自负，书中的错漏之处，恳请读者批评指正。

作　者

2023年11月16日于苏州市姑苏区十梓街1号